바우처 분석

이론과 현실

정 광 호 저

法　文　社

서 문

지난 1980년대 이후 영미권 국가를 중심으로 신보수주의 정치세력들이 등장하면서 공공서비스의 시장화 바람이 거세게 불어왔다. 그 뒤 스웨덴과 같은 북구의 여러 나라들도 보건의료나 보육과 같은 사회서비스 영역의 전달체계에 시장기제를 도입하여 효율성과 책임성을 높이고자 했다. 지금도 공공부문에 있어 시장화 바람은 민간부문의 글로벌 아웃소싱과 더불어 여전히 거세다. 지난 사반세기 동안 서구의 선진국들은 다양한 정책수단을 사용하여 공공서비스 전달과정에 시장기제를 접목해 왔다. 여기에는 외부위탁과 같은 아웃소싱, 바우처, 내부경쟁, 완전민영화 등 여러 수단이 사용되어 왔다.

이들 시장지향적 정책수단 중 가장 주목할 만한 것은 바우처인데, 그 이유는 이것이 지닌 강한 매력 때문이다. 경쟁과 선택을 촉진하는 시장지향적 정부보조금도 공급자에게 주는 방식과 수요자에게 주는 방식으로 구분된다. 특히 바우처는 사용목적과 대상을 한정하여 직접 수혜대상자에게 주는 정부보조금이다. 그런데 이러한 바우처가 왜 찬반 논란 속에서도 공공부문 전달기제로 계속해서 확산되고 있을까? 무엇보다 바우처는 자유와 선택이라는 시민지향적 특성과 고객중심과 경쟁이라는 시장지향적 특성을 동시에 가지고 있기 때문이다. 나아가 이와 같은 바우처의 작동기제는 공적 목표와 정부의 책임성을 제고하는 데에 직접 기여할 수 있는 이론적 논리를 배태하고 있기 때문이다. 바우처는 정부재원을 바탕으로 민간부문이 각종 공공재나 공공서비스를 제공하도록 한다. 여기서 정부보조금 수혜대상자인 이용자(수요자)가 제공기관을 선택하며, 이러한 선택을 받기 위해 제공기관끼리 경쟁하도록 만드는 정책도구이다. 이제 바우처는 식품, 주거, 보육, 직업훈련, 법률문제, 친환경 소비, 문화예술 활동, 여행이나 관광 등 무수히 많은 분야에서 정책목표 달성을 위한 보조금으로 활용되고 있다.

바우처는 공공서비스 전달체계에 있어 세 가지 매력적 특성을 가진다. 첫째, 바우처는 공공서비스나 재화를 이용자(수요자)가 선택하여 제공받을 수 있도록 해 준다. 이용자가 특정 한 기관에서는 동일한 서비스를 제공받는 것이 아니라 여러 기관들 중에서 좋은 것을 선택하도록 한 것이다. 예를 들어, 부모가 원하는 보육원이나 유치원을 골라서 다닐 수 있도록 하며, 정부지원금도 보육원이나 유치원이 아닌 부모에게 직접 전달된다. 이러한 바우처 방식 이전에는 정부보조금이 부모가 아니라 보육원이나 유치원으로 직접 제공되었다. 둘째, 기존에 한 기관만이 독점적으로 제공하는 공공서비스를 여러 기관이 경쟁적으로 제공하도록 한 것이다. 물론 해당 지역에 제공기관이 하나만 존재할 경우 이러한 경쟁은 일어날 수 없다. 바우처는 이처럼 하나의 제공기관만이 존재한다면 경쟁이 불가능하며, 바우처의 경쟁촉진 효과는 나타나지 않는다. 하지만 이러한 예외적인 경우를 제외하고는 바우처가 경쟁을 촉진시킨다는 사실은 일반적으로 받아들여지고 있다. 셋째, 공공서비스 제공 대상이 사회서비스처럼 취약계층일 경우 기본적으로 대부분의 재원조달을 정부가 책임을 지면서도 한편으로 이용자의 본인부담도 일정 수준 요구하는 혼합형 재원체계를 취한다. 바우처 사용시 이용자의 소득수준에 따라 일정 부분 본인부담금을 떠안도록 한다. 완전무료로 제공될 경우 발생할 각종 도덕적 해이나 복지의존성 심화에 따른 시민들의 자립성과 자율성의 상실을 우려한 때문이다. 국가뿐만 아니라 개인도 최소한 일정 부분 사회서비스 재원을 공동으로 분담함으로써 이용자가 일방적 수혜자가 아닌 적극적 시민으로 거듭나게 만든다. 그리하여 서비스의 이용과 품질향상에 도덕적 책임감을 공유하도록 하는 것이다. 위에서 언급한 바우처에 내재된 세 가지의 매력적 요소들은 자유와 선택이라는 정책 가치의 중요성을 일깨워 준다.

밀튼 프리드만이 1962년 『자본주의와 자유』에서 공교육의 문제점을 성토하면서, 공공재나 공공서비스에 대한 선택권을 강조한 이래, 바우처는 자유주의 정책사고의 핵심이 되었다. 정부 독점이나 관료제 폐해에 따른 시민의 목소리와 선택권을 보장하기 위한 거대한 정책실험이 바우처를 통해 이루어졌다. 바우처를 향한 열정만큼이나 이에 대한 좌파진영의 반감도 거세다. 바우처 반대론자들은 바우처를 이상적 복지국가의 이상형을 실현하는 장애물로 본다. 공공서비스는 공공의무감으로 충만한 열정의 산물로 보아야지 경쟁을 통한 성과물이 아니라는 것이다. 또한 바우처 이용자를 소비자 지상주의에서 보아서는 안 되며 시민으로 존중하여야 한다고 말한다. 그렇지만 바우처는 숨 막히는 관료제나 정부규제를 벗어나 시민에게 선택의 자율성을 주고, 나아가 시민사회가 국가로부터 자율성을 확보하는 정책수단이기도 하다. 정부가 제공하는 바우처는 시장지상주의를 지향하는 것이 아니라, 이용자가 원하는 서비스를 원하는 곳에서 받도록 자유를 주는 것이다. 이처럼 바우처는 공공재나 공공서비스의 주인인 시민에게 선택권을 충분히 행사할 수 있도록 해주어 정책과정에서 시민참여와 목소리를 적극 반영할 수 있는 기회를 제공한다.

하지만 불행히도 바우처에 내재된 이상적 이론은 정책현실에서 거의 그대로 적용되는 경우가 많지 않다. 바우처에 내재된 이상과 이것이 실현되는 현실에는 상당한 괴리가 존재한다. 다른 정책수단과 유사하게 바우처도 그 시행과정은 정치경제적 이해 때문에 정치화를 경험하고 있다. 결국 이런 의미에서 바우처라는 정책실험은 하나의 또 다른 정치실험이며 정치적 산물이라 할 것이다. 무엇보다 바우처 시행으로 정치경제적 피해를 입는 이익집단이나 정치세력들이 강하게 바우처를 반대한다. 미국의 경우 교육바우처를 통해 학부모에게 학교선택권을 허용하려고 했지만, 이에 대한 교원노조의 저항이 매우 커서 극히 일부 지역에 제한적으로 시행되고 있다. 미국의 도시 근교 중산층 지역은 대체로 학군이 좋지만 바우처 때문에 저소득층 학생이 자기 학군에 섞여 교육받게 되는 것을 싫어한다. 바우처를 통해 사회경제적 수준이 다른 이질적 구성원이 함께 교육을 받을 수 있지만 좋은 학군의 주민들은 이를 반대한다. 더욱이 미국의 경우 교원노조는 학교에 대한 통제권 상실이나 직업안정성 저해 등을 이유로 강하게 저항하고 있어 교육바우처의 확대는 매우 어려워 보인다.

바우처의 선택권과 경쟁을 담보할 수 있는 정책설계 또한 쉽지 않다. 바우처가 성공하기 위해서는 무엇보다 충분한 공급인프라가 갖추어져 이용자가 쉽게 선택할 수 있는 제공기관이나 공급자가 있어야 한다. 이용자(바우처 수혜자)에게 공공재나 공공서비스의 품질과 제공기관에 대한 충분한 정보가 제공되어야 바우처의 효과를 기대할 수 있는 것이다. 문제는 현실적으로 이런 조건들을 충족시키기가 쉽지 않다는 데 있다. 경우에 따라 주택바우처처럼 관리비용도 상당하다. 주택바우처는 저소득층이 매우 선호하는 프로그램이지만 정부재원이 한정되어 있어 이를 확대하는 데는 대부분의 국가들이 어려움을 겪고 있다. 또한 주택바우처의 효과는 충분한 양질의 저가주택들이 많이 있어야 그 효과를 볼 수 있다. 이것이 충족되지 않아 주택바우처 때문에 임대료가 상승하는 부작용이 나타나기도 한다.

그렇지만 바우처를 둘러싼 수많은 논쟁에도 불구하고 이제 국방이나 경찰을 제외한 거의 모든 공공부문에서 바우처의 아이디어를 접목한 전달체계가 크게 확산되고 있다. 무엇보다 바우처는 각종 세제혜택을 통해 지원되고 있다. 시민들의 선택이 가능한 영역인 유아교육, 대학교육, 직업훈련, 보건의료, 주거, 식품 등 다양한 사회서비스 영역에서 해당 서비스 이용자들에게 조세혜택을 준다. 이는 전형적인 묵시적 형태의 바우처이며, 세제혜택의 액수만큼 정부가 이용자에게 보조금(수요자 보조금)을 준 셈이다. 이는 세금납부가 상대적으로 많은 중산층 이상에게 적절한 제도이다. 반면 저소득층이나 취약계층에 초점을 둔 전통적 형태의 명시적 바우처 제도가 이제 수많은 공공영역에서 시행되고 있다. 미국의 식품구매권(Food Stamp)이나 최근 우리나라가 시행하고 있는 보육, 산모, 노인, 장애인 돌봄 영역에서 사용되는 전자바우처(Electronic Benefits Transfer)가 여기에 해당한다.

이제 바우처라는 전달기제는 전자금융인프라와 인터넷과 같은 웹베이스 통신망과 연결되면서 실시간 네트워크 방식으로 그 형태가 진화하고 있다. 여기서 바우처를 중심으로 정부, 시장, 그리고 시민사회가 서로 밀접하게 연결되어 네트워크나 협력적 거버넌스의 중요성이 커지고 있다. 공공서비스를 운용하는 정부기관, 서비스 제공기관, 수혜자이자 재원 공동분담자로서의 시민, 그리고 바우처와 관련된 민간시장 영역이 상호 얽히면서 공공서비스 전달체계의 다양한 그림이 등장하고 있는 것이다.

본 연구에서는 식료품, 보육, 주택, 직업훈련, 문화 등 5개의 영역에 있어 바우처를 왜 그리고 얼마나 사용하고 있는지 논의하고 있다. 또한 바우처 사용에 따른 특성과 논쟁을 살펴보고 정책설계와 집행상의 어려움을 찾아 정리하고자 했다. 각 영역별 바우처의 운용현황을 주요 선진국들을 중심으로 정리하면서도 국내의 관련 사례들을 소개하고자 했다. 특히 국내의 경우 지난 2007년부터 사회서비스관리원을 중심으로 보건복지부의 각종 서비스가 바우처 방식으로 제공되어 왔고 다른 부처들도 바우처를 적극 활용하고 있다. 이 연구를 통해 국내 정책당국, 바우처 관련 기관들, 학술연구집단을 중심으로 바우처 사용의 필요성과 한계가 좀 더 명확하게 정리되기를 기대한다.

이 책의 완성은 여러분들의 도움으로 이루어졌다. 그 분들께 감사의 마음을 전하고 싶다. 무엇보다 바우처의 국내외 사례에 관한 자료수집과 문헌정리에 큰 도움을 준 김민영, 강영주, 최지민, 현승숙, 최슬기, 박은형, 이사빈 원생들에게 감사한다. 특별히 이 책의 시작과 끝에서 많은 수고를 한 박사과정생 이재완 군에게 고마움을 표하고 싶다. 또한 본 연구의 출판에 지원을 아끼지 않은 서울대학교 행정대학원 한국행정연구소에도 감사를 드린다. 바우처에 대해 다시 그 내용을 음미하고 지난 2008년 이론에 초점을 맞추어 출간한 『바우처 연구』에 더하여 구체적으로 정책현장에서 과연 바우처의 이론과 현실이 어떠할까 고민하도록 기회를 준 한국행정연구소가 너무나 고마울 따름이다. 바쁜 학교생활 때문에 가족들과 함께 하지 못해 미안하지만, 잘 참고 저술 작업이 순조롭게 마칠 수 있도록 도와준 두 딸과 아내에게 고맙다는 마음을 전한다. 끝으로 바쁜 출판일정 속에서도 책 편집에 많은 애를 쓰신 법문사 김영훈 부장과 최문용 차장에게도 깊이 감사를 드린다.

2010년 12월

관악연구실에서

차 례

제1부 바우처 이론

제 8 장 문화바우처

제3부 결 론

제 9 장 바우처의 주요 쟁점과 과제

제 1 부

바우처 이론

01 정책수단으로서 바우처의 도입배경

I 공급자 중심 전달체계의 한계

1. 공급자에서 수요자(시민) 중심으로

그동안 대부분의 공공서비스는 정부가 직접 제공하거나 아니면 정부위탁을 받은 제공기관 중심의 전달체계를 통해 이용자(시민)에게 전달되었다.[1] 그러나 이러한 공급자 중심 전달체계는 공

1) 공공서비스 전달체계의 패러다임은 정책수단(정책도구)의 변천과정과도 연결된다. 우선 제 1세대로 분류되는 전통적인 명령과 통제(command & control) 방식의 정부의 직접제공, 다음으로 제 2세대로 분류되는 시장친화적 정책수단(market based tools), 그리고 제 3세대 정책수단인 공공정보(public information)나 투명성(transparency)과 같은 간접적이며 소프트한 것으로 나눌 수 있다. 여기서 공급자 중심인 정부위탁과 수요자 중심인 바우처도 시장친화적 정책수단으로 분류된다. 일반시민의 선택권을 보장하지 않는 위탁과 달리 바우처는 선택권을 보장해 준다. 최근에는 인터넷과 같은 웹을 이용한 정보통신기술과 민간의 금융 인프라가 정책수단에 접목되고 있는데, 전자지불, 전자카드, 전자바우처 방식이 각종 공공서비스 전달과정에 접목되고 있다. 이러한 기술발전은 공공서비스 전달과정을 더욱 투명하게 만들고 공급자와 수요자의 상호작용이 사이버 공간을 통해 실시간 단위로 긴밀하게 이루어지도록 만든다. 그렇지만 이를 효과적으로 이용할 수 있는 디지털 리터러시(digital literacy)가

공서비스 수요자인 일반시민보다는 자신들의 이익이나 이해관계에 더 관심을 가진다. 정부가 직접 운영하는 공립학교나 정부위탁[2] 방식으로 운영되는 각종 사회서비스 제공기관에 대해 시민들이 불만을 갖게 된 것도 대부분 공급자 방식에 내재된 폐해 때문이다. 특히 공급자 중심전달체계 하에서는 특정 제공기관에서 주는 서비스에 불만이 있을 경우, 이용자들이 이를 거부하고 다른 기관을 선택하여 서비스를 받을 수 있는 선택권이 허용되지 않았다. 또한 공공서비스 품질에 대해 불만이나 불평을 호소해도 잘 수용되지 않아 공급자 중심 전달체계에 대한 비판이 끊이지 않았다. 이는 허쉬만(Hirschman, 1970)이 이야기하는 탈퇴(exit)가 허용되지 않는 공공서비스 전달체계이다. 공급자 중심 전달체계에서는 서비스 이용자인 시민이 자유롭게 해당 제공기관을 탈퇴하여 다른 기관으로 가지 못한다. 또한 목소리(voice)를 아무리 높여도 이를 잘 수용하지 못한다. 바로 공공서비스 수요자인 시민의 선호를 반영할 유인이 부족한 것이다.

정부독점과 같은 공급자 방식의 경우 공공서비스 제공기관 간 경쟁이 부족하다. 공급자 방식도 제공기관 간 경쟁 입찰이 이루어질 수도 있으나 정부와 위탁기관 사이의 유착이나 입찰과정의 계약관리에 수반되는 거래비용 때문에 실질적 경쟁을 유도하는 데 한계가 있다.[3] 특히 공급자 방식의 경우 이용자인 시민의

공공서비스 전달체계에서 중요한 화두로 부각되고 있다.

2) 위탁방식은 지난 1980년대 초반 이후 공급자 중심의 공공서비스 전달체계의 주류를 형성해 왔다. 우파진영의 경우 정부 독점이 아닌 비영리기관이나 영리기관이 경쟁을 통해 공공서비스를 제공하는 것이 효율성을 높이고 관료제에 따른 폐단을 줄일 수 있다는 이유 때문에, 그리고 좌파 진영의 경우 민간 비영리기관이 공공서비스 전달과정에 참여함으로써 시민사회 역량을 높일 수 있다는 이유 때문에 정부의 위탁방식을 찬성했다. 사회복지서비스의 민영화에 대한 개괄적 논의는 Gilbert & Terrell(2005) Chapter 6을 참고하기 바란다.

3) 특히 위탁과 같은 제 3자를 이용한 계약방식은 계약을 통해 생산하는 서비스

목소리나 선호를 반영하거나 수용하도록 해 주는 서비스 선택권을 제공하지 않기 때문에 공급자인 제공기관들이 더 나은 공공서비스를 제공하려는 유인을 갖지 못한다. 그렇다고 공공서비스를 제공한다는 목적의식이나 사명감, 자부심만으로는 좋은 서비스를 제공하는 데 한계가 있다.[4] 따라서 최근 이러한 공급자 방식이 가진 문제점을 해결하고자 책무성을 높이기 위한 많은 시도가 있었다. 성과관리나 리포트 카드(organizational report cards)[5]를 통한 투명성 제고뿐만 아니라, 공급자 중심에서 수요자(이용자) 중심으로 서비스전달체계를 전환하려는 노력들이다.

2. 공급자중심 지원 방식의 유형과 문제점

공급자 방식은 크게 정부가 직접 공공서비스를 제공하는 경우와 비영리 또는 영리기관이 위탁을 받아 수행하는 경우 두 가지로 구분된다.

첫째, 공공서비스를 직접 제공하는 정부기관의 경우 일반시민

의 품질이나 정보를 재원 제공자인 정부나 이용자인 시민이 제대로 측정하고 파악하지 못할 때는 실패할 가능성이 높다. Hansman(1987)은 이를 계약실패(contract failure)라고 부른다.

4) 공공서비스 생산성과 품질을 좌우하는 요인으로 많은 요인들이 있으나 금전적 요인과 비금전적 요인 두 가지 차원을 꼽을 수 있다. 금전적 요인으로 가장 흔히 사용되는 것이 성과에 따른 차별적 보상이다. 비금전적 요인으로 공공서비스 제공 주체의 사명감과 헌신이다. 전자의 경우 경제적 유인에 바탕을 둔 설계방식으로 접근하며 후자의 경우 문화적 정신적 차원의 일체감이나 만족감과 같은 유인을 강조한다. 특히 개인이 속한 조직이나 기관에 대한 확고한 정체성(identity)이나 소속감을 가지고 있다면 경제적 보상보다 더욱 강력한 동기를 유발시킬 수 있다(Akerlof, 2005). 대개 군인, 소방관, 경찰관, 외교관의 경우 사명감이 금전적 유인보다 더 강력한 직무수행 동기가 된다고 한다(Kelman, 1990).

5) 학교의 성적 공개, 보육원의 품질등급 공개, 사회복지시설의 인력과 프로그램 공개, 직업훈련기관의 취업률 공개 등이 리포트 카드의 전형적 사례들이다. 리포트카드에 대한 체계적인 논의는 Gormley & Weimer(1999) 참고.

들에게 관심을 쏟기보다는 정부예산 확보를 위한 정치투쟁을 통해 프로그램 및 조직을 확장하고자 하는 관료주의를 내포한다.[6] 특히 문제가 많은 공립학교 주변이나 공공주택 단지의 경우 해당 지역의 학력저하, 범죄, 빈곤의 재생산 공간으로 전락했다.[7] 공립학교의 경우 학부모와 학생의 선호보다는 정부의 규제, 교육관료, 학교이사회의 요구사항에 더욱 민감하게 반응하도록 제도화되어 있다. 이는 전형적인 정부주도의 공급자 중심 전달체계 때문에 비롯된 것이다(Chub & Moe, 1990). 선진국들의 주택정책도 제 2차 세계대전 이후 임대료 폭등을 막기 위해 정부가 직접 임대주택을 건설하는 공급자 방식에서 1970년대 이후 임대료 보조금 제도와 같은 수요자 중심의 정책수단으로 바뀌었다.[8]

둘째, 공공서비스를 위탁받은 기관들도 공공서비스 이용자인 일반시민이 아니라 예산을 지원하거나 규제를 통해 공공서비스 공급권한을 보장해 주는 정부기관의 요구에 더욱 민감하게 반응한다. 공공서비스를 위탁받은 (비)영리기관의 경우 대개 정부기관

6) Niskanen(1971)에 따르면 관료집단은 금전적 이득을 추구하는데 민간기업에 비해 제약을 받기 때문에 자신들의 권한과 예산 확장에 관심을 가진다. 시민의 이익을 위해 행동하려는 능력과 의지가 결핍된 관료제 때문에 발생하는 문제를 정부실패(government failure)라고 한다.

7) 1970~1980년대 유럽이나 미국에서 시행한 임대주택 단지 정책은 대규모 슬럼과 우범지대화한 '게토(ghetto)'의 등장으로 빈민층 주거단지의 고착화라는 부작용을 낳았다. 이는 빈곤층이 사회의 다른 계층과 함께 어울려 섞여 살아갈 수 있는 수요자 중심의 주택정책이 필요한 이유를 제공해준다.

8) 미국의 경우 1974년, 프랑스의 경우 1977년에 임대주택을 정부직접 공급방식에서 임대료 보조금 정책으로 전환했다. 독일의 경우 제 2차 세계대전 이후 민간의 개인이나 기업에게 공적자금을 주어 주택을 건설하는 사회임대주택 제도를 도입했다. 그리고 세입자를 법정소득 이하로 제한하고 임대료도 통제했다. 그렇지만 1960년대 이후 사회임대주택이 감소하면서 주택수당법을 도입하여 민간주택 거주자에 대한 임대료 보조정책을 시행했다. 영국의 경우 노동당이 집권할 경우 공영주택 건설을 촉진하고 이에 대한 보조금을 지급하는 정책을 폈으나 보수당이 집권하면 공영주택 건설 대신 민간주택건설을 활성화했으며, 대처정부에서는 세입자에게 공영주택 바우처를 제공했다.

처럼 관료제에 따른 문제점을 해소할 수 있는 대안으로 인식되기도 했다.

하지만 정부위탁 업무를 수행하는 (비)영리기관의 경우 투명성, 윤리성, 공익성이 부족하거나[9] 과도한 시장화로 공공서비스의 본질과 거리가 먼 역할을 수행한다는 비판이 있다.[10] 또한 이들 위탁기관의 경우 전문성도 부족하여 아마추어리즘(amateurism)이라는 비판을 받기도 한다.[11] 정부에 대한 재원의존성이 심화된 비영리기관의 경우 본래의 설립취지와 목적과 다른 방향으로 운용되는 경우도 많다(Smith & Lipsky, 2003).[12] 정부재정에 너무 의존하는 영리기관의 경우도 시장이 갖는 혁신성과 창의성을 발휘하기보다는 정부와 밀착된 관계형성에 더 관심을 갖기 때문에 좋은 공공서비스를 제공하기 위한 노력에는 무관심하다. 결국 이런 공급자 전달체계 하에서 정부위탁기관들은 정부의 손발 역할에 충실한 나머지 시민사회의 덕목과 시장의 혁신을 유도하여 시민들에게 좋은 서비스를 제공하는 데는 관심이 없어 보인다.[13] 또한 정부 위탁 업무를 수행하는 영리기관의 경우도

9) 정부 보조금을 받는 비영리기관의 경우 운용상의 불투명성도 계속해서 상당한 논란을 불러일으키고 있다. 정부와 비영리기관 사이의 유착관계에 따른 각종 부패와 도덕적 해이 등이 발생하기 때문이다. 즉, 공공서비스제공과정이 투명하지 못하고 제공기관의 혁신동기를 유발하는 데 한계가 있다.

10) 정부 위탁을 받은 영리기관뿐만 아니라 비영리기관의 경우도 지나친 이윤추구에 따른 각종 폐해가 발생하고 있어, 공공서비스의 상업화 논란의 진원지가 되고 있다.

11) 대개 비영리조직의 경우 공공서비스를 전문성을 가지고 체계적 운영하기에는 인력과 재정이 풍부하지 못하다. 오랜 전통을 가진 대표적 비영리기관을 제외하고는 대개 설립취지만 거창하지 아마추어 수준의 주먹구구식 행정능력을 갖고 있는 것이다. 이들 비영리기관들이 정부위탁을 받아 수행할 경우 공공서비스의 각종 품질문제와 안전문제가 제기된다.

12) Smith, Steve R. and Michael Lipsky. 1993. Nonprofits for Hire: The Welfare State in the Age of Contracting. Harvard University Press.

13) 정부와 계약을 통해 각종 서비스를 제공하는 비영리기관들의 경우 정부에 대한 재원의존성이 심각해지면서 비영리기관 본래의 설립취지(시민사회에 봉사하

해당 공공서비스의 재생산과 확대를 위해 정부에 로비를 함으로써 시장기제의 효율성을 저해하기도 한다.

이처럼 정부실패(Government Failure)와 시장실패(Market Failure)의 대안으로 인식되었던 비영리기관들도 한계가 있다는 것이다. 즉, 비영리기관의 실패(Voluntary Failure)가 발생한다. 무엇보다 비영리기관의 실패사례들은 보육, 노인돌봄, 장애인 등 각종 사회서비스 지원과정에서 비영리기관들이 보여주는 전문성 부족에 따른 품질문제, 책임성과 투명성 부족, 관료화나 도덕적 해이, 상업화, 그리고 정부보조금 의존성 심화에 따른 자율성의 상실에서 잘 드러난다. 그렇지만 비영리조직이 가진 장점과 그 성장가능성은 아직 열려 있다(Anheier, 2009; Barber, 1998).[14] 정부의 관료적 독점성을 극복하고 시장의 무분별한 상업화를 지양하면서 시민사회의 연대와 덕목을 살릴 수 있는 전달체계를 탐색하는 작업은 여전히 필요하다.

고 자생력을 배양하는 중간조직으로서 자부심과 공익적 역할)와 달리 정부의 하수인으로 전락하는 것이 아닌가라는 우려의 목소리도 있다. 정부업무 위탁수행기관의 경우 정부의 그림자 조직으로 전락하여 결국 정부기관과 별반 다를 바 없는 거대한 회색지대의 정부영역을 형성하고 있는 것이다. Chaves와 그 동료들 연구(2004)에 따르면 정부의 지원금을 많이 받는 비영리조직일수록 설립취지에 부합하는 자율적인 정치목소리를 내는 데 한계가 있다고 한다. Leech(2006)에서도 이러한 우려를 논의하고 있다.

14) Anheir(2009)는 비영리부문(nonprofit sector)을 복지국가패러다임을 전달하는 중요한 파트너(정부위탁이나 자선에 바탕을 둔 사회서비스 제공기관으로서 역할), 사회자본의 생성과 사회연대의 주체로서 시민참여자, 그리고 정부기관의 책임성과 투명성을 제고하기 위한 견제자로서 그 발전가능성을 조망하고 있다. 바우처라는 정책수단도 이러한 비영리부문의 장점과 결합되면 정부관료제의 비효율성을 극복하고 사회통합과 시민참여를 활성화하면서 공공서비스 전달과정의 투명성과 책무성을 향상시킬 수 있는 길을 열 수 있다.

II 시장화 패러다임의 확산

1. 아웃소싱의 세계화와 공공부문의 시장화

최근 글로벌화에 따른 아웃소싱의 세계화가 확산되면서 민간과 공공부문 모두 경쟁의 소용돌이 속에 들어가 있다.[15] 민간부문에서 필요로 하는 소프트웨어, 농산물, 군사물자, 그리고 모든 유형의 서비스에 이르기까지 일상 삶에 필요한 재화와 서비스 상당부분이 아웃소싱 방식으로 조달된다.

위에서 언급한 것처럼 공공분야도 예외는 아니다. 이미 비영리부문이 복지국가 서비스의 대부분을 위탁이나 바우처 방식을 활용해 전달하고 있는 상황에서 공공영역의 시장화는 이미 일상이 되었다. 특히 지난 1980년대 이후 미국, 영국, 스웨덴 등 주요 선진국에서 보수우파가 집권하면서 신공공관리론이 행정영역에 급속히 확산되었으며 공공서비스 전달체계에 각종 시장친화적 정책수단들이 접목되었다. 여기에는 정부위탁을 받은 공급자 중심의 보조금(supply side subsidy)에 바탕을 둔 외주 계약

15) 포천(Fortune)지에 따르면 500대 기업 절반이상은 소프트웨어를 인도에서 아웃소싱하고 있다. GE가 사용하는 소프트웨어의 거의 절반을 인도 지식근로자들이 개발하고 있다. GE의 경우 인도에서 2만명을 고용하고 있는 것으로 나타났다. 인도의 대형 IT컨설팅 회사인 Wipro는 약 1만 7천명의 엔지니어를 고용하여 Nokia, Sony, Home Depot의 고객업무를 전산처리하고 있다. 미국, 영국, 호주 등 영어권 나라의 어떤 유형의 재화생산이나 서비스도 인도에서 아웃소싱을 통해 조달할 수 있다. JP Morgan Chase와 같은 글로벌 금융회사도 회계, 재무와 같은 금융업무를 인도 MBA에게 아웃소싱을 하고 있다. 이처럼 글로벌 아웃소싱이 이루어지는 이유는 생산비 때문이다. 미국에서 수석디자이너의 월급이 7천달러라면 인도의 경우 1천달러에 불과하다. 이상의 내용은 Pink(2005)의 책 제 3장에 나와 있다.

(contracting out)과 수요자 중심의 보조금(demand side subsidy) 형태를 띤 바우처, 그리고 생산과 가격설정 권한 등을 완전히 시장에 맡기는 완전 민영화에 이르기까지 다양한 시장형 실험들이 있다.

2. 공공부문의 시장화: 민영화와 상업화

시장화(marketization)는 여러 가지 차원으로 구분되는데, 하나는 민영화(privatization)이며 다른 하나는 상업화(commercialization)이다. 전자는 정부가 직접 공공서비스를 전달하지 않고 (비)영리기관에 대해 보조금을 지원하여 이들로 하여금 간접적으로 공공서비스를 전달하는 방식이다. 외주계약과 바우처 모두 이 방식으로 가능하다. 후자는 공공서비스 전달주체를 비영리기관이 아닌 영리기관으로 선택할 경우 나타나는 현상을 말한다. 공공서비스는 비영리 또는 영리기관에 의해 바우처 방식으로 전달될 수 있다. 기본적으로 바우처 방식은 공공서비스의 민영화를 의미하지만, 공공서비스가 영리기관에 의해 전달될 경우 그 전달체계는 민영화에서 더욱 심화된 시장화 단계인 상업화로 진전되었음을 의미한다.

3. 시장화의 장점: 공공부문의 관료화와 권위주의 타파

바우처의 가장 큰 목적 중 하나는 공공서비스 이용자들의 선택권 보장을 통해 기존 공급자 중심의 독점적 전달체계를 혁신하는 데 있다.[16] 밀턴 프리드만(Milton Friedman)이 그의 저서

16) 공급자 중심의 독점적 전달체계는 정부가 유일한 공공서비스 제공자이거나 아

「자본주의와 자유」에서 역설했듯이 미국 공립학교 운영에서 나타나는 비효율성 혹은 학생이나 학부모의 선호를 무시하는 운영시스템은 일종의 괴물과 같다(Friedman, 1962). 학교선택권은 바로 이러한 공공기관의 문제를 해결하기 위한 수단으로 제안된 정책아이디어이다.

교육, 보육, 의료 등 각종 사회서비스를 정부기관이 제공하지 않고 바우처를 통해 비영리기관이 이를 대행하고 있다. 이러한 비영리부문의 역할은 제 3자 정부(Third Party Government)로 불린다. 이미 정부 관료제가 아니라 비영리조직이 중심이 된 시민사회가 다양한 형태의 사회서비스를 정부 위탁을 받거나 아니면 자원봉사와 같은 독자적 방식으로 제공해 오고 있다. 이러한 영역은 이제 정부도 시장도 아닌 사회경제(Social Economy) 부문으로 자리 잡고 있다(Salamon, 1994). 이를 단순히 민영화라는 이름으로 비판하는 것은 시민사회의 가능성과 잠재력을 무시하는 편견이다. 정부 위탁을 받아 공공서비스를 제공하는 비영리기관이라도 비영리기관 본래의 설립취지와 사회적 연대의 강화라는 장점들을 제대로 발휘할 수 있다면 강한 시민사회의 핵심 주체가 될 것이다(Barber, 1998: A Place for Us; Berry, 2003).[17)]

최근 영리기관도 위탁이든 바우처 방식이든 정부와의 계약을 통해 다양한 종류의 사회서비스를 제공하고 있다. 이를 상업화라고 비판할지 모르지만 정부의 직접공급 때문에 나타나는 비효율성과 비교할 경우 오히려 영리기관이 더욱 혁신적 아이디어로 좋은 품질의 공공서비스를 제공할 수도 있다.[18)] 그렇지만 비영리

니면 정부와 계약한 특정 기관만이 해당 공공서비스를 제공하는 것을 말한다.

17) Berry, J.M. (2003). A Voice for Nonprofits. Washington, D.C.: Brookings Institution Press.

18) 한국의 사교육시장의 번창은 공교육에 대한 불만에서 비롯된 것이다. 기존의

부문이 가진 장점을 고려하면 이들이 상업화로 인해 변질되는 것에 대한 우려의 목소리를 무시해서는 안 된다(Eikenberry & Kluver, 2004).

4. 바우처 시장화에 따른 정부규제와 사회자본의 역할

바우처와 같은 정책아이디어의 실험들은 공급자간 경쟁을 유도하고 시민들에게 다양한 선택권을 제공함으로써 공공서비스의 품질을 향상시키려는 글로벌 흐름으로 자리잡고 있다.[19] 이는 정부재원을 더욱 효율적으로 사용하고 서비스 만족도를 높이려는 목적을 지니고 있다. 바우처는 이러한 전 세계적 흐름 속에서 나온 정책수단인 것이다.

하지만 시장 그 자체만으로는 공공서비스의 지속가능한 공익성을 유지하는 데 한계가 있다. 그렇다고 기존의 정부나 비영리기관 등 특정한 공급자 중심의 독점으로 회귀하고자 하는 것은 아니다. 공급자간 무분별한 경쟁 또는 독과점에 따른 담합행위 등으로 공공서비스라는 공공성을 강화하면서도 그 품질을 제고할 수 있는 전달체계가 필요하다. 경쟁과 선택이라는 원리를 바탕으로 이윤을 추구하는 시장기제도 정부의 적절한 규제와 감독 없이는 효과적으로 작동하기 어렵다.

바우처라는 정책수단의 성과도 결국 제공기관들 사이의 공정

공립학교 시스템에서는 학생, 학부모, 사회가 원하는 각종 교육서비스를 제공하는 데 한계가 있기 때문이다.

19) 바우처의 사고 체계에 대한 종합 분석은 Daniels & Trebilcock(2005)을 참고하기 바란다. 이 문헌에 따르면 바우처는 복지국가를 운영하는 하나의 거대한 사고체계로서 조망된다. 이들은 복지국가를 '바우처에 의한 정부[Government by Voucher]'로 묘사하고 있으며, 여기서 바우처는 하나의 단순한 정책수단이 아닌 복지국가의 핵심 소프트웨어로 다루어진다.

한 경쟁과 이용자의 선택권이 얼마나 잘 보장되는가에 달려 있다. 공정경쟁을 저해하는 특정기관의 독과점이나 담합을 막고,[20] 취약집단을 배제하는 역선택[21]과 제공기관과 이용자의 도덕적 해이를 억제할 수 있는 다양한 정책규제가 필요하다. 특히 바우처 시행과정에서 나타나는 예상치 못한 부작용을 줄이기 위해서는 시민사회와 시장에 있는 각종 (비)영리기관들의 장점을 활용하고 사회적 연대나 자원봉사와 같은 사회자본(social capital)을 적극 활용하는 전략이 필요하다.

Ⅲ 정책결정의 산물: 바우처 정치

1. 정파적 이념과 정책가치의 충돌

바우처는 정치적 보수와 진보 사이의 투쟁 속에서 나온 상이한 정책이념이나 정책가치의 차이를 잘 대비시켜주는 정책수단이다. 바우처는 정파에 따라 그 선호가 다르다. 예를 들면, 공화당이 집권한 경우 교육바우처에 대한 호감을 보였지만 민주당이

20) 한국의 경우 노인돌봄 서비스를 제공하는 비영리제공기관들 사이에 제공기관회의라는 것이 있다. 이는 해당 지역에서 몇몇 사회복지기관들이 담합하여 바우처 이용자들을 공급자의 편의대로 할당하여 서비스를 제공하려는 시도이다. 이 경우 이용자들이 노인돌봄서비스 기관을 선정하는 것이 아니라 오히려 돌봄기관의 자신들의 편의에 따라 이용자 집단을 선별하는 것이다(양난주(2009) 참고).

21) 바우처 이용에 있어 역선택현상은 얼마든지 일어날 수 있다. 교육바우처의 경우 학교 입장에서 성적이 우수한 학생만 선별한다든지 직업훈련기관에서도 취업성과가 우수한 훈련자만 선별할 수 있는 것이다. 의료바우처의 경우도 건강에 문제가 있는 이용자의 경우 의료기관 이용에 있어 공급자로부터 여러 제한을 받을 수 있는 것이다. 그래서 이러한 역선택을 방지하기 위해 정부는 여러 규제 장치를 마련하는 것이 일반적이다.

집권한 경우는 그 반대이다.[22] 이러한 정파적 이데올로기에 따른 바우처의 선호는 영국의 주택정책의 변동에서도 잘 드러난다. 대처의 보수당 정부는 민간임대주택이나 공영주택에 대한 주택바우처를 도입했지만 대처 이전의 노동당 정부는 정부가 공영주택을 직접 공급하려 했다. 이처럼 정치적으로 보수가 집권할 경우 바우처를 시행하는 사례가 많다. 물론 진보정당이 집권할 경우 바우처라는 정책수단은 배척되는 경우가 많다. 그렇지만 미국의 직업훈련바우처와 같이 민주당과 공화당 양 진영에서 지지를 받은 사례도 있다.

진보적 정치세력은 대개 정부개입이나 지출을 선호하며, 이와 관련된 공급자 중심의 정치적 후원세력을 갖고 있다.[23] 예를 들면, 공립학교, 보육시설, 사회복지시설 등 제공기관들의 종사자들

---

22) 보수당인 공화당의 레이건 정부는 교육바우처를 권장했으나 교원노조를 중심으로 한 반대로 그 시행이 상당한 어려움을 겪었다. 특히 미국에서 교육바우처를 반대한 근거로 미국 헌법에 나와 있는 정부와 교회라는 정치종교의 분리조항이 활용되었다. 정부재원으로 운영되는 교육바우처가 종교계통의 사립학교에 지원된다면 이는 정부와 종교분리라는 헌법조항을 위배한다는 것이다. 그러나 지난 2002년 7월 27일 미국 연방 대법원이 클리블랜드(Cleveland)의 바우처 프로그램을 합헌으로 판결(Zelman v. Simmons-Harris)한 이후 교육바우처 반대 구실로서 그 동력원을 상실하였다. 종교계통의 사립학교에 대해 교육바우처를 허용해도 국가가 특정 종교를 진흥하는 것은 아니라는 판결이다. 이 보다 더 근원적인 문제는 교육여건이 좋은 교외지역 주민들이 교육바우처를 이용해 도시 중심부의 빈곤층들이 자신들의 학군으로 들어오는 것을 반대한다는 것이다(Ryan & Heise, 2002). 교육바우처가 학군이 좋은 지역에서 활용되지 못하도록 해당 학군 주민들이 적극적으로 반대하기 때문이다. 미국 교육바우처는 이처럼 상이한 학군 간 통합을 거부하는 폐쇄적 지역사회의 속성 때문에 부자지역과 빈곤지역을 아우르는 사회통합적 교육바우처로서 그 성격은 약하다.

23) 바우처의 수혜집단은 이용자뿐만 아니라 생산자도 포함된다. 바우처 방식으로 어떤 공공서비스나 재화가 제공될 경우 이것이 선정되고 지속적으로 유지되는 것은 바로 이러한 바우처를 둘러싼 생산자 집단의 이해관계 때문이다(Rosen & Gayer, 2007: Chapter 12). 미국의 농업 이익단체들은 식품 구매권(Food Stamp)을 강력하게 지원해 왔다. 한때 미국 오레건 주는 식품 구매권을 현금으로 전환하려 했으나 농업을 기반으로 한 의원들의 반대로 실패했다. 또한 미국의 주택도시개발부서의 관료들도 주택바우처처럼 각종 주택보조 프로그램들을 현금보조로 전환하는 것을 반대했다.

을 중심으로 만들어진 노동조합이나 관련 시민단체들은 정치적 진보세력의 강력한 후원집단이다. 특히 미국의 경우 교육바우처에 대한 교원노조의 저항은 매우 거세며, 민주당의 주요 정치적 지지 기반이기도 하다.

2. 바우처와 정치경제적 이해갈등

바우처의 시행이나 폐지는 그 자체만으로 심각한 정치경제적 이익 변동을 초래하기 때문에 바우처를 둘러싼 이해집단의 생존에까지 영향을 미친다. 바우처는 이들 비영리기관 종사자들이 경쟁환경 속에 노출되도록 하기 때문에 생산·제공기관의 강력한 저항을 유발하는 경우가 많다.

예를 들어, 바우처 제공과 관련된 유관 공급주체들의 특성을 살펴보면, 미국 푸드스탬프의 경우 미국 농촌벨트 지역구 의원들의 강력한 지원을 받고 있으며(American Farm Bureau Federation: AFBF) 여기에 식료품 산업체가 강한 경제적 이해를 가지고 정치적 영향력을 행사하고 있다. 또한 각종 대학교 학자금지원 바우처도 고등교육협회라는 강력한 정치력을 가지고 있다. 교육바우처(K-12 학교바우처)의 경우 교원노조라는 강력한 반대집단이 있어 그 시행과정에 끊임없이 저항하고 있다.

반면 주택바우처의 경우 푸드스탬프만큼 강력한 정치력을 가진 집단들이 제공기관을 형성하고 있는 것은 아니다. 민영주택업자의 경우 해당 바우처가 푸드스탬프만큼 자신들의 경제적 생존권을 좌우할 정도로 그 비중이 크지는 않다. 즉, 바우처를 통한 정부 지원이 없어도 충분히 자신들의 사업을 유지할 수 있다. 한편 수혜자 집단의 특성을 비교해 보아도 푸드스탬프의 수혜자는 빈곤층이 주류를 이루고 있어 사회적 약자와 낙인을 받기 쉬운 집단으로 정치과정에 이들의 영향력은 오히려 농축산업계에 대해 매우 미약하다. 그렇지만 G.I.Bill[24]과 같은 고등교육보조금 바우처의 경우 제대군인이라는 강력한 이익집단을 형성하고 있다. 이처럼 바우처를 둘러싼 정치경제적 이해나 정치과정은 어떤 바우처인가에 따라 매우 상이하다.[25] 이는 Lowi(1966)가 말하는 정책이 각종 이익집단과 수혜집단을 형성하여 정치과정에 영향을 주는 전형적 사례에 해당한다.

---

24) G.I.Bill(원래 공식명칭: Servicemen's Readjustment Act of 1944, P.L. 78-346, 58 Stat. 284m)은 미국 연방정부(보훈부: United States Department of Veterans Affairs)가 참전용사에게 고등교육, 직업훈련, 주택자금에 대한 지원해 주는 묵시적 형태의 바우처이다. 특히 대학과 같은 고등교육보조금으로 유명하며 미국사회에 대해 거대한 국가차원의 성공적 교육투자프로그램으로 주목을 받아 왔다. 원래 G.I.Bill은 2차 세계대전 참전용사에게만 적용되었으나 그 후 한국전쟁에 참전한 용사들에게도 추가 입법[Veterans' Adjustment Act of 1952]을 통해 지원을 했다. 그후 전시에 참전한 용사뿐만 아니라 평화 시에도 각종 군 복무자를 위해서도 정부지원을 확대하는 법안[Veterans Readjustment Benefits Act of 1966]을 통과시켰다. 최근에는 국가방위군에게도 그 혜택을 주는 법안[Post-9/11 Veterans Education Assistance Improvements Act of 2010: G.I. Bill 2.0]으로 발전했다.

25) 이와 관련된 두 바우처 사례가 있다(Loomis, 2000). 하나는 미국 워싱턴 D.C.의 교육바우처이며 다른 하나는 미국 전역에서 실시된 직업훈련바우처이다. 전자의 경우 워싱턴 D.C. 거주 빈곤층 학생 2천명에 대해 학생당 3,200달러 제공하는 프로그램으로 전체 예산이 640만 달러에 불과했다. 후자의 경우 60개의 직업훈련프로그램 바우처로 배정예산은 무려 100억 달러였다. 그렇지만 전자의 교육바우처는 미국 의회에서 이를 찬성하는 공화당과 반대하는 민주당이 서로 격렬하게 대립했으며 하원에서 214표 대 206표로 겨우 통과되었고 이마저도 클린턴 대통령이 거부권을 행사하여 그 시행이 좌절되기도 했다. 반면 위 직업훈련프로그램은 공화당과 민주당 모두가 선호하여 손쉽게 의회 양원 모두에서 통과되었다. 왜 이러한 차이가 발생할까? 교육바우처의 경우 매우 좁은 지역에 한정적으로 시행되는 소규모 프로그램이지만 이것이 가진 정치적 상징성과 이에 저항하는 미국 교원노조 나아가 보수와 진보의 정책대립의 최전선에서 강한 정치적 상징성을 가진 이슈이기 때문이다. 반면 직업훈련바우처의 경우 정부주도의 관료제 문제를 피하고 직업훈련의 효율성을 높여 효과적 취업연계시스템을 구축해야 하는 당위성이 보수와 진보 진영 모두에 공감을 얻었기 때문이다. 직업훈련바우처에 반대하는 이해집단은 없고 오히려 여기서 혜택을 받는 경제계 이익집단(the Business Roundtable & the U.S. Chamber of Commerce)의 강력한 로비가 있었다.

3. 바우처 특성과 정치과정

바우처 시행은 하나의 정치과정이다. 바우처도 다른 정책수단과 유사하게 채택여부, 실시 규모와 집행방법 등이 정치과정을 통해 결정된다. 어떤 정책수단을 선택하고 어떻게 이를 추진할 것인가 그 자체가 정책과정 속의 정치현상인 것이다. 특히 바우처 전달방식에 내재된 시장친화적 정책속성 때문에 바우처는 보수진영의 호응과 진보진영의 배척을 받는 정파적 정책수단이다.[26)]

이러한 바우처 정치과정은 수혜자 집단과 제공자 집단이 얼마나 강력한 정치력과 경제적 이해관계를 갖고 있는지, 그리고 이 속에 얽힌 정치경제적 갈등의 정도에 따라 결정된다(Loomis, 2000).[27)] 또한 바우처로 제공되는 재화나 서비스가 얼마나 큰 정

26) 이러한 정파간 대립은 교육바우처에서 특히 심하다. 지난 1993년 바우처 반대 집단은 교육바우처를 제안한 미국 캘리포니아 주민발의안(Proposition 174)을 좌절시키기 위해 6백만달러 광고를 싣기도 했다. 반대의 주된 이유는 흑인과 히스패닉 학생들이 대도시 근교지역의 중산층 이상의 학군으로 바우처를 이용하여 들어오는 것을 두려워했기 때문이다. 또한 미국의 교원노조도 바우처 도입을 반대하였다. 캐나다 온타리오 주에서도 2001년 보수당이 형평성교육을 위한 조세감면제도를 통해 일반학생들이 사립학교에 진학하는데 수요자 중심 보조금을 지급하였지만 1년 뒤 보수당이 선거에서 패배하면서 이 제도는 폐지되었다. Daniels & Trebilcock(2005) 제 1장 바우처 정치부분 참고.

27) Loomis(2000)는 바우처 정치과정을 두 차원의 변인을 중심으로 고찰하고 있다. 하나는 바우처를 둘러싼 이해갈등의 범위이며, 다른 하나는 바우처 시행에 따라 얼마나 많은 영향을 받는가이다. 식료품 구입권의 경우 이해관계의 범위는 농축산물 관련 생산업자로 한정된 좁은 차원의 이해갈등이지만 본 바우처의 시행은 미국 전역이기 때문에 이에 따른 영향은 매우 크다. 반면 미국의 밀워키, 클리블랜드, 워싱턴 D.C. 등 특정 지역에서 시범적으로 시행되는 미국의 교육바우처는 그 영향의 정도는 적지만, 유관 이해집단은 정치권의 민주당과 공화당이라는 정파적 대립, 진보와 보수의 싱크탱크의 대립, 교원노조의 강력한 저항, 종교와 정부의 분리라는 헌법원리를 근거로 일어나는 법정 소송 등 이해갈등은 정치사회 전반에 걸쳐 있다.

치적 비중이나 상징성을 갖고 있는가에 따라 상이한 형태의 바우처 정치가 나타난다.

미국의 푸드스탬프는 대규모로 시행되는 대표적인 바우처 프로그램이다.[28] 이것이 맨 처음 시행된 배경을 보면, 1939년 당시 미국은 대공황의 여파로 잉여농산물로 인해 상당수 농장이 파산할 운명에 직면해 있었고, 한편에서는 영양실조에 시달리는 도시 빈민들이 있었다. 이를 모두 해결할 수 있는 방법으로 식품지원사업이 도입되어 1943년까지 한시적으로 시행되었다. 그 뒤 1961년 미국 케네디 대통령이 푸드스탬프를 부활시켰고 존슨 대통령도 '가난과의 전쟁'에서 이를 더욱 확대했다. 이 프로그램은 공화당과 민주당 모두의 지지를 받았다.[29] 민주당은 푸드스탬프의 인증과정을 간소화하고 오류를 줄여 그 시행범위를 확대하고자 했다. 반면 공화당의 경우 이 프로그램의 부정수급을 억제하고 빈곤층으로 한정하여 이것이 보편적 복지프로그램으로 발전하지 않도록 했다. 물론 미국의 푸드스탬프와 같은 식품구매권의 제공은 굶주림을 막고 건강을 유지시켜주는 기본적 인본주의 구현이라는 시각과 건강한 노동인력의 확보와 사회적 투자라는 기능주의 관

28) 당시 이들 빈민층에 대한 식료품 지원방식은 이들이 식품을 구매할 경우 그 액수에 해당하는 오렌지쿠폰을 주었으며 이 쿠폰액의 절반에 해당하는 잉여농산물을 구매할 수 있는 블루쿠폰을 주었다. 그렇지만 당시 이 프로그램의 동력은 빈곤층의 기본 복지보다는 농수산식품생산자와 소매업자의 이익보호가 더 우선 관심사항이었다. 결국 농축산업계의 이익실현을 위한 정치적 로비가 빈곤층의 영양개선프로그램으로 이어졌던 것이다. 이 프로그램은 1939년부터 1943년까지 시행되었다. 그 이전에는 경제공황으로 곤경에 처한 취약계층을 위해 정부가 직접 식품을 배분하는 현물방식의 상품분배프로그램(Commodity Distribution Program: 1932-1939)이 정부직접 제공방식으로 존재했다. Daniels & Trebilcock(2005) 제 3장 참고.

29) 푸드 스탬프 프로그램은 그 이면에 농축산업계의 경제적 이익이 도사리고 있지만, 굶주림은 반드시 막아야 한다는 정치적 상징성을 강하게 띤다. 미국의 존슨 대통령은 "미국은 국민들이 결코 배고픔으로 고통당하기를 원하지 않는다"라고 말했으며, 레이건 대통령은 "미국사회에서 배고픔이 결코 있어서는 안된다"고 말했다. Daniels & Trebilcock(2005) 제 3장 참고.

점이 함께 병존하고 있다.

위에서 살펴본 것처럼 바우처를 둘러싼 여러 정치경제적 이익이 충돌하지만, 바우처가 가진 본래의 정치적 명분과 취지는 계속해서 바우처 추진의 동력원이 될 것이다. 무엇보다 기존 독점적 공급자 중심의 공공서비스 전달체계에 대한 거부감이다. 공공서비스 수혜자인 시민이 자신의 선택에 따라 원하는 공공서비스를 받는 것은 하나의 권리인 것이다. 기존의 공급자 중심 전달체계는 자유롭게 원하는 사회서비스 기관이나 제공자를 선택하지 못하도록 하기 때문이다. 이용자 중심 공공서비스 전달체계는 불만스런 제공기관에서 탈출하여 더 나은 제공기관으로 이동할 수 있는 선택의 자유를 주기 때문이다. 또한 공공서비스 전달체계의 투명성을 높이고 각종 사기나 부정수급을 억제할 수 있다는 것도 전자바우처의 필요성을 잘 일깨워준다. 이러한 이용자 중심전달체계는 그 자체가 가진 선택의 자유라는 민주주의의 구현과 투명성을 높일 수 있다는 장점 때문에 앞으로도 강력한 정치적 지지 세력을 확보할 것으로 보인다.

참고문헌

양난주, (2009), 『바우처 정책집행연구: 노인돌보미바우처 사례』, 서울대학교 대학원, 사회복지학 박사학위논문.

정광호, (2007), 바우처 분석: 한국과 미국을 중심으로, 『행정논총』, 37(23): 117-138.

______, (2008), 『바우처 연구』, 서울: 법문사.

Akerlof, George A. (2005), *Explorations in Pragmatic Economics*. Oxford University Press.

Anheier, Helmut K. (2009), What Kind of Nonprofit Sector, What Kind of Society?: Comparative Policy Reflections. *American Behavioral Scientist*, 52: 1082-1094.

Barber, B. R. (1998), *A Place for Us: How to Make Society Civil and Democracy Strong*. New York: Hill and Wang.

Berry, J. M. (2003), *A Voice for Nonprofits*. Washington, D.C.: Brookings Institution Press.

Chaves, M., Galaskiewicz, J. & Stephens, L. (2004), Does Government Funding Suppress Nonprofits' Political Activity? *American Sociological Review*, Vol. 69, 292-316.

Chub, J. E. and Moe, T. (1990), Politics, Markets, and America's Schools. Washington, D.C.: Brookings Institution Press.

Daniels R. J., Trebilcock, M. J. (2005), *Rethinking the Welfare State: The Prospects for Government by Voucher*. 장승옥, 지은구, 김은정 역. (2009), 『복지국가와 바우처』, 서울: 학지사.

Eikenberry & Kluver, (2004), The Marketization of the Nonprofit Sector: Civil Sociely at Risk? *Public Administration Review*, 64(2): 321-140.

Friedman, M. (1962), *Capitalism and Freedom*. Chicago: University of Chicago Press.

Gilbert, Neil and Terrell, Paul. (2005), *Dimensions of Social*

Welfare Policy (6th ed.). 남찬섭, 유태균 역. (2007), 『사회복지정책론: 분석 틀과 선택의 차원』, 서울: 나눔의집.

Gormley, W., & Weimer, D. (1999), *Organizational Report Cards*. Cambridge. Mass.: Harvard University Press.

Hansmann, Henry B. (1987), Economic Theories of Nonprofit Organization. In W.W. Powell. (ed.). *The Nonprofit Sector: A Research Handbook* (pp.27-42). New Haven: Yale Univ. Press.

Hirschman, Albert O. (1970), *Exit, Voice, and Loyalty: Responses to Decline in Firms, Organizations, and States*. Cambridge, MA: Harvard University Press.

Kelman. Steven (1990), The Renewal of Public Sector. *The American Prospect*. no 2(June 23, 1990).

Leech, B.L. (2006), Funding Faction or Buying Silence? Grants, Contracts, and Interest Group Lobbying Behavior. *Policy Studies Journal*, 34(1): 17-35.

Loomis, B. (2000), The Politics of Vouchers. In C.E. Steuerle, Van Doorn Ooms, George Peterson, and R.D. Reischauer (Eds), *Vouchers and the Provision of Public Services* (pp.92-115). Washington D.C.: Brookings Institution Press.

Niskanen, W. (1971), *Bureaucracy and Representative Government*. Chicago: Aldine-Atherton.

Pink, D. (2005), *A Whole New Mind*. New York: Riverhead Books.

Rosen, Harvey S., and Gayer, Ted. (2007), *Public finance* (8th ed.). 이영, 전영준, 이철인, 김진영 공역. (2007), 『(Rosen의) 재정학』, 서울: 한국맥그로힐.

Ryan, J., & Heise, M. (2002), The Political Economy of School Choice. *Yale Law Journal*, 111(8): 2043-2136.

Salamon. Lester M. (1994), The Rise of the Nonprofit Sector. *Foreign Affairs*. 73(4):109-122.

Smith, Steve R. and Lipsky, Michael (1993), *Nonprofits for Hire: The Welfare State in the Age of Contracting*. Cambridge MA: Harvard University Press.

02 바우처의 사용현황과 규모

I 사용영역과 규모

1. 해외의 바우처 사례

그동안 해외에서 바우처는 사회서비스의 여러 분야에 활용되고 있다. 영미권이나 유럽권 국가들뿐만 아니라, 개발도상국에서도 다양한 바우처가 운영되고 있다.[1)] 특히 교육의 경우 다른 어떤 분야 보다 바우처가 널리 활용된다. 다만, 미국의 경우 초중등 교육바우처는 상당한 쟁점으로 남아 있다.[2)] 하지만 미국의 경

1) 해외 바우처 운용에 대한 소개는 Steurele 외(2000), Daniels & Trebilcock (2005)을 참고하면 된다. 물론 이들 문헌에서도 해외 바우처 운용현황을 모두 포함하여 연구하는 것은 아니며 미국과 캐나다를 중심으로 시행되고 있는 주요 바우처에 대한 소개와 주요 쟁점을 분석하고 있다.

2) 현재 미국의 경우 12개의 정부지원 바우처 프로그램이 존재한다. 아직은 교육바우처의 시행에 매우 제한된 지역에서만 실시되고 있다. 하지만 최근 무작위 실험에 근거한 바우처 프로그램이 시행되고 있다. 이들은 정부지원과 민간재단 지원에 따라 구분된다. 정부지원으로 위스콘신 주정부가 1990년에 실시한 미국에서 가장 큰 교육바우처 프로그램인 밀워키사례와 2004년 연방정부가 워싱턴 DC에 지원한 OSP 프로그램을 꼽을 수 있다. 민간재단이 지원하여 실험을

우도 보육, 고등교육, 직업훈련 분야에서는 바우처에 대해 긍정적 평가가 일반적이다.

교육바우처는 방글라데시나 과테말라와 같은 저개발 국가뿐만 아니라 콜롬비아나 칠레와 같은 중진국에서도 활용되고 있다. 예를 들면, 칠레의 경우 신자유주의 교육개혁의 일환으로 도입한 학교선택권이 주목을 받고 있다(Hsieh and Urquiola, 2003).[3] 특히 칠레의 학교선택권 사례는 약 20년 이상 전국적으로 시행되고 있어 학교선택권의 효과를 검증할 수 있는 좋은 실험대상이다. 또한 최근에 출간된 콜롬비아의 실험적인 학교선택권에 대한 학술연구도 주목할 필요가 있다(Angrist et al., 2001). 콜롬비아의 경우 긍정적인 사례가 보고되었지만, 칠레의 경우 교육바우처 성과에 의문이 제기된다. 교육바우처의 성과를 학력성취만으로 평

하고 있는 바우처 프로그램으로 오하이오 데이턴 사례, 노스캐롤라이나 샤롯사례, 워싱턴 DC 사례, 그리고 뉴욕사례가 있다. 이들 무작위 실험을 통하여 각종 연구 축적되면서 다음과 같은 세 가지 분명한 사실을 확인할 수 있다. 첫째, 이들 무작위 실험 교육바우처는 교육형평성을 제고하기 위한 연방빈곤선의 185% 이하의 도시빈곤층에 대한 지원정책이다. 둘째, 교육바우처를 이용한 학부모의 정책만족도와 지지도가 매우 높다. 이는 기존의 공립학교 체제의 덫에서 탈출하여 사립학교에 갈 수 있는 기회를 얻었기 때문이다. 바우처 이용자의 만족도가 매우 높고, 사립학교에 진학한 학생들의 사회 적응력도 높다. 셋째, 교육바우처를 이용한 후 학업성취도가 올라간 사례가 많다. 위의 대표적인 6개 무작위실험 사례에 따르면 학업성취도가 낮아진 경우는 없었다. 특히 최근에는 12개의 연구 중에서 초기 Witte(1998)의 연구와 Krueger & Zhu의 연구(2004)를 제외한 나머지 10개의 연구에서는 읽기와 산수에서 성적향상 효과가 있는 것으로 나타났다. 바우처 수혜집단의 다수를 이루는 흑인학생에게서 성적향상 효과가 컸고, 읽기보다는 산수에서 점수향상이 두드러졌다.

3) Hsieh와 Urquiola의 연구결과(2003)에 따르면 지난 1980년 피노체트 군사정권하에서 칠레는 학교선택 바우처를 도입했다. 또한 교과과정에 대한 국가관리를 없애고, 교사의 해고와 고용도 쉽게 가능하도록 했다. 이러한 교육개혁으로 약 1,000개 이상의 사립학교가 교육바우처에 참가했고, 사립학교 등록률도 20% 증가했다. 특히 사립학교로의 이동은 대도시지역과 부유층 지역에서 많았다. 하지만 교육바우처 성과는 의문이다. 150개 교육구의 패널자료를 분석한 결과 학교성취도와 교육연수 향상에 유의미한 결과를 찾지 못했다. 다만 공립학교 우수 학생이 사립학교로 이동한 것만은 분명하다.

가하기는 어렵다. 또한 교육효과는 바우처뿐만 아니라 가족환경이나 지역환경에 크게 영향을 받기 때문에 이러한 요인을 통제하고 교육효과를 제대로 평가하는 데 한계가 있다. 어쨌든 교육바우처를 둘러싼 논쟁은 앞으로도 계속될 전망이다.

미국의 경우 바우처는 특정 취약집단을 위한 지원수단으로 활용되고 있다. 다시 말해 보편복지가 아닌 선별복지라는 틀 속에서 운용되고 있다. 바우처의 활용범위는 식품, 보건, 주거, 교통, 보육, 고용훈련, 치안(범죄), 환경 등 매우 다양하다. 이중 푸드스탬프는 매우 큰 비중을 가진 연방정부의 복지 프로그램으로 자리 잡았고, 현재 EBT와 같은 전자바우처 방식으로 진화했다. 한편 미국의 고등교육바우처의 일종인 2차 세계대전 참전용사를 대상으로 한 G.I.Bill 지원프로그램, Federal Pell Grant 등에 대한 평가는 매우 긍정적이다. 한편 같은 영미권 국가이면서도 영국의 경우 바우처에 관심이 높지만 바우처가 가져오는 양극화에 대한 부정적 의견도 있다(Perri 6, 2003). 프랑스나 호주의 경우 여행바우처 등이 활용되고 있지만 미국이나 영국보다는 상대적으로 정책활용도가 낮다.

2. 국내의 바우처 사례

우리나라에서 정부 보조금을 받아 시행하는 바우처 제도에는 지난 1997년 경제위기 이후 발생한 실업자 훈련을 위한 대규모 정부지원 프로그램인 직업훈련바우처가 있다. 직업훈련바우처는 1998년 4월 27일 당정협의를 통해 수요자 중심 직업훈련쿠폰을 발행하기로 하면서(한국경제, 1998년 4월 28일, 2면) 2000년부터 본격적으로 시행되었다. 그리고 지난 1999년 7월에 공무원 훈련바우처를 도입하여 고위 공무원이 공공기관이 아닌 사교육기관에서 훈련을 받을 수 있도록 했다(서울신문, 1999년 7월 29일 28면). 그 뒤 여행바우처, 문화바우처가 2004년부터 시범적으로 실시되었다. 그 뒤 2005년 기획예산처가 시장친화적 재정지출이라는 정책기조를 도입하면서 본격적으로 수요자 중심 재정지원(demand side subsidy)이 장려되었다.[4] 다음 <그림 2-1>이 보여주는 바와 같이 공급자 중심 재정지원은 최종 수요자인 일반시민이 공급기관을 선정할 수 없다는 한계가 있다. 이를 보완한 수요자 지원방식은 정부의 재정보조금을 수급권을 가진 이용자에게 직접 지불하여 이들의 선택권을 보장하고 공급기관간 경쟁을 유도하여 재정민주주의, 복지민주주의를 구현하기 위한 목적을 가지고 있다.

그 이후 본격적으로 사회복지분야 재정지원도 바우처를 이용해 적극적으로 이루어지기 시작했다. 특히 사회복지분야의 사회서비스 관리센터가 2007년 만들어지면서 전자바우처 형식으로 바우처가 설계되고 집행되어 전자지불·인터넷·금융이 통합되는 전자바우처 시대가 열렸다. 과거 시행된 노동부의 교육훈련카드, 문화관광부의 문화바우처의 경우 인쇄된 전표를 발급하거나 출석체크를 한 뒤 제공기관(서비스 공급자)에게 후불로 지급하는 방식을 채택하여 여러 가지 부정수급의 문제가 있었으나,[5] 이제

---

4) 참여정부 시절 기획예산처는 2005년 8월 31일자 보도자료[공공서비스 제공시 "시장친화적 재정지출방식(MTMs)"을 적극 활용: 경쟁 강화를 통한 공공서비스 품질 향상 도모]에서 우리나라도 공공·민간 간 경쟁입찰 제도(competitive sourcing), 바우처 등 "시장친화적 재정지출방식(MTMs)"을 적극 도입한다는 수요자 중심 재정지출 방향을 설정했다. 정부 재정지원과정에서 MTMs (Market-Type Mechanism, OECD 정의)는 가격·경쟁 등 시장기제가 포함된 재정지출형태를 의미한다. 그 이후 기획예산처는 이명박 정부 출범으로 기획재정부로 바뀐 다음에도 수요자 중심 재정지원 방식을 더욱 강력하게 추진하고 있다.

는 전자바우처로 발전하여 투명성 확보와 더불어 실시간으로 바우처 서비스 이용과정을 파악할 수 있게 되었다.

그림 2-1 재정투입방식의 차이

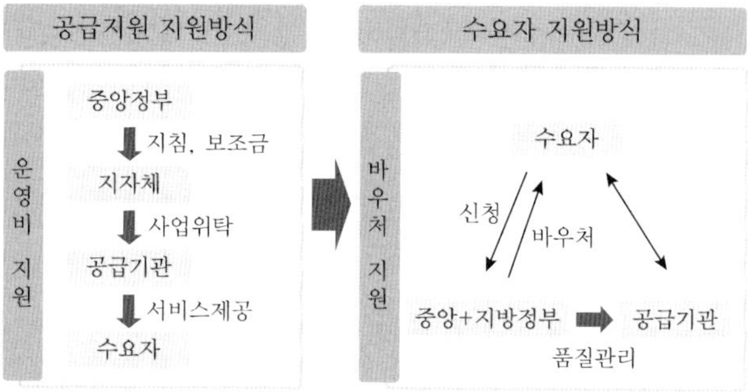

출처: 보건복지부(2010: 145)의 [그림 2-4-2].

최근에는 인터넷과 금융이 전자바우처에 접목되어 금융과 기술융합의 한 형태로 바우처가 운영되고 있다. 앞으로 정부 여러 부처에서 시행하는 바우처는 민간의 금융인프라를 활용하여 집행될 가능성이 높다. 이 때문에 민간은행이나 카드회사들의 경우 이용 수수료 수입뿐만 아니라 장기적으로 공공서비스 수혜자 집단을 금융마케팅 차원에서 접근하고 있어서, 바우처 시장을 둘러싼 이들 간 경쟁도 치열해질 전망이다.[6)]

5) 문화바우처의 경우 초기에 이용자가 아닌 공급기관의 편리함에 우선순위를 두고 시행하면서 상당한 불만을 초래했다. 2006년 당시 문화서비스 이용이 자유롭지 못했는데, 단지 단체관람과 정해진 관람시간만 가능했다. 그리고 주거지를 벗어나 다른 지역의 문화예술 관람도 불가능하게 설계되었다. 하지만 최근에는 이러한 문제들이 많이 해소되었다.

6) 정부 각 부처에서 바우처 제도를 시행하면서, 2010년 당시 약 6조원 규모의 전자바우처 사업이 형성되고 있다. 이미 약 12조원 규모 대학 등록금 카드결제 시장이 형성된 것과 더불어 전자바우처 시장도 민간 카드회사의 블루오션으로 떠오르고 있다. 2010년 기준으로 사회서비스관리원에서 시행하는 노인·산모·장애인 등 전자바우처의 경우 국민은행이, 사회서비스 관리원이 2009년부

국내에서 바우처가 활성화된 시점은 지난 2007년 사회서비스 관리센터가 만들어지면서부터이다. 이 당시 노인, 장애인, 산모 등 사회서비스가 필요한 영역을 중심으로 전자바우처가 국민은행 금융인프라를 이용해 처음 실시되었다. 그리고 2009년부터 보육 바우처가 신한은행 금융망을 이용해 도입되었다. 또한 사회서비스관리원이 중심이 되어 지방자치단체의 아이디어로 운영되는 지역혁신사업(Community Service Innovation: CSI)도 전자바우처로 운영되고 있다.

그 밖에도 문화바우처나 여행바우처의 경우 저소득층 문화향수기회의 확대, 그리고 관광산업 활성화 측면에서 시범적으로 실시되고 있다(김현주, 2004; 정광호·최병구, 2006). 또한 교육과학기술부가 주관하는 방과 후 바우처가 대규모로 시행되고 있다. 한편 지식경제부가 주관하는 에너지 바우처, 지식서비스 바우처[7]도 있으며, 국토해양부의 주택바우처에서는 아직 논의가 진행 중에 있다. 최근에는 스포츠 바우처, 생태관광 바우처 등 다양한 형태의 바우처가 시행되고 있다. 앞으로 이 분야에 대한 국내 연구는 물론 해외연구에도 많은 시사점을 줄 것으로 기대된다.

터 시행하는 보육바우처의 경우 신한은행이, 여행이나 스포츠 바우처의 경우 신한은행이 담당하고 있다. 또한 보건복지부 장애인 활동보조금 사업과 과천시 바우처 사업을 삼성카드사가 수주하여 금융망을 바우처에 제공하고 있다.

7) 지식경제부는 지역전략산업을 효과적으로 육성하기 위해 제조업과의 연관성, 부가가치 유발도가 높은 디자인, 이러닝, 정보기술(IT) 서비스, 시험 및 분석, 컨설팅 등 5개 분야를 대상으로 지식서비스 바우처를 지원하고 있다. 2010년 예산규모는 약 90억7,000만원이며, 국비와 민간부담 비중은 7대 3이다. 지원대상 광역경제권은 충청권, 호남권, 대경권, 동남권, 제주권 5개 권역이며, 대략 제조기업 380개, 지식서비스기관 250개 등 총 630개 기업이 수혜대상이 될 것으로 예상된다. 지식서비스 바우처를 원하는 기업은 1개 분야, 1개의 바우처를 신청할 수 있는데, 지역테크노파크의 평가를 거쳐 예산 범위 내에서 바우처를 지원받는다. 바우처 금액은 분야에 따라 최소 500만원에서 최고 5,000만원까지 500만원 단위의 10개의 유형이 있다. 수혜기업은 바우처 금액의 30%를 자부담으로 납부하여 사용할 수 있다(파이낸셜뉴스, '지식서비스 바우처 5개 분야 확정', 2009년 4월 12일자 참고).

아래에서는 국내에서 가장 대표적인 바우처로 볼 수 있는 사회서비스 바우처의 현황을 좀 더 살펴보고자 한다.

3. 국내 사회서비스 바우처 현황[8)]

여기서는 지난 2007년부터 보건복지부가 주관하여 실시하고 있는 사회서비스 바우처를 살펴보고자 한다. 당시 보건복지부는 사회서비스라는 새로운 사업영역을 사회투자라는 개념 틀 속에서 육성하기 위해 기초생활수급자와 차상위계층을 수요자 중심의 바우처 방식으로 지원하기 시작했다. 이를 위해 2006년 9월 "사회서비스 확충 기본계획"을 수립하였으며, 2007년부터 사회서비스 바우처 사업을 통해 지역수요에 바탕을 둔 사회서비스 확충, 수요자 중심의 시장 형성, 전자바우처 도입을 통한 투명하고 효율적인 시장관리 등의 실행전략도 마련했다(보건복지부, 2010: 73).

당시 사회서비스 바우처 사업은 2007년 4월 노인돌봄서비스, 5월 장애인 활동보조서비스, 8월의 지역사회서비스 투자사업 등 3개 사업으로 출발하였다. 2008년에는 2월 산모신생아도우미, 9월 가사간병서비스를 추가하여 5개 사업으로 늘렸으며, 2009년에는 2월 장애아동재활치료 사업까지 확대하여 6개 사업이 시행되고 있다. 2009년 12월말 기준으로 6개 사업의 예산은 약 3,228억원이며, 제공기관 3,000개과 인력 74,658명으로 수혜자 411,941명에 대해 사회서비스를 제공하고 있다(보건복지부, 2010: 73-74).

---

8) 보건복지부 2009년 보건복지백서(2010: 73-74)를 주로 참고하여 작성하였다.

표 2-1 2009년 사회서비스 이용권 사업 현황

(단위: 개소, 명, 백만원)

구분	노인 돌봄 서비스	장애인 활동 보조	산모 신생아 도우미	가사 간병 방문	지역 사회 투자	장애 아동 재활 치료	합계
제공 기관수	505	453	197	303	906	636	3,000
수혜자수	14,807	31,486	48,469	32,779	266,993	17,407	411,941
제공 인력	4,495	18,540	3,977	5,369	39,614	2,663	74,658
예산 (국비)	19,910	111,059	25,684	53,625	82,000	30,547	322,825

출처: 보건복지부(2010), 2009 보건복지백서, p. 74의 <표 1-2-9>.

향후 사회서비스 사업의 적정규모를 유지하고 사업의 활성화 및 수요자 중심의 행정을 구현하기 위해서는 장기적이고 안정적인 공공투자가 필요하다. 이를 위해 정부는 사회서비스 공급체계 및 법・제도적 인프라 구축을 위한 계획을 추진 중이다(보건복지부, 2010: 74). 우선 잠재수요와 취업 유발효과가 큰 중점투자 영역을 개척하여 재정투자의 효과를 극대화할 예정이다. 또한 제공기관 등록제를 도입하여 다양한 사회서비스 제공기관이 진입하도록 하여 기관 간의 경쟁을 촉진하고 이용자의 실질적 선택권을 보장함으로써 서비스 질을 향상하고자 한다. 그리고 사회서비스 바우처 발급 및 사용절차, 품질관리의 체계화, 정보공개, 부정사용 방지 등에 대한 법적 근거 마련을 위해 「사회서비스이용권 관리법」 제정에 노력하고 있다(보건복지부, 2010: 74-75).

최근 보건복지부가 시행한 사회서비스 분야 바우처 사업의 내용을 정리하면 다음과 같다(보건복지부, 2010: 139-140).

○ 노인돌봄종합서비스(구 노인돌보미사업)

2007년 5월부터 시행된 노인돌보미 사업은 전국가구평균소득의 150% 이하인 65세 이상 노인 중 치매·중풍, 노인성 질환 등으로 거동이 불편한 노인을 대상으로 한 사업이다. 이들에게 식사도움, 세면도움, 취사, 청소, 생활필수품 구매, 외출동행 등 가사 및 활동지원서비스를 제공하여 스스로 독립생활을 영위하도록 돌봐주고, 그 가족들의 부양 부담을 완화시켜 주고 있다(보건복지부, 2010: 140). 서비스 대상자로 선정되어 본인부담금(18,000원~48,000원)을 납부하면 시·군·구별로 지정된 서비스 제공기관에서 보내주는 인력으로부터 월 27시간 또는 36시간의 서비스를 받을 수 있다. 2009년에는 예산 199억원을 지원하여 15,223명에게 서비스를 제공하였다. 장기노인요양보험제도가 시행된 2008년 7월 1일부터는 장기노인요양보험에서 제외되는 등급 외 A, B형 중증 노인을 대상으로 서비스를 제공하였다. 그에 따라 기존 서비스 이용자 중 1~3등급 노인은 장기노인요양보험으로 전환되었다(보건복지부, 2010: 140).

○ 중증장애인 활동보조 사업

1급 등록장애인으로 만 6세 이상 65세 미만의 장애인에게 월 40~120시간의 서비스 이용이 가능한 바우처를 지원하는 사업이다. 소득수준에 따라 이용액의 0~20%의 본인부담금을 납부하는데, 기초생활수급자는 면제(0%)받지만, 최저생계비 120% 이하의 경우 2만원, 최저생계비 120% 초과하는 경우 4만원을 내야한다. 이들은 장애인복지관 및 자활후견기관 등으로부터 신변처리, 가사지원, 일상생활 및 이동보조 등 서비스를 받을 수 있다. 2009년 1,110억원의 국비 예산으로 31,486명에게 바우처를 지원하였다(보건복지부, 2010: 140).

○ 산모신생아도우미 사업

산모신생아도우미 사업은 전국가구평균소득의 50% 이하의 산모신생아 가구를 대상으로 일정기간 동안 산모와 신생아의 건강관리 및 가사지원 등 서비스를 제공받는 사업이다. 원래 본인부담금 46,000원이었으나, 2008년 7월 14일 이후에는 46,000원~92,000원으로 변경되었고, 이를 납부하면 단태아는 2주, 쌍생아는 3주, 3태아 이상·중증장애인 산모는 4주 동안 서비스를 받는다. 그러나 해산급여 대상자는 제외된다. 2009년도 국비 예산 257억원으로 48,469명에게 방문서비스를 제공하였다(보건복지부, 2010: 141).

○ 가사간병방문도우미 사업

가사간병방문도우미 사업은 국민기초생활보장수급자, 차상위계층 중 가사·간병이 필요한 만 65세 이상 노인(장기요양등급 A~B), 장애인(1~3급), 소년소녀가장, 조손가정, 한부모 가정, 중증질환자 등을 대상으로 한다. 이들에게 신체수발 지원, 가사지원, 일상생활지원, 간병지원 등의 서비스를 제공하는 사업이다. 서비스대상자로 선정되면 정해진 본인부담금(무료~23,760원)을 납부하고 월 27시간 또는 36시간 서비스 바우처를 제공 받는다. 2009년도 복권기금예산 536억원으로 53,625명에게 서비스를 제공하였다(보건복지부, 2010: 141).

○ 장애아동 재활치료 사업

장애아동 재활치료 사업은 전국가구평균소득 50% 이하의 가정 중 만 18세 미만 장애아동(재가장애아동, 시설입소아동)

등에게 언어치료, 청능치료, 미술치료, 음악치료, 해동·놀이·심리·운동치료 등 재활치료 서비스를 제공하는 사업이다. 제공되는 서비스는 장애아동 및 부모의 수요에 따라 사업실시 기관이 자율적으로 결정한다. 서비스대상자로 선정되면 본인부담금(무료~4만원)을 납부하고 월 9~12회 한도 내에서 서비스 이용이 가능하다. 2009년도 국비 305억원으로 30,547명에게 서비스를 제공하였다(보건복지부, 2010: 141).

이상에서 살펴본 사회서비스 바우처 사업은 전자바우처 방식으로 운영되고 있다.[9] 사회서비스 바우처 사업은 수요자의 선택권의 강화와 다양한 사회서비스 제공기관의 시장진입을 강조하고 있다. 또한 사회서비스 제공인력에 대한 노동수요를 창출하여 취약계층에게 일자리를 제공하고, 지불·정산업무의 전산화를 통해 재정운영의 효율성 및 투명성을 높이고자 했다(보건복지부, 2010: 74).

9) 이 방식은 지불·정산업무 전산화 및 대상자별 서비스 이용실태 추적시스템(Client Tracking System)을 갖추고 있다. 이를 통해 동일 서비스에 대한 중복지원이나 오남용을 방지하여 예탁금 관리운영체계의 투명성을 담보할 수 있다. 즉 전자바우처는 실시간 모니터링을 통한 부정사용 방지, 운영과정의 투명성 제고, 신속한 정보수집과 자료분석 및 효율적인 정산업무 등의 장점을 지닌다(보건복지부, 2010: 74).

표 2-2 사회서비스 바우처 사업 현황

구분	노인돌봄 서비스	중증 장애인 활동 보조	지역 투자 사업	산모 신생아 도우미	가사 간병 도우미	장애 아동 가족 지원
개요	가사 및 활동지원	일상 생활 및 활동 지원	지자체 중심 신규 서비스 개발	건강 관리 및 경제적 부담 완화	가사 및 간병 지원	장애 아동 재활 지원
대상	요양등급의 A, B 전국가구 평균소득 150% 이하	1급 중증 장애인	전국가구 평균소득 100% 이하	전국가구 평균소득 50% 이하	수급자 차상위 이하 요보호 가정	전국 가구 평균 소득 이하 (장애아동)
본인 부담금 (월)	약 18~48 만원	월 20~80 만원	사업별 상이	46~92천원(2주~4주)	약 8~48 천원	2~6만원
지원 수준	월 27시간, 36시간	월 20~80 시간	사업별 상이	2주	월 27 시간	주 2회 (월 8회)

출처: 보건복지부(2010: 142)의 <표 2-4-7>.

Ⅱ 바우처 사용양식의 디지털화

최근 바우처는 전통적 종이방식(종이로 인쇄된 쿠폰, 상품권)에서 전자바우처로 전환되고 있다. 이로 인해 위조나 도용에 따른 문제를 줄이고 직불카드나 신용카드형태로 발전하여 바우처 이용에 대한 접근성, 신속성, 투명성이 크게 향상되고 있다. 이처럼 바우처는 그 사용방법에 있어 기술진보와 더불어 상당한 진화를 경험해 왔다. 특히 바우처는 모바일폰을 이용한 다양한 전자인터넷 결제수단과 결합되면서 융합 형태로 발전하고 있다(<그림 2-2> 참고).

과거에는 종이 바우처(쿠폰)방식이었으나, 2007년부터는 바우처 지원방식의 확대에 따라 바우처의 지불, 결제 및 정산을 전산화한 전자바우처(e-voucher) 시스템을 도입하였다. 시군구의 자격관리시스템, 공급기관의 이용실적관리시스템, 금융기관의 지불·결제시스템 정보가 재단법인 '사회서비스관리원'의 통합정보시스템으로 집적되어 대상자 중심의 통합시스템관리가 가능하게 되었다(보건복지부, 2010: 146).

그림 2-2 전자바우처 통합정보시스템

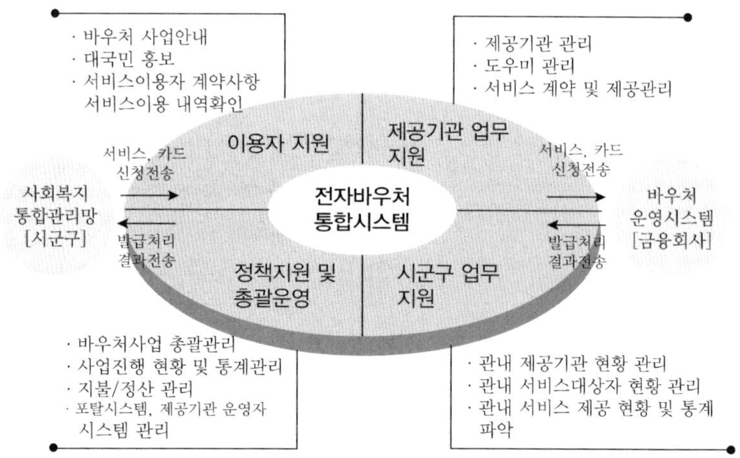

출처: 보건복지부(2010: 146)의 [그림 2-4-3].

이처럼 전자바우처 도입으로 지방자치단체의 행정부담을 줄이고 집행정보의 실시간 확인이 가능해졌다. 또한 서비스 대상자별 이용실태 모니터링 체계를 구축하여 서비스의 오남용, 공공재정의 중복지원을 방지하는 효과도 있었다(보건복지부, 2010: 146). 이처럼 전자바우처 사업은 단기간 내에 많은 성과를 거두고 있으나, 시스템을 개발 운영하는 과정에서 나타난 일부 미비점 때문에 지속적인 개선·보완이 요구된다.

전자바우처 사업 수행에 필요한 단일포탈 체계 구현, 유관기관과의 시스템 연계 표준화 등 바우처 프로세스를 수요자 중심으로 개선해야 한다. 그리고 전자바우처 라이프사이클 관련 정보를 통합하는 DW(Data Warehouse) 구축 및 서버 이중화 등 통합정보시스템의 고도화가 필요하다(보건복지부, 2010: 146).

이제 정부는 전자방식으로 바우처 업무를 처리할 뿐만 아니라 실시간 바우처 현황을 온라인으로 파악할 수 있는 효과적인 공공서비스 전달체계를 갖게 되었다. 또한 전달과정이 매우 투명하다. 인터넷을 활용하여 서비스 신청과 현황을 일반 시민 개개인이 알 수 있도록 함으로써 접근성과 편리성을 높였다. 또한 민간 금융인프라를 이용함으로써 기존의 은행계좌와 연계하여 개인의 신용관리에도 일정 부분 기여를 하고 있다. 이러한 전자급부방식이 어떤 방향으로 진화할지 주의깊게 지켜볼 필요가 있다. 이러한 바우처 형태의 융합에 따라 이용자들이 이를 효과적으로 사용할 수 있도록 디지털리터러시의 격차를 줄이는 것도 중요한 정책과제이다.

아래에서는 전자바우처의 대표적 형태인 보육바우처의 생성과 관리과정을 살펴보자. 물론 위에서 언급한 각종 사회서비스 바우처도 전자바우처 형태로 제공된다. 기존의 표준보육시스템인 e-보육에 바우처를 접목하여 전자바우처로 탈바꿈한 아이사랑카드의 특징을 통해 보다 더 전자바우처의 작동원리를 쉽게 파악할 수 있다.

○ 보육바우처: 아이사랑카드

아이사랑카드 제도는 다음과 같은 경과를 거쳐 도입되었다. 보건복지부가 사회서비스 4대 사업에 전자바우처를 성공적으로 도입하면서 새 정부 인수위에서는 2008년 2월 12일 보육바우처를 전자쿠폰 형태로 추진하겠다고 발표하였다. 그리하여 2008년 3월 3일 국정과제로 선정되어 3월 25일에는 대통령 업무보고가 이루어졌다.

그 후 아이사랑카드 도입을 위해 수차례의 의견수렴과 토론회를 통해 다양한 이해관계자의 의견을 수렴하여 2008년 6월 1차, 2008년 10월 2차 기본계획을 수립하였다(보건복지부, 2010: 311). 또한 2008년 10월 조달청에 의뢰하여 일반경쟁입찰을 거쳐 2009년 1월 주사업자로 신한카드-LG CNS 컨소시엄이 선정되었다. 2008년 12월 「영유아보육법」 개정을 통해 보육서비스 바우처(아이사랑카드)의 제도적 근거를 마련하였다. 2009년 4월에는 보육행정 및 아이사랑카드 사업 관리를 위한 보육통합정보시스템을 구축하였다. 아이사랑카드는 2009년 5월부터 8월까지 2차례 시범사업 후 2009년 9월 1일 전국으로 확산되었다(보건복지부, 2010: 311).

종전 보육료는 영유아의 보호자를 거치지 않고 시군구에서 보육시설로 바로 지급되었다. 이 때문에 정부가 보육지원에 많은 예산을 투입했음에도 수요자인 부모 입장에서는 정책에 대한 체감만족도가 낮았다. 한편, 보육시설 입장에서는 보육료 신청 등 행정업무가 과다하여 보육서비스 질을 개선하는 데 한계가 있었고, 정부와 지자체의 예산지원과 연계된 감시감독을 위한 각종 규제 및 관리업무가 늘어나고 있었다. 이에 정부는 부모와 보육시설 간 소통을 증진시키고 행정부담을 덜기 위해 부모에게 직접 보육료를 지원하는 수요자 중심의 보육료 지원방식으로 변경하였다(보건복지부, 2010: 310).

한편 2009년 4월 구축한 보육통합정보시스템은 기존 표준보육행정시스템(e-보육)을 확대 개편한 것이다. 이 시스템의 구축으로 아이사랑카드를 이용한 보육료 결제, 부모에 대한 정보제공 등 수요자 중심 전산시스템이 마련되었다. 여기서 부모와 보호자의 의견 및 정보 교환 등이 수월해져 상호이해가 증진되고 신뢰도가 높아지는 계기가 되었으며, 보육료 지원절차를 전산화하여 행정부담이 경감되고 보조금 관리의 효율성도 높아지게 되었다(보건복지부, 2010: 311).

그림 2-3 아이사랑카드 보육료 지원체계

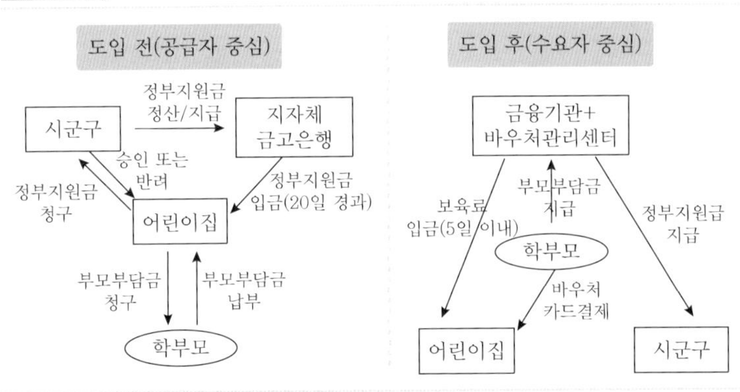

자료: 보건복지부(2010: 312)의 [그림 2-4-32].

아이사랑카드 사업으로 수요자인 영유아 부모가 핵심주체로 등장하였고, 부모와 보육시설 간의 소통증진으로 보육에 대한 신뢰감이 형성되는 등 보육서비스정책이 수요자 선택과 자기책임이 강조되는 패러다임으로 변화하고 있다. 아울러 어린이집의 경우 보육료 행정처리 부담이 줄어들었고, 행정기관의 경우도 보육료 지급·정산 등에 따르는 행정비용과 민원부담이 줄어드는 성과를 거두었다. 나아가 보육시설과 행정기관 간 관계도 종전의 수직적인 것에서 수평적 네트워크 관계로 변화하고 있다(보건복지부, 2010: 312).[10)]

10) 정부와 제공기관 사이의 관계도 기존에 정부의 위탁방식을 통해 계약레짐(contract regime)이 형성되어 있다. 한국의 경우 비영리부문성장은 정부의 육성지원정책 덕택인데, 이러한 특성 때문에 정부의 입김이 강할 뿐만 아니라 비영리부문 스스로 기부나 자체 수입을 통한 자생력을 갖추지 못한 실정이다. 앞으로 비영리부문은 정부 정책의 주요 전달자로서 큰 역할을 할 것으로 보이지만, 영리기관도 복지전달체계에 함께 합류할 가능성이 높아진다면, 부문간 경쟁과 협력이 더욱 중요시 될 것이다. 이를 위해 조직간 관계에 관한 자원의존성 모형, 네트워크 모형, 대리인 모형 등 다양한 이론적 조망이 필요하다.

참고문헌

김현주, (2004), 『여행바우처 제도 시범사업 운영방안』, 한국관광연구원,

보건복지부, (2010), 『2009 보건복지백서』.

정광호, 최병구, (2007), 문화격차 분석과 문화바우처 정책설계, 『지방정부연구학회』, 10(4): 63-89.

Angrist, J., Bettinger, E., Bloom, E., King, E., and Kremer, M. (2002), Vouchers for Private Schooling in Columbia: Evidence from a Randomized Natural Experiment, *American Economic Review*, 92(5): 1535-1558.

Daniels R. J., Trebilcock, M. J. (2005), *Rethinking the Welfare State: The Prospects for Government by Voucher*. 장승옥, 지은구, 김은정 역. (2009), 『복지국가와 바우처』, 서울: 학지사.

Hsieh, C. and Urquiola, M. (2003), *When Schools Compete, How Do They Compete?: An Assessment of Chile's Nationwide School Voucher Program*. NBER working paper No.10,008.

Krueger, A. B., & Zhu, P. (2004), Another Look at the New York City School Voucher Experiment, *American Behavioral Scientist*, 47(5): 699-717.

Perri 6. (2003), Giving Customers of British Public Services More Choice: What can be Lerned form Recent History? *Journal of Social Policy*, 32(2): 239-270.

Starr, P. (1990), The New Life of the Liberal State: Privatization and the Restructuring of State-Society Relations. In Waterbury, John and Suleiman, Ezra (eds.). *Public Enterprise and Privatization* (pp.22-54). Boulder, CO: Westview Press.

Steuerle, C. E., Ooms, Van D., Peterson, G., and Reischauer, R.D. (Eds.), *Vouchers and the Provision of Public Services*. Washington D.C.: Brookings Institution Press.

Witte, J. F. (1998), The Milwaukee Voucher Experiment. *Educational Evaluation and Policy Analysis*, 20(4): 229-251.

한국경제신문, 1998년 4월 28일자, 실직자 직업훈련 '바우처제도' 검토 — 당정 실무협의.

03 바우처의 설계

I 바우처의 운영체계와 주요 쟁점

바우처 운영체계는 크게 다섯 주체를 중심으로 이루어진다. 바우처에 대한 재정지원과 더불어 정책방향과 내용을 결정하는 정부, 바우처 사업을 정부로부터 위탁받아 대행하는 관리기관, 바우처에 금융인프라를 제공하는 은행이나 카드회사, 그리고 바우처 이용자와 제공기관이다(<그림 3-1> 참고).

위에서 논의한 것처럼 이용자 중심인 바우처 운영체제는 제공기관의 선택을 막는 공급자 중심 체제와 달리 제공기관을 선택할 수 있도록 한다. 또한 정부의 재정지원도 제공기관이 아니라 바우처 이용자에게 바우처로 직접 지급되며 이용자가 이를 이용해 제공기관을 선택하는 체제를 갖고 있다. 공공서비스 전달체계의 선택권을 보장함으로써 전달체계의 민주주의를 진정으로 구현한 것이다. 이러한 이용자 중심 전달체계는 재원의 한계로 모든 국민을 대상으로 시행하기는 어렵다. 한편 공공서비스의 보

그림 3-1 바우처 운영체계

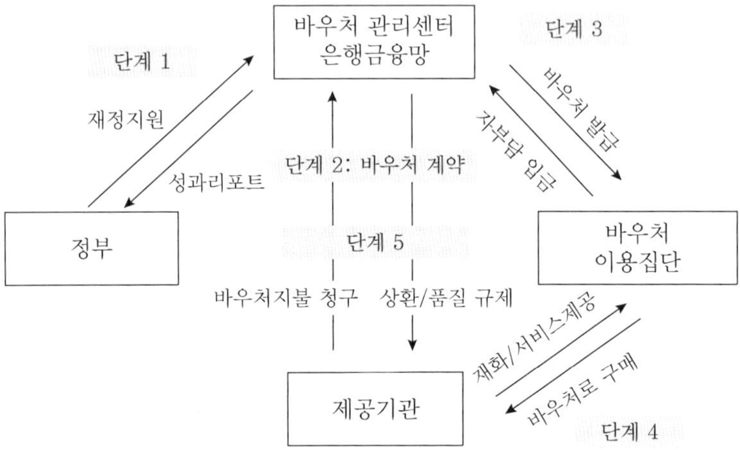

편성 원리에 따라 모든 계층이 동일한 내용의 공공서비스를 받는 것은 사회통합의 관점에서 바람직하나 재원의 한계로 취약계층에 집중적으로 재원이 지원되는 사례가 대부분이다. 이는 바우처 이용자 선정의 보편주의와 선별주의의 대립에서 잘 나타난다. 또한 이용자 중심 전달체계는 이용자의 선택권이 제대로 보장될 수 있도록 세심한 정책설계가 필요하다. 그 밖에도 바우처와 현금지급방식의 차별성, 경제진흥이나 유관산업의 발전효과에 대해서도 바우처를 설계할 때 유의해야 할 부분이다.

1. 이용자 선정: 보편주의 대 선별주의

바우처 이용자 대상은 보편적 복지와 선별적 복지라는 유형에 따라 구분할 수 있다. 보편적 복지의 경우 외부효과와 위험분산 및 사회적 공동연대가 절실한 영역에서 흔히 사용된다. 의료

분야가 대표적인데, 질병이나 건강은 사회적 외부효과가 크고 또한 건강보험에 내재된 정보비대칭으로 보편적 의료 수단을 통해 위험환자군의 편향적 선택(risk selection)을 막고 사회적 연대를 강화할 필요가 있다. 여기에 더하여 정치적 온정주의가 지배적 정책가치로 자리 잡을 때 보편적 복지 하에서 바우처의 대상자는 모든 국민으로 확대될 수 있다. 위에서 언급한 의료뿐만 아니라 보육이나 유아교육, 초중등교육 영역도 외부효과와 사회적 연대의 필요성 때문에 보편적 방식으로 바우처가 당위성을 어느 정도 갖고 있다. 그러나 현실적으로 의료를 제외하고는 보육이나 초중등교육에서 보편적 바우처를 전국적으로 소득과 상관없이 모든 국민을 대상으로 시행하는 경우는 거의 없다.

현재 미국과 한국에 있어 대부분의 바우처는 특정 취약집단을 위해 각종 사회서비스를 집중적으로 지원하는 — 공공서비스의 집중공약(targeting) 전략 — 경우가 대부분이다. 모든 국민을 위한 지원이 아닌데, 대개는 제한된 재원 때문이다. 현재 대부분의 바우처 대상자는 소득조사에 근거해 지원하는 자산형바우처(means-tested voucher) 또는 장애인이나 국가유공자와 같이 특정 범주형 바우처(categorical voucher)로 시행되고 있다. 이처럼 보편적 서비스가 아닌 선별지원형태를 띠기 때문에 낙인(stigma)이 발생하고 이로 인해 지원대상 집단을 사회적으로 오히려 더욱 격리시켜 차별하는 것이 아닌가라는 비판도 있었다.

하지만 최근에는 전자바우처가 등장하면서 이러한 낙인효과는 거의 피할 수 있게 되었다. 전자바우처 방식을 취할 경우 누가 바우처 지원을 받아 서비스를 이용하는지 식별하기 어려워 사실상 주변의 시선을 의식하지 않고 바우처를 이용할 수 있기 때문이다.

현재 한국의 경우 바우처 대상자는 대부분 기초생활수급자와 차상위 계층으로 제한되어 있다. 바우처뿐만 아니라 다른 유형의 복지정책 대부분은 모두 차상위계층 이하를 대상으로 하고 있다. 다만 향후 예산이 허락하는 범위 내에서 중위소득 이상 계층에게도 그 영역을 확대할 것으로 예상되나 정부의 예산 제약 때문에 그 범위를 확장하는 데 한계가 있다.[1] 결국 바우처 이용대상을 기존의 선별주의에서 보편주의 방식으로 확대하는 것이 이상적이지만, 재원조달에 한계가 있는 만큼 바우처의 운영의 성과도 살피면서 점차적으로 그 영역을 확대하는 것이 바람직하다.

한편 선별적 복지 형태로 바우처 대상을 제한할 경우 흔히 사용되는 차상위계층의 기준과 범위에 대한 논란이 있다. 이 때문에 실제 정책현장에서 구체적인 자격기준을 정하여 이용자를 선별하는 데 어려움이 있다. 정확한 소득(자산)조사가 아직은 완벽하지 않기 때문에 이용자 선정과정이 지역이나 기관에 따라 달라질 수 있다. 또한 이러한 소득(자산)자료가 없는 기관의 경우 이를 가진 보건복지부(사회복지통합관리망)나 국세청(세금조사 DB)에 의뢰하여 도움을 받아야 효과적으로 바우처 이용자를 선정할 수 있다. 그렇지만 정부 관료제의 칸막이나 협조 부족으로 이러한 정부기관 간 협의와 조정에 상당한 시간이 소요된다.

2. 선택권의 보장과 한계

바우처의 경우 선택권이 제대로 행사된다는 보장이 없다. 여

1) 최근 2010년 지방선거 당시 진보진영의 교육감 후보를 중심으로 무상급식 의제가 교육정책에 있어 주요 안건으로 제기되었다. 그 후 각종 무상복지 논쟁이 불거지면서 현재 무상의 범위를 놓고 정파간 논쟁이 진행 중이다. 여기서도 핵심은 전 국민을 상대로 한 무상복지에 필요한 재원조달 방안과 부유층도 당연히 복지권리를 누려야 한다는 복지 보편성에 대한 논쟁이다.

러 가지 제약으로 자유롭게 선택에 한계가 있기 때문이다. 가장 큰 이유는 정보와 품질에 대한 정보, 제공기관의 부족을 꼽을 수 있다. 제공기관 사이의 담합이나 독과점도 이용자의 선택을 제약할 수 있고, 경우에 따라 이용자의 소득이나 신체장애 그 밖의 이용자 특성에 따라 제공기관이 이들을 교묘하게 회피할 수도 있다.

1) 제공기관의 경쟁

바우처를 제공함에 있어 경쟁은 크게 두 가지 의미가 있다. 미시적 경쟁(micro competition)의 경우 제공기관 사이의 경쟁이며, 거시적 경쟁(macro competition)의 경우 영리섹터와 비영리섹터라는 부문 간 경쟁(sectoral competition)이다. 대개 전자를 경쟁의 의미로 보지만 영리 대 비영리 간 경쟁에도 주목해야 한다. 대개 영리기관들만으로 또는 비영리기관들 만으로 바우처의 장점인 효율성과 형평성을 동시에 달성하는 데 한계가 있기 때문이다.

첫째, 미시적 경쟁의 경우 핵심은 이용자가 거주하는 지역에 얼마나 많은 제공기관들이 존재하는가이다. 대개 대도시 지역의 경우 여러 개의 제공기관들이 존재한다. 반면 산간벽지의 경우 그렇지 않다. 제공기관의 서비스를 받기 위해서는 먼 거리를 이용해야 되는 경우가 발생한다. 한편 바우처 영역에 따라 제공기관이 지역독점형태로 존재하는 경우가 비일비재하다. 특히 유치원, 보육원, 초중등학교 등이 그렇다. 이 경우 제공기관 간 공정한 경쟁을 기대하기 어렵다. 제공기관 간 담합이 이루어질 가능성이 크다. 특히 자동차나 그 밖의 편리한 교통수단이 없을 경우 이동에 상당한 비용이 수반된다. 또한 마땅히 마음에 드는 바우처 제공기관이 없을 경우도 선택권을 유명무실하게 만든다. 결국 미시적 경쟁의 관건은 좋은 품질로 이용자의 선호를 제대로 반영할 수 있는 제공기관들이 얼마나 존재하는가이다.

둘째, 바우처의 경우 대부분 비영리기관들을 통해 서비스가 제공된다. 경우에 따라 영리기관들과 함께 경쟁하는 사례도 있지만 많지는 않다. 단지 예외적으로 식품과 같이 시장에서 널리 통용되는 경우 영리기관들만의 경쟁으로 충분하다. 그렇지만 사회복지서비스의 경우 대개 비영리기관들만으로 운영되는 경우가 대부분이다. 이럴 경우 영리기관이 한 두 곳 있어 다수의 비영리기관들과 경쟁을 하면 더 나은 서비스를 제공할 가능성이 커진다. 부문 간 경쟁이 어렵다면 그 대안으로 내부경쟁(internal competition)도 하나의 방법이다(White, 1995).

현재 우리나라의 경우 보육원이나 유치원의 경우 국공립시설 비중이 10%미만으로 너무 빈약한데, 앞으로 이를 20~30% 정도까지 늘려야 한다.[2] 그래야 국공립시설과 (비)영리시설이 서로 경쟁하면서 더 좋은 서비스를 개발하고 제공할 수 있기 때문이다. 이를 위해 정부는 당근과 채찍을 동시에 활용할 필요가 있다.[3] 앞으로 영리와 비영리 간 상이한 서비스 제공행태를 분석하고 각 부문 간 장점을 가지고 단점을 보완하는 작업이 필요하다.

2) 한국노총이 조합원을 대상으로 조사한 설문조사에 따르면, 가장 선호하는 보육시설 유형으로 국공립보육시설(48.1%)과 직장보육시설(24.1%)로 나타났다. 이러한 선호도가 높은 보육 시설들을 충분히 확보하지 않고서는 보육바우처가 본래 의도하는 선택권과 경쟁에 따른 효율성을 달성하기 어려울 것이다(김순희, 'NGO 칼럼: 육아·보육을 보편적 복지제도로' 내일신문, 2010년 2월 19일 22면).

3) 정부는 직장보육시설을 설치 사업주에 대해 최대 7억원까지 지원한다. 사업주는 건물 매입, 신축, 임차 등에 필요한 직장보육시설 융자지원금으로 원래 최대 5억원까지 받았으나 7억원까지 확대되었다. 한편 영·유아 보육법에 일정규모 이상의 사업장은 직장보육시설을 설치토록 하고 있으나 민간기업의 의무이행률이 낮아 이에 대한 정부규제 강화도 필요하다(문화일보, '아이사랑-More Babies: 보육지원책 어디까지 왔나', 2010년 2월 2일 18면).

2) 정보제공(public information)과 품질관리

바우처의 성패를 좌우하는 여러 요인들 중 바우처에 관한 상세한 정보제공과 바우처로 제공되는 재화나 서비스의 품질관리가 매우 중요하다. 정보제공은 바우처의 선택권 보장을 위해 필수적 전제조건이다. 바우처로 제공되는 다양한 특성을 가진 재화나 서비스에 대한 정확한 판단기준이 없다면 선택권을 제대로 행사할 수 없기 때문이다. 특히 의료, 돌봄, 보육과 같은 사회서비스의 경우 제공자와 이용자 사이에 정보비대칭 문제가 심각할 수 있다. 무엇보다 바우처에 내재된 선택권과 경쟁의 취지를 살리기 위해서는 어떤 기관들이 어떤 품질의 바우처 서비스를 제공하는지 이용자가 충분히 알 필요가 있다. 대개 초중등 교육바우처의 경우 상대적으로 아동, 노인, 장애인 등 취약집단의 돌봄서비스나 의료서비스와 비교할 때 비교적 정보비대칭성 문제가 심각하지 않다. 초중등학교 바우처의 경우 대개 공립학교보다는 사립학교가 더 낫다고 판단하기 때문이다. 그러나 의료나 돌봄서비스의 경우 영리기관이 비영리기관보다 더 나은 서비스를 제공한다는 보장이 없다. 아직 사회서비스 영역에 있어서 영리기관 대 비영리기관 사이의 비교 평가에 있어 그 우월성을 놓고 논란이 계속되고 있기 때문이다.

한편 이러한 정보비대칭 문제를 근원적으로 해소하기 위해 일정 수준의 안전이나 품질을 확보하도록 규제가 필요하다. 특히 영리기관이 바우처 사업에 참여할 경우 지나친 이윤추구로 인해 오히려 품질저하와 이용자의 불만이 제기되는 사례들이 있기 때문이다. 예를 들면, 보육바우처의 경우 일정수준의 품질을 보장하기 위해 인증이라는 정책수단을 활용하여 규제를 하는데, 이는 바로 정보비대칭성 문제를 해소하기 위한 것이다.

최근 정보제공과 품질관리라는 두 개의 목적을 손쉽게 달성하기 위한 수단으로 투명성(transparency)이라는 부드러운(soft) 간접적 정책수단에 주목하고 있다(Graham 2002; Fung, Graham, Weil, Fagotto, 2007). 특별한 정부 규제를 가하지 않고서도 정보공개 그 자체만으로 정보비대칭성 문제를 해결하고 품질향상이라는 목적도 달성할 수 있기 때문이다. 투명성은 바우처에서 나온 재화나 서비스의 신뢰성을 높이고 바우처 제공과정에서 발생할 수 있는 기회주의적 행동을 억제하며, 제공기관의 책임의식을 높여줄 수 있기 때문이다.

바우처의 경우도 조직리포트 카드(organizational report card)와 같은 정보제공 수단을 활용하면 정보비대칭에 따른 문제를 줄일 수 있다.[4] 최근 리포트 카드는 다양한 영역에서 널리 활용되고 있다. 의료보험 회사와 병원들에 대한 서비스 품질과 병원 성과들을 리포트 카드 형식으로 소비자들에게 제공하는 것이다. 학교나 보육시설의 서비스 품질, 교사와 운영인력, 성과지표를 제공하는 것도 여기에 해당된다. 제품에 포함된 각종 유해물질 성분을 등급으로 평가하여 공개하거나 공공기관의 성과지표를 공개하는 것도 리포트카드를 활용한 정보제공의 형태이다.

3) 이용집단에 대한 제공기관의 선별문제(Adverse Selection)

바우처 이용자의 특성은 지불능력, 신체능력, 사회경제적 지위, 거주지역에 따라 천차만별이다. 이러한 다양성 때문에 이들에

---

4) 조직리포트 카드는 정보비대칭(information asymmetry) 문제를 해소해 이용자로 하여금 제공기관의 평판과 품질을 정확히 알도록 해서 제공기관의 책임성을 높이려는 수단으로 널리 채택되고 있다. 바우처 제공기관이 이용자를 위해 자신들의 정확한 정보를 제공할 유인이 없기 때문이다. 이로 인해 정보비대칭이 발생하는데, 제공기관의 인력, 조직, 성과에 대한 각종 정보를 공개하여 제공하도록 규제를 할 수 있다(Gormley & Weimer, 1999).

게 동일한 수준의 선택권을 보장하는 데 한계가 있다. 특히 바우처 제공기관들이 이용자를 선별하는 부작용이 나타날 수 있다. 바우처 서비스를 제공하는 제공기관이 바우처 이용자 정보를 근거로 이들을 차별할 수도 있다. 즉, 가장 이윤을 많이 가져오는 바우처 이용자를 중심으로 선택(creaming, cherry picking)을 하는 것이다. 이 경우 바우처 이용자들이 제대로 선택권을 이용할 수 있다는 보장이 없다. 경우에 따라 제공기관들이 선별하여 바우처 이용자들을 선택하기 때문이다.

대개 이용자의 특성을 따라 선택이 일어나는 경우는 보건의료, 교육, 보육, 직업훈련서비스 등에서 흔히 나타난다. 이용자의 건강상태나 인지능력에 따라 제공기관들이 부담해야 될 관리비용이 달라질 뿐만 아니라 이러한 이용자의 특성에 따라 동일한 바우처 서비스로 상이한 효과가 나오기 때문이다.

예를 들면, 건강하지 못한 사람의 경우 각종 사회서비스 기관으로부터 은연 중에 바우처 이용을 거부당할 수도 있다. 특히 장애인의 경우 그 등급에 따라 바우처 이용금액이 비례해서 설계되었더라도 — 장애등급이 높을수록 많은 금액의 바우처 제공 — 여전히 동일한 바우처 금액으로 상이한 이용자의 상태가 나타날 가능성은 얼마든지 상존한다. 또한 아동인지향상 서비스라는 바우처도 아동의 인지능력을 가지고 그 사업을 평가한다면, 제공기관들은 이러한 성과달성에 유리한 아동들만 선별하려고 할 것이다. 직업훈련기관의 경우도 훈련의 성과가 좋게 예상되는 바우처 이용자들만 선별할 수 있다. 학교의 경우도 바우처 이용 학생이 지원할 경우 학교운영에 도움이 될 만한 학생들만 선별할 수 있다. 아마도 선별기준으로 성적이 우수한 학생이나 부모의 가정배경을 고려할 수도 있다. 하지만 대개 이러한 교육바우처의 경우 이러한 차별을 금지하는 규제가 함께 시행되기 때문에 이러한 차별은 잘 일어나지 않을 수 있다.

그러나 이러한 규제에도 불구하고 전반적인 쏠림 현상을 나타날 수 있다. 예를 들면, 공립학교가 아니라 바우처 이용자들 모두가 사립학교로만 진학하고자 한다면 공립학교는 폐쇄해야 하는 상황이 발생할 수도 있다. 바우처 이용자 입장에서는 전혀 문제가 없지만, 공립학교와 사립학교가 병존하는 시스템이 사립학교만 존재하는 경우보다 낫다고 본다면 이러한 쏠림현상은 바람직하지 않다.

공공서비스의 경우 시장처럼 민간 기관만으로 운영하기에는 상당한 문제가 발생할 수 있다. 주택시장에서의 차별화는 지역사회의 통합을 저해할 뿐만 아니라 바우처를 이용해 원하는 곳에 주거를 선택하지 못하도록 만든다. 또한 교육바우처를 반대하는 주요 이유 중의 하나도 학군이 좋은 지역에 거주하는 주민들이 바우처를 지원받는 학생들이 자기들 학군에 진입하는 것을 싫어하기 때문이다.[5] 이처럼 교육이나 주택의 경우 바우처를 이용해 자유로운 선택을 통해 공공서비스를 원하는 곳에서 받기 어려운 경우가 많다. 물론 식료품이나 각종 재화 구입과 관련된 바우처의 경우 이러한 제약에서 상당히 자유롭다.[6]

4) 바우처의 자부담과 추가이용(topping up)

바우처 금액과 설계와 관련하여 주요 쟁점들 중의 하나는 자

5) 교육바우처와 같이 빈곤층과 다른 계층이 함께 섞여 학교에 다닐 경우 부유한 계층의 반발이 예상된다. 이러한 이유 때문에 미국의 경우도 도시 교외 지역의 좋은 학군에 거주하는 주민들은 자신의 거주지에 교육바우처가 들어오지 못하도록 정치적으로 교육바우처를 강하게 반대하고 있다.

6) 식료품 구입권처럼 제공기관에 쉽게 접근가능하며 상품의 품질도 표준화되어 있는 경우 이용자가 역선택이나 위험에 따른 차별이 발생할 가능성은 낮다.

부담(co-payment 또는 out-of-pocket money)의 규모 또는 추가이용(extra billings)에 따른 문제들이다. 자부담 설계는 과도한 바우처 수요를 억제하고 바우처 이용에 있어 소비자 주권의식과 사용의 체감도를 높이기 위함이다. 전액 무상바우처의 경우 자부담을 수반한 바우처와 달리 그 이용에 있어 복지의존성을 심화시키고 바우처를 오남용하는 도덕적 해이가 나타날 가능성이 높기 때문이다.7)

한편, 바우처 금액을 초과하는 것에 대한 허용은 바우처의 종류에 따라 달리 판단될 필요가 있다. 법률구제 바우처(legal aid voucher)의 경우처럼 일정금액으로 고정된 것이 아니라 변호사가 바우처 수혜자에게 변호시간이나 강도를 고려하여 바우처 금액보다 많은 금액을 청구할 수 있게 한다면 바우처 수혜자의 지불능력에 따라 바우처 활용정도가 달라질 것이다. 즉, 법률구제 바우처 금액보다 더 많은 것을 청구할 수 있게 한다면, 아무래도 상대적으로 부유한 바우처 수혜자가 더 큰 혜택을 볼 수 있고, 그렇지 못한 바우처 수혜자는 법률구제의 혜택에서 더 소외될 수 있기 때문이다. 또한 법률구제와 같은 서비스는 지불능력과 무관하게 모든 수혜자들이 동등한 혜택을 누리도록 설계될 필요가 있을 것이다. 따라서 이러한 서비스의 형평성이 중시되는 바우처의 경우 초과청구권은 금지되거나 아니면 초과금액을 허용할 경우 이에 대한 세금을 부과할 필요가 있다는 것이다. 다만, 식료

---

7) 복지서비스에 있어 자부담제도는 의료보험 영역에서 널리 활용된다. 과도한 의료수요나 의료쇼핑을 억제하기 위해 다양한 형태의 정율제, 정액제, 기초 공제와 같은 자부담 방식이 활용된다. 바우처 이용에 있어 서비스의 추가이용이나 구매에 있어 본인의 추가부담을 허용하는 경우도 있다. 공공서비스의 경우도 그 수요함수는 자부담 비중을 증가하면 소비가 감소하는 경향을 보여주며, 이는 여러 정책실험을 통해 증명된 바 있다. 대표적 사례로 미국 Rand 연구소가 시행한 건강보험수요 함수 추정을 위한 사회실험이 있다(Newhouse Joseph P. 외, 1993).

품처럼 바우처를 초과하는 금액을 통해 추가지불을 하여 더 많은 식품을 소비하더라도 사회적으로 형평성이 훼손되는 경우는 법률구제 바우처보다는 덜할 것이다. 식품의 경우 바우처 수혜자의 추가지불로 거래가 이루어진다고 하더라도 사회적 차별이나 통합과 같은 측면에서 큰 문제가 발생하지는 않는다.

앞으로 바우처 지원금액을 설계할 때 자부담과 초과청구(top-up) 방식이 이용자의 소득수준이나 수요성향에 따라 예상되는 효과를 주의깊게 살펴보아야 한다. 특히 바우처 관련 상품이나 서비스에 대한 바우처 이용자의 소득탄력성, 선호도 등을 종합적으로 고려해야 할 것이다.

지금까지 바우처 시행과정에서 나타날 수 있는 여러 문제들을 검토해 보았다. 그 밖에도 언론에서 바우처 시행시 예상되는 부작용에 대해 다양한 의견을 제시하고 있다. 이에 대해서는 구체적인 검증과 분석이 필요하지만, 바우처 도입으로 정책현장에서 발생할 수 있는 문제점과 정책대안을 다시 한번 음미해 보자.

쟁점 1 좋은 품질을 제공할 수 있는 공급자가 존재하는가?

공급기관이 충분하지 않을 때 취약 계층에게 선택권이란 치장에 불과해져, 선택권 자체를 행사할 수 없다. 낙후 지역이나 농촌 거주자에게는 치명적일 수 있는 이유다(한겨레, '복지서비스, 바우처만이 능사인가,' 2009년 2월 4일 27면 사설 내용).

비판적 분석: 사회서비스 영역이나 지역에 따라 공급자가 매우 제한되어 있어 이용자가 서비스를 선택하지 못하는 경우도 있다. 그렇지만 수도권이나 도시지역의 경우 어느 정도 다수의 공급자가 존재한다. 다만 산간벽지 오지의 경우 단일 공급자만이 있고, 멀리 떨어져 있어 이동에 상당한 비용이 발생할 수 있다. 이는 예외적인 경우로, 이런 지역의 특성을 감안하여 정부에서 별도의 추가지원이 필요하다. 하지만 전

반적으로 대도시 지역의 경우 다양한 형태의 비영리 또는 영리기관들이 사회서비스 바우처를 제공할 수 있는 여건이 어느 정도 마련되어 있다. 기존에 공급자 중심 전달체계에서 시민들은 많은 불만을 가지고 있었지만 여기서 탈출하여 다른 기관들을 선택할 수 있는 기회조차 부여 받지 못했다. 국가와 비영리 제공기관들이 주는 서비스를 이에 대한 불만이 있어도 그냥 수용할 수밖에 없었다. 바우처는 공급자의 일방적 서비스에 대한 불만에서 벗어나 다른 공급자를 자유롭게 선택할 수 있는 복지민주주의의 장을 제공한다는 사실을 잊어서는 안 된다.

쟁점 2 시장화에 따른 사회서비스 가격 상승과 비영리부문의 정체성(identity) 상실

더욱이 이윤을 목적으로 시장에 진입한 영리기관들은 이윤을 얻기 위해 인건비 절감 등으로 서비스 질을 떨어뜨리기 십상이다. 가장 비극적인 시나리오는 무상으로 제공되던 복지 서비스 영역에 시장이 형성되면서 가격이 오르고 소비자의 자기부담이 늘어나 결국 바우처는 '쓸모없는' 종잇조각에 불과하게 되는 상황이다. 벌써 문제가 나타나고 있다. 공익을 목적으로 일해 온 복지기관들과 비영리 법인들이 경쟁과 효율이란 미명 아래 기관 생존을 위해서 공익적 가치를 버릴 수밖에 없는 현실에 직면해 있다. 바우처는 받았지만, 공급자가 없거나 추가부담 때문에 혜택을 받지 못하는 이들도 속출한다(한겨레, '복지서비스, 바우처만이 능사인가,' 2009년 2월 4일 27면, 사설 내용).

비판적 분석: 사회서비스 바우처 시행에 따라 유관 서비스 가격에 대한 변화가 일어날 수도 있다. 하지만 아직 시행초기 단계이며 바우처에 참여하는 제공기관들은 대부분 비영리기관들이며 영리기관 비중은 아직 상대적으로 매우 적다. 대교나 웅진싱크빅처럼 영리기관이더라도 좋은 서비스를 제공하는 제공기관이 있으면 얼마든지 시민들은 바우처를 가지고 이를 이용할 수 있어야 한다. 다만 비영리기관이 영리기관과 경쟁하는 상황이 지속될 경우 시장화의 흐름을 좇아 상업화에 따른 부작용이 나타날 수 있다. 따라서 비영리부문이 가진 자원봉사와 사회적 책임에 대한 도덕적 가치와 같은 장점들이 상업화 때문에 훼손되지 않도록 신중한 접근이 필요하다. 앞으로 사회서비스 영역에서 비영리부문이 가진 자원봉사에 바탕을 둔 소명의식이나 사회적 책임성이 위축되지 않도록 해야 할 것이다.

그런데 한편에서 비영리부문의 각종 제공기관들도 하나의 비즈니스 영역으로 인식되어 왔다. 그 만큼 비영리부문의 사회적 책임성에 대한 비판이 많았다. 한국사회에서 자선과 사회적 책임에 대한 진지한 문제의식을 가진 정부(government)도 시장(market)도 아닌 중간영역의 육성과 성장이 매우 중요하다. 그런데 지금까지는 정부서비스의 대부분은 비영리기관들이 위탁을 받아 독점적으로 제공했기 때문에 이에 대한 불만이 있어도 시민들은 다른 기관을 선택할 수 있는 자유를 누리지 못했다. 그동안 비영리기관들의 경우 정부보조금 장사를 해 온 측면도 있고, 회계부정과 같은 투명성 부족도 큰 과제로 남아 있다. 이러한 문제를 해결하기 위해서는 궁극적으로는 공공서비스의 전달기제는 정부 직접 제공, 비영리부문 제공, 그리고 시장 제공이라는 세 방식이 균형 있게 이루어져 세 부문 간 견제와 학습을 통해 공공서비스의 반응성, 형평성, 효율성을 높일 필요가 있다. 비영리부문의 정체성 회복은 오히려 정부 직접 제공방식이나 시장 영역의 제공기관들과 견제나 경쟁을 통해서 가능할지도 모른다. 정부독점에 따른 관료화, 시장의 이윤추구에 따른 상업성 문제를 극복하기 위한 대안으로 비영리부문이 주목을 받을 수 있기 때문이다.

쟁점 3 사회서비스에 대한 관료적 통제 강화

국가는 바우처 발행으로 의무를 다했다는 식으로 공급주체의 소임을 소홀히 할 수도 있다. 정부가 바우처 제도에 집착하는 것은 복지 서비스 예산의 조절과 관리감독이 쉽다는 행정편의적 발상이 아닌지 묻지 않을 수 없다. 그렇지 않다면 현재 나타나는 여러 문제점을 냉정하게 평가한 뒤 재검토하는 게 순리다. 성급하게 바우처 제도를 전면적으로 확대하려는 정부의 시도는 중단돼야 한다(한겨레, '복지서비스, 바우처만이 능사인가,' 2009년 2월 4일 27면, 사설 내용).

비판적 분석: 바우처 발행만으로 바우처의 본래의 목적인 형평성, 효율성, 반응성이 저절로 확보되지 않는다. 바우처 대상자 선택에서 소외되거나 누락되는 부분은 없는지, 이용자들이 제대로 선택권을 행사할 수 있는지, 제공기관들이 담합이나 이들이 제공하는 서비스 품질은 괜찮은지 잘 살펴야 한다. 현재 바우처는 전자방식으로 이루어져 초기 전자등록만 완료하면 이후에는 편리하고 투명하게 서비스 전달과정을 이

용자, 제공자, 정부 모두 파악할 수 있다. 다만 아직도 한국의 행정은 관료중심으로 이루어지고 있고, 정책도입 시 유관 집단의 이해관계를 조율하고 충분한 사전실험을 통해 정책을 시행하는 것과는 거리가 멀다. 민주화 이후 이익집단의 목소리가 높아지면서 정책개혁을 하는데 참여과정 그 자체가 상당한 걸림돌로 작용하는 측면도 있지만, 유관집단의 의견을 골고루 경청할 필요가 있다. 현재 사회서비스 바우처도 사회투자라는 관점에서 차상위계층에 대한 정부지원의 성격을 갖고 있는데, 이에 대한 정부지원이 질적으로나 양적으로 나아지면 이들 취약계층의 삶의 질과 사회적 적응을 돕는데 기여할 것으로 보인다.

Ⅱ 바우처 도입과 설계에 따른 효과

1. 공급자 중심 보조금과 이용자 중심 보조금의 비교

여기서는 공급자에게 주는 보조금보다 이용자에게 직접 주는 보조금(바우처)이 더 나은 효용수준을 달성할 수 있다는 사실을 살펴보자. 그럼 아래 그림을 통해 제공기관에 대한 보조금과 이용자에 대한 보조금이 가져오는 효용을 비교해 보자.

원래 대학생이 아닌 공립대학에 보조금을 지급할 경우 예산선은 ABCDE로 나타난다. 이 경우 무차별곡선 상에서 C점에서 교육수요가 결정되며, 이때의 효용수준은 U_0이다. 그러나 대학생에게 직접 재정지원을 하는 바우처를 도입하면 예산선이 AA′E′로 바뀌며, 주어진 선호체계에서 그 대학생은 S_1단위의 교육을 제공하는 대학을 선택한다. 여기서 교육수요의 균형은 F점에서 이루어지고 정부에 대한 추가적인 비용의 부담 없이도 더 높은 효용수준(U_1)을 달성할 수 있다.[8)]

8) 이러한 바우처는 학생의 선택뿐 아니라 대학에 의하여 제공되는 교육의 형태

그림 3-2 공립대학에 대한 지원: 공급자 중심 보조금과 바우처 비교[9]

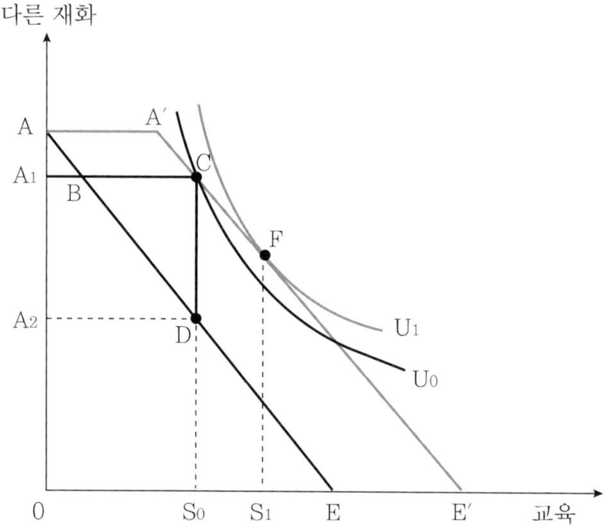

미국 주정부는 대학 등록금을 학생교육에 드는 실제비용보다 낮게 책정하도록 하기 위해 대학에 지원금을 제공했다. 대학과 같은 고등교육에 대한 지원의 필요성은 대체로 긍정하지만, 왜 지원이 대학에 직접 지원하는 공급자 중심방식으로 이루어져야 하는가에 대해서는 논란이 있다. 고등교육을 지원하는 하나의 대

에도 영향을 미칠 것이다. 현재의 제도 하에서 공립대학은 다른 주의 공립대학이나 사립대학과 경쟁하지 않는다. 그래서 공립대학은 학생들을 유치하기 위하여 학생들이 선호하는 교육을 제공하지 않는다. 반면, 바우처 제도 하에서는 모든 대학이 학생을 유치하기 위해 경쟁하게 된다. 바우처를 찬성하는 사람들은 대학간 경쟁이 증가하여 많은 대학이 더 나은 양질의 교육서비스를 제공할 것이라고 한다. 바우처 반대자들은 학생들에게 더 많은 힘을 주면 오히려 교육의 질을 떨어뜨릴지도 모른다고 한다. 일부 학생들은 교육과정이 얼마나 쉬운가 또는 인기에 따라 대학을 선택한다는 것이다. 그러나 학생들은 자신의 성공 여부는 단순히 학위가 아니라 자신이 받는 교육의 질에 따라 달라진다고 생각하고 있다. 따라서 학생들은 오히려 공부하기 어렵지만 가장 좋은 대학을 선호할 것이다.

9) 출처: Browning & Browning(1994); 김원식 옮김(2005: 153)의 그림 5-3.

안으로서 바우처를 도입할 경우 더 높은 효용을 달성할 수 있기 때문이다. 예를 들면, 바우처 도입 전 공립대학은 학생당 7,500달러의 비용이 들 경우 등록금으로 1,500달러를 징수하고 나머지 6,000달러는 정부로부터 지원을 받았다(공급자 지원 방식). 이제 바우처 제도 하에서 대학은 7,500달러를 등록금으로 부과하며, 그 대신 학생은 정부로부터 어느 대학에서나 사용할 수 있는 6,000달러짜리 바우처를 받는다. 학생들의 입장에서는 두 경우 모두 공립대학에 다니기 위하여 1,500달러만 납부하면 되기 때문에 비용은 동일하다. 그러나 바우처를 시행하면 이제 학생들은 어느 대학에 등록하든지 보조를 받을 수 있기 때문에 사립학교도 자유롭게 다닐 수 있다. 바우처 도입 전에는 사립대학에 다니기 위해서는 1만달러가 필요했으나, 이제 학생은 4,000달러를 부담하면 그 사립대학에 다닐 수 있다. 이처럼 선택의 자유를 확대할 경우 <그림 3-2>처럼 학생의 효용이 증가한다는 것이다.

2. 현금보조와 바우처 보조 방식의 차이

바우처 설계 시 그것이 얼마나 현금만큼의 가치를 가지는지, 그리고 현금이 아닌 바우처로 지급함으로써 어떤 사회적 후생손실이 발생하는지가 주요 쟁점으로 다루어진다. 식품구매권이라는 바우처를 중심으로 이를 자세히 살펴보자. 식품구매권은 대부분의 수혜자에게 현금보조와 같은 결과를 나타낸다. 하지만 저소득가구에서 소비가 왜곡되는 경우가 있다. 경우에 따라 과잉소비를 초래하여 후생손실을 초래하기 때문이다. 아래 그림을 통해 식품구매권이 어떤 조건에서 현금과 동일한 가치를 가지는지, 그리고 사회적 후생손실을 유발하는지 살펴보자(Browning & Browning,

그림 3-3 식품구매권 지급의 효과[10)]

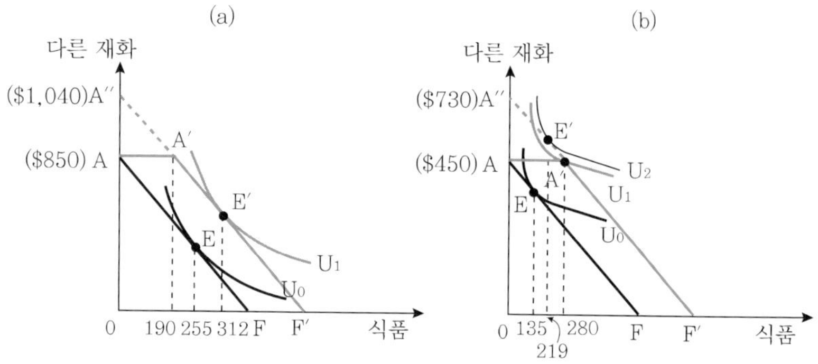

1994).

예를 들어, 식품구매권의 지급대상인 저소득가구가 소득의 30%를 식품소비에 지출하고자 한다고 가정하자. 이 가정 하에서 <그림 3-3(a)>는 식품구매권이 월 소득 850달러인 가구에 미치는 경제적 효과를 보여준다. 식품가격이 단위당 1달러라면, 예산선은 AF가 되며, 식품구매권 지급 전 식품소비에 대한 지출은 255달러가 된다. 식품구매권으로 인해 예산선은 AA′F′로 바뀌며, 새로운 소비자 선택점은 E′가 된다. 이 가구가 식품구매권을 받은 후 소비하는 312단위의 식품은 현금으로 190달러를 보조받을 경우의 소득인 1,040달러의 30%에 해당한다. 이 경우 식품구매권은 현금보조와 같은 효과를 나타낸다.

<그림 3-3(b)>는 월 450달러의 순소득과 150달러의 소득공제를 받는 저소득가구에 대한 식품구매권 지원효과를 나타낸다. 이 가구에게 280달러만큼의 식품구매권이 주어진다면, 새로운 소비자선택은 A′에서 이루어질 것이다. 이 가구는 식품구입에 대해

10) 출처: Browning & Browning(1994); 김원식 옮김(2005: 132)의 그림 5-1.

주어진 식품구매권만큼만 사용하고, 자신의 소득은 다른 재화의 구입에 사용한다. 만일 이 가구가 280달러의 현금보조를 받는다면, 예산선은 A''F'이 되며, 이 가구는 E'에서 소비하여 더 높은 효용수준 U_1을 얻게 된다. 이때 이 가구는 소득 730달러의 30%를 식품에 소비하고, 219달러를 다른 재화의 소비에 지출한다.

<그림 3-3(b)>에서 푸드스탬프는 식품의 과잉소비를 초래하여 후생손실을 발생시킨다. 식품구매권을 가지고 U_1의 무차별곡선에 도달한 가구에게 동일한 금액의 현금보조가 주어진다면 U_2에 해당하는 효용을 얻는다. 그러나 식품구매권은 지원이 현물로 제공되기 때문에 A'에서 소비가 이루어지며 그 효용수준은 U_1로 현금보조보다 열등하다.

정책결정자는 <그림 3-3(a)>와 <그림 3-3(b)> 가운데 어느 경우가 식품보조에서 더 일반적인지를 판단할 필요가 있다. 많은 연구결과에 의하면 (a)와 같은 행태가 거의 모든 식품구매권 수급자들에게서 나타난다고 한다. 이는 저소득층이 소득의 30%를 식품소비에 지출하며, 최하위 소득계층은 이보다 더 많은 지출을 하는 것으로 알려져 있기 때문이다. 따라서 소득수준이 매우 낮은 가구의 경우 (b)와 같은 결과가 나타날 수 있으나, 대부분의 수혜자에게 식품구매권은 <그림 3-3(a)>와 같이 현금보조와 같은 결과가 나타나고 있어 현금보조와 비교하여 식품소비를 더 증대시키지 않는다고 할 수 있다.

위에서 살펴본 것처럼 바우처를 이용해 개인이나 가구에 지원을 할 경우 소득효과와 대체효과를 통해 이들의 의사결정에 영향을 준다. 소득효과가 발생한다면 해당 바우처와 관련된 재화나 서비스 소비가 증가할 것이다. 이처럼 바우처는 상당부분 현금과 가까운 가치를 제공한다. 또한 다른 재화나 서비스 품목에 대한 소비도 증가할 것이다. 한편 어떤 재화나 서비스에 대한 바우처 지원은 대체효과를 수반하기 마련이다. 가령 어떤 가구에 대한 식품구매권의 지원은 식품에 대한 상대 가격을 떨어뜨려 식품소비를 더욱 늘릴 가능성이 크다. 특히 여기서 주목해야 할 것은 바우처 지원에 따른 소득효과도 중요하지만, 대체효과에 따라 연관 상품이나 서비스의 소비행태의 변화이다. 대개 정액보조가 아닌 정률보조방식의 경우 상대가격을 교란시켜 상당한 비효율이 발생한다. 그런데 정률보조의 경우 이러한 대체효과를 통해서도 해당 바우처 지원 대상 재화나 서비스의 소비를 진작시키는 효과가 있기 때문에 의도적으로 정률보조방식을 채택할 수도 있다. 즉, 정률방식의 경우 대체효과 때문에 정액방식보다 더 많은 소비를 유도할 수 있다. 바우처 지원에 따라 해당 재화나 서비스의 상당한 소비증가가 발생하는데 이는 바우처의 외부효과인 셈이다(Browning & Browning, 1994).

마지막으로 여기서 더 주목해야 할 사항은 식품구매권은 식품소비 이외에 수혜자의 근로유인에도 영향을 미친다는 사실이다. 근로유인효과는 복지제도의 평가시 매우 중요하다. 이 효과를 고려한 장치로서 소득증가에 따라 지원을 줄이는 보조감소율(benefit reduction rate)이 사용되고 있다. 만약 30%의 보조감소율을 적용할 경우, 소득이 100달러 증가하면 식품구매권은 30달러 감소하여 순소득은 70달러만큼만 증가하게 된다. 보조감소율은 소득에 대한 한계세율과 같은 효과를 갖는다(Browning & Browning, 1994).

여기서 가구당 식품구매권은 '총소득에서 공제액을 뺀 금액'에 의하여 결정된다. 공제는 가구지출에 대한 정률보조를 의미한다. 총소득에서 임대료, 보험료, 전기료 등과 같은 기초비용은 소득의

30%를 초과하면 공제가 이루어진다. 소득의 30%를 주거비에 지출하는 식품구매권 수혜가구가 있다고 하자. 만일 이 가구가 월 50달러를 추가적으로 주거비에 사용하면 식품구매권 결정시 월 소득은 50달러만큼 감소한다. 소득이 감소하므로 식품구매권 지급액은 월 소득 감소분(50달러)의 30%인 15달러만큼 증가하게 된다. 즉 식품구매권은 소득의 30% 이상을 주거비에 사용하는 가구에 대해 보조를 지급하는 것과 같은 결과를 가져온다 (Browning & Browning, 1994).

Ⅲ 유관산업의 파급효과

1. 이용자 중심의 보조금의 영향

바우처도 기본적으로 정부 보조금이기 때문에 보조금이 유관 산업에 미치는 효과에 대한 기존 논의들과 비슷한 논리에 따라 그 효과를 분석할 수 있다.[11] 다만 기존 공급자 중심의 보조금과 달리 바우처는 이용자에게 직접 전달되는 수요자 중심의 보조금이다. 공급자 중심 보조금이 가진 약점 중의 하나는 보조금을 받는 (비)영리기관의 정부에 대한 자원의존성의 심화이다. 그렇지만 바우처는 이와 같은 자원의존성의 문제를 완화할 수 있으며 수

11) 정부보조금은 연구개발, 산업진흥, 농축산업, 사회복지, 재난보조 등 다양한 영역에 걸쳐 지원되며 그 효과도 분야에 따라 다르게 나타난다. 또한 보조금의 지급방식이나 운영방식에 따라서도 그 효과는 천차만별이다. 대개 정부 보조금은 산업정책 차원에서 수출전략산업 육성이나 부품소재처럼 국가산업 경쟁력을 높이기 위해 이루어지는 경우가 많았다. 그렇지만 사회복지나 재해에 대한 보상차원에서 이루어지는 경우도 있다. 본 논의에서는 기존의 공급자 중심 보조금이 아닌 이용자 중심 보조금 측면에서 정부보조금의 효과를 논의하고 있다.

요자 중심 체제에서 경쟁력을 더욱 갖출 수 있기 때문이다.

최근 사회분야 보조금도 사회투자 차원에서 보조금 정책이 설계되고 있어 수요자 중심의 바우처 제도가 기존 공급자 중심의 보조금 제도에 비해 우월한 여러 장점들이 주목을 받고 있다. 그 이유는 공급자간 경쟁력을 높일 수 있고, 수요자로 하여금 소비자로서 선택권을 행사할 수 있도록 하기 때문이다. 이러한 과정에서 유관 사회서비스 분야의 일자리 창출과 더불어 그동안 잘 드러나지 않았던 사회적 수요를 사업화하여 큰 사회경제를 만들어 낼 수 있기 때문이다. 대개 사회경제영역은 비영리부문을 중심으로 형성되는 것으로 보지만 영리기관도 얼마든지 함께 비영리부문과 경쟁을 통해 해당 분야 산업을 더욱 활성화시킬 수 있다. 최근 주목을 받는 사회적 기업이 여기에 해당하는 전형적인 사례들인데, 영리기업도 이들과 경쟁하거나 보완하면서 사회서비스 산업을 발전시킬 수 있다.

2. 일자리 창출과 유관산업의 육성

바우처와 같이 취약계층에 대한 집중적인 정부의 재정지원은 승수효과를 통해 경제활성화에도 기여한다.[12] 바우처와 관련하여 가장 대표적인 산업화 효과는 식품구매권이다. 미국 푸드스탬프의 경우 예산을 10억 달러 줄이면 약 2만5천개의 일자리가 사라지는 것으로 나타났다. 한국의 사회서비스 바우처의 경우도 여러 유형의 일자리를 창출할 것으로 예상된다. 하지만 아직은 저임금

---

12) 취약계층에 대한 바우처 지원은 그 금액이 소비로 바로 연결된다. 이처럼 부유층에 대한 조세감면과 같은 하향식 지원이 아닌 아래로부터의 상향식 지원 경제활성화에 직접 도움을 준다. 실제 사회서비스 지출규모보다 더 많은 세입이 가능할 수도 있다(Ginsberg, 1996: Chapter 5).

의 주변부 시장 그 이상은 아닌 것 같다. 앞으로 사회서비스 영역이 확대되면서 다양한 유형의 업종이 개발되어야 양질의 일자리가 만들어질 것이다.

그러나 특정 영역에 대한 정부 보조금은 여러 측면에서 시장 왜곡을 초래할 수 있다. 주택바우처의 경우를 보더라도 바우처 지원금이 주택시장에 들어올 경우 주택수요가 증가하여 주택임대료가 상승할 수 있다. 기본적으로 주택공급 자체가 원활하지 못할 때는 주택공급을 정부가 직접 늘리거나 아니면 시장기능에 맡겨 주택공급량을 충분하게 만든 후에 주택바우처를 시행해야 바우처의 효과를 담보할 수 있다. 그 밖에도 정부보조금에 대한 자원의존성의 심화, 정부와 제공기관 사이의 유착관계, 정부에 대한 바우처 이용자의 복지의존성 등 여러 형태의 도덕적 해이(moral hazards)가 발생할 가능성이 있다.[13)]

3. 바우처 시행에 따른 시장(market)의 변화

바우처가 시장에 도입되면 시장의 수요와 공급, 그리고 가격에 영향을 미친다. 그 영향의 정도는 제공되는 재화나 서비스에 대한 바우처 수혜집단과 비수혜집단의 소득 및 가격탄력성 정도

13) 이용자 중심의 정부보조금에서도 정부지원금에 대한 자원의존성은 여전히 심각한 문제이다. 바우처를 통해 공급자(바우처 관련 재화와 서비스의 생산과 유통 기관들)와 이용자의 거래나 교환행위가 발생하기 때문이다. 이러한 활동의 재정적 원천은 정부보조금이기 때문이다. 또한 이용자 중심의 보조금체계하에서도 정부의 규제나 품질관리와 같은 정책수단은 여전히 제공기관들에게 부담을 주며, 이로 인해 제공기관들은 정부와 친밀한 관계를 형성하려는 유인을 갖게 된다. 한편 바우처의 경우도 현금지원방식의 복지와 더불어 이용자들의 복지의존성을 강화한다는 비판이 지속적으로 제기되어 왔다. 한국의 경우 사회서비스 바우처는 자부담 제도를 만들어 이러한 복지의존성을 줄이기 위한 제도설계를 했다. 이는 상당히 독특한 제도로 자부담의 효과에 대한 앞으로 실증연구가 기대된다.

그림 3-4 바우처시행 후 시장가격이 영향을 받지 않는 경우

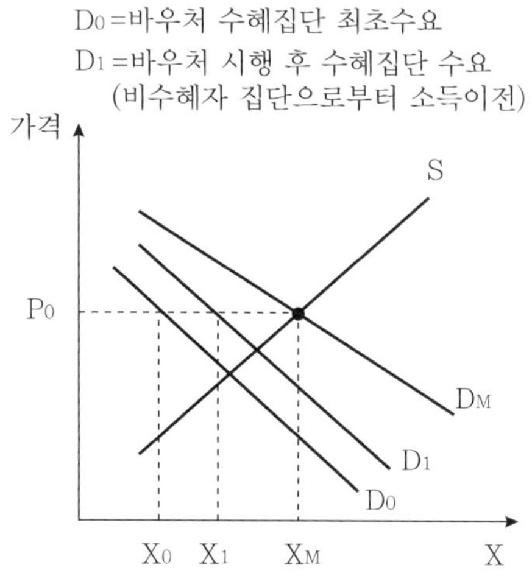

그림 3-5 바우처시행 후 시장가격이 영향을 받는 경우

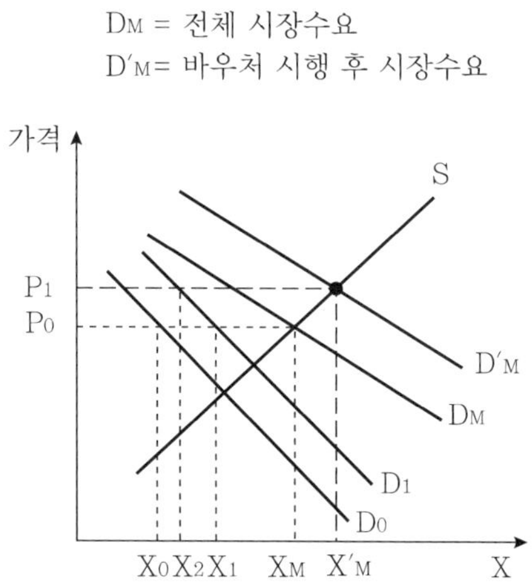

출처: 정광호(2007: 87)의 <그림 1-1>, <그림 1-2>.

에 따라 다양하다. 해당 바우처 시장에서 소비자의 선호, 바우처로 제공되는 상품과 관련 상품 간의 대체성 정도, 그리고 공급 상황에 따라 여러 형태의 수요, 공급, 가격변화가 발생할 수 있다(정광호, 2007: 86). 바우처 도입에 따른 수요변화와 가격효과를 살펴보면 <그림 3-4>과 <그림 3-5>과 같다.[14)]

먼저 바우처 수혜집단과 비수혜집단 사이의 해당 재화나 서비스에 대한 소득탄력성이 같고, 소득이전(비바우처 집단의 소득이 바우처 집단으로 이전됨: 바우처 총액과 동일)이 발생한다고 가정하자. 이 경우 시장 전체의 가격과 수요량은 바우처 시행 전후로 같은 수준을 유지할 것이다. 즉 <그림 3-4>에서처럼 바우처 수혜집단의 경우 소비가 증가(X_0 → X_1)하지만, 비수혜 집단의 경우 (X_M - X_0)에서 (X_M - X_1)만큼 줄어든다. 이 경우 시장 전체의 가격과 수요량에는 변화가 없다(정광호, 2007: 86).

그러나 바우처 수혜집단과 비수혜집단 간에 해당 재화나 서비스에 대한 수요의 소득탄력성이 다르고 이로 인해 수혜집단에게 바우처 지급에 따른 소득효과가 발생한다면, 전체 수요가 증가하며(X_0 → X_1) 시장가격도 상승(P_0 → P_1)한다. 즉 <그림 3-5>에서처럼 바우처 수혜집단의 수요량이 X_1에서 X_2로 증가한다. 만약 시장가격이 상승하지 않는다면 바우처 수혜집단의 수요는 X_1에서 X_0로 늘어나지만, 가격이 상승하면 X_2만큼까지 증가한다(정광호, 2007: 86).

그 밖에 바우처 시행은 여러 형태로 시장변화를 야기한다. 예를 들면, 미국 대학생에 대한 묵시적 바우처인 학자금 융자제도는 대학등록금 인상을 초래했다. 왜냐하면 융자금제도 덕분에 등록금 인상부담이 완화되어 반발이 줄어들기 때문이다(Hauptman,

14) 이에 대한 논의는 Bradford와 Shavior(2000: 79-78)를 참고할 것.

2000; 정광호, 2007: 87). 또한 바우처 서비스에 대한 품질규제를 일정 수준 이상으로 강화할 경우 바우처 관련 서비스의 가격이 상승할 가능성이 있다. 바우처 관련 재화나 서비스의 품질제고를 위한 비용이 추가적으로 발생하고 이것이 가격상승으로 연결될 수 있다. 그래서 바우처 상품의 시장규모를 확대하고 상품의 종류도 다양화하여 선택범위를 넓혀 가격상승에 대한 압력을 줄일 필요가 있다(정광호, 2007: 87).

4. 민간영역에 대한 구축효과

정부 보조금과 관련하여 문제가 되는 것은 정부지원으로 인해 시민사회나 시장에서 알아서 할 수 있는 일들을 정부가 오히려 구축하여 정부예산으로 이를 대체할 수 있다는 점이다. 정부지원은 오히려 해당 산업의 자생력을 억제하고 위축시켜 산업발전을 막는 장애물로 기능할 수도 있다. 예를 들면, 시민사회와 시장의 역량을 제약하는 구축효과(crowding out effect) 때문이다. 흔히 공보험을 확대할 경우 유관 민간보험시장이 위축된다는 우려가 제기될 수 있다.[15] 한편 사회서비스 영역에 있어서도 정부보조금을 받은 바우처가 증가할 경우, 그렇지 않았을 때 시민사회 스스로 자원봉사나 기부를 통해 이루어졌던 일들이 바우처라는 정부예산으로 대체될 수 있다.[16] 이 경우 사회서비스 영역에 대한 정부지원은 시민사회의 역량을 위축시키는 부정적 효과를

15) 취약계층에 대한 정부지원의 확대로 인해 민간영역이 위축된다는 논란이 있는데, 이에 관한 대표적 사례로 미국의 메디케이드 확장프로그램을 들 수 있다. 이에 관한 연구로는 Yazici & Kaestne(2000), Dubay & Kenney(1997)을 참고하면 된다.

16) 비영리부문에 대한 정부 지원은 여러 부작용을 초래할 수 있는데, 이를 부각시킨 연구도 상당하다. 대표적 논문으로 Brooks(2000a; 2000b)를 참고하면 된다.

낳을 수 있다. 또한 정부보조금은 시장의 혁신과 자율을 억제하여 사회서비스 영역에 있어서 다양한 실험을 억제할 수도 있다. 최소한으로 모든 인간이 기본적으로 누려야할 사회서비스가 굳이 정부가 개입하여 오히려 부작용을 초래하지 않는지 항상 정부보조금 정책은 신중해야 한다.[17]

17) 자선행위에 대한 각종 금전적 보상은 이들 행위에 내재된 동기를 위축시킨다는 것이다. 헌혈과 같은 각종 자선이나 봉사활동에 대한 금전적 보상은 이들 행위의 지속가능성을 약화시킬 것이다. 이러한 금전과 같은 외재적 보상이 내재적 동기를 억제하는 성향이 있기 때문이다. 이와 같은 논리로 비영리부문에 대한 정부의 재정지원의 강화는 비영리부문의 뿌리를 형성하는 도덕적 토대를 손상시킬 것이라는 우려가 나온다. 이에 대한 종합적 논의는 Frey& Jegen (2001)을 참고하면 된다.

참고문헌

정광호, (2007), 바우처 분석: 한국과 미국을 중심으로, 『행정논총』, 37(23): 117-138.

______, (2008), 『바우처 연구』, 서울: 법문사.

Bradford D. F. and Shaviro, D. N. (2000), The Economics of Vouchers. In C. E. Steuerle & V. D. Ooms & G. E. Peterson & R. D. Reischauer (Eds.), *Vouchers and the Provision of Public Services* (pp.40-91). Washington D.C.: Brookings Institution CED and Urban Institute.

Brooks, A. C. (2000a), Is there a dark side to government support for nonprofits? *Public Administration Review*, 60: 211-218.

Brooks, A. C. (2000b), Public subsidies and charitable giving: Crowding out, crowding in, or both? *Journal of Policy Analysis and Management*, 19: 451-464.

Browning, Edgar K., and Browning, Jacquelene M. (1994), *Public Finance and the Price System* (4th ed.), 김원식 옮김. (2005), 『재정학과 시장경제』, 서울: 시그마프레스.

Dubay, Lisa C., and Genevieve Kenney. (1996), The Effects of the Medicaid Expansions on Insurance Coverage of Children, *The Future of Children*, 6: 152-161.

Frey, B. S. and R. Jegen. (2001), Motivation Crowding Theory. *Journal of Economic Surveys*, 15(5): 589-611.

Fung, Archon, Graham, M., Weil, D., and Fagotto, E. (2007), *Transparency Policies: Two Possible Futures*. Taubman Center Policy Briefs, PB-2007-1.

Ginsberg, Leon H. (1996), *Understanding Social Problems, Policies, and Programs* (2nd ed.), Columbia, S.C.: University of South Carolina Press.

Gormley, W., & Weimer, D. (1999), *Organizational Report Cards*. Cambridge. Mass.: Harvard University Press.

Graham, M. (2002), *Democracy by Disclosure: The Rise of Technopopulism*. Washington, D.C.: Brookings Institution.

Mullard, M., and Spicker, P. (1998), *Social Policy in a Changing Society*. Routledge.

Newhouse, Joseph P. et al. (1993), *Free for All? Lessons from the Rand Health Insurance Experiment*. Cambridge MA: Harvard University Press.

Viteritti, J. P. (1996), *Stacking the Deck for the Poor: The New Politics of School Choice*. Washington, D.C.: Brookings Institution.

White, J. (1995), *Competing Solutions: American Health Care Proposals and International Experience*. Washington DC: The Brookings Institution.

Yazici, Esel Y. and Robert Kaestner. (2000), Medicaid Expansions And The Crowding Out Of Private Health Insurance Among Children. *Inquiry- Excellus Health Plan*, 37(1): 23-32.

내일신문, 2010년 2월 19일자, NGO 칼럼: 육아·보육을 보편적 복지제도로.

문화일보, 2010년 2월 2일자, 아이사랑-More Babies: 보육지원책 어디까지 왔나.

한겨레신문, 2009년 2월 4일자, 사설: 복지서비스, 바우처만이 능사인가.

제2부

바우처 현실

04 식품 구매권 (Food Stamp)

개 관

흔히 바우처하면 식품구매권(푸드스탬프: food stamp)[1]을 떠올릴 정도로, 식품구매권은 상징성을 가진 대표적 바우처이다. 원래 미국의 식품구매권은 대공황기 잉여농산물을 해소하고 실업과 빈곤 때문에 굶주린 사람들을 구제한다는 일거양득의 명분을 가진 정책수단이었다. 이는 1939년부터 1943년까지 잠시 시행되다가 중단되었지만, 1960년대 미국 케네디 대통령 시절 경제성장 프로그램의 일환으로 사용되면서 존슨 대통령이 시행한 '빈곤과의 전쟁' 프로그램에서는 '할인구매조건부 구입권'으로 시행되었다. 그 뒤 다시 1977년에 현재의 푸드스탬프에 가까운 형태로 발전했다. 그리고 2002년 종이바우처에서 전자바우처로 탈바꿈하면서 2008년 10월 이후 보충적 영양지원프로그램(SNAP)으로 운영되고 있다.

현재 푸드스탬프는 미국에서 어떤 바우처보다 성공적인 프로

1) 여기서는 미국의 식품구매권을 영문 이름 그대로 푸드스탬프로 사용하기로 한다.

그램으로 평가받는다. 푸드스탬프는 빈곤층의 "굶주림을 막아 인간의 기본권을 지켜준다"는 명분을 가지면서도, 식품산업을 활성화하는 산업정책의 성격도 띤다. 특히 푸드스탬프는 시장의 효율성과 취약계층의 형평성을 잘 조화시킨 사례로 거론된다. 즉, 선택권 보장과 경쟁의 원리를 잘 살릴 수 있는 이상적 바우처의 전형인 셈이다. 물론 푸드스탬프의 사기나 불법유통과 같은 문제들이 있었다. 이는 식품구매권 프로그램을 공격하는 주요 근거가 되기도 했다. 또한 푸드스탬프가 가진 사회적 낙인문제, 불법 현금화와 같은 도덕적 해이와 같은 시행상의 부작용이 나타나기도 했다. 하지만 전자바우처의 도입으로 이러한 문제는 거의 해소되었다.

대규모 식품 바우처가 도입되면 최소비용으로 절대빈곤층의 식품구매력을 높여 기초영양을 보장할 수 있을 뿐 아니라 농산물 소비까지 촉진할 수 있을 것으로 보고 있다. 위에서 언급한 것처럼 일찍이 미국은 푸드스탬프를 통해 빈곤층에게 최소한의 식생활을 보장하고 나아가 이를 농축산업이나 식품산업의 발전과도 연계해 왔다. 다만 여전히 자산조사(means tested)에 기초한 제도로 수혜계층이 한정된다는 제약이 있다. 하지만 저소득층 식생활 안정에 크게 기여했으며, 식품산업의 발전, 농가소득 향상과 일자리 창출에도 도움을 준 것으로 평가받는다.

최근 우리나라도 아동급식사업의 한 수단으로 식품 바우처가 부분적으로 시행되고 있다. 특히 서울시의 경우 전자바우처 형태로 지급하여 낙인효과를 방지하고 있다. 그런데 아직도 우리의 경우 굶주리는 빈곤아동과 고령자에 대한 전면적 식품구매권 제도는 시행하지 않고 있다. 앞으로 적절한 재원조달전략을 마련하여 빈곤층을 위해 필요한 식품을 제공할 수 있도록 정부의 관심과 배려가 필요하다. WTO와 같은 국제규범과의 충돌을 피하면서도 국내의 식품산업의 발전의 기반을 마련하고, 취약계층의 영양을 개선할 수 있는 식품정책을 적극 개발될 필요가 있다.

I 푸드스탬프 도입의 배경

1. 저소득층 식생활에 대한 정부개입의 정당성

미국의 푸드스탬프는 1930년대 시범사업에서부터 저소득 가정의 영양섭취를 지원하기 위한 목적으로 도입되었다. 무엇보다 다음과 같은 두 가지 이유에서 이 제도 도입의 근거를 찾을 수 있다(Daniels & Trebilcock, 2005: 44-45).[2]

1) 자원의 평등한 분배

푸드스탬프는 복지정책과 연계된 것으로서, 저소득층에 대한 인도주의, 사회적 책임 등과 관련해서 그 정당성을 인정받고 있다. 적절한 영양섭취는 인간의 기본적인 생존에 필수적이라는 명제는 종교나 철학을 떠나 누구나 쉽게 인정하기 때문이다. 식품

2) 푸드스탬프에 대한 비판적 의견도 만만치 않다. 동 제도는 빈곤이 증가하면 영양상태가 나빠지는 부의 관계(negative relationship)를 전제로 한다. 그러나 이는 아직 실증적으로 입증되지 않아 푸드스탬프 제도의 정당화 근거로 보기는 어렵다는 것이다(Daniels & Trebilcock, 2005: 42). 또한 최근에는 푸드스탬프가 저소득층의 비만증가에 기여했다는 비판도 제기되고 있다(Ver Ploeg & Ralston, 2008: 16). 한편 푸드스탬프 제도의 부수적인 효과인 농산물의 소비증가는 식품생산자인 농업인의 이익에 정부가 민감하게 반응하였기 때문이라는 비판이 제기되고 있다(Daniels & Trebilcock, 2005: 43). 이러한 내용들을 살펴볼 때, 푸드스탬프 도입의 본래 취지가 약화되고 있는 것처럼 보인다. 하지만 저소득층의 식생활과 영양개선 분야에 있어서 정부개입의 근거는 형평성 차원에서 여전히 강하게 남아 있다.

섭취를 인간의 자연적 권리로 인정한다면 이를 충족시키기 위해 식품을 제공해주는 것은 민주국가의 도덕적 책무이자 의무라는 것이다. 이러한 인도주의적 관점을 수용할 경우 정부는 당연히 저소득층에게 푸드스탬프를 제공해야 한다. 다만 그 제공과정에서 발생하는 부정사용이나 오용에 대한 감시감독이 필요하다. 따라서 오늘날은 부정사용이나 오용을 억제하는 제도설계가 이 정책의 핵심이 되고 있다(Daniels & Trebilcock, 2005: 44).

2) 경제적 안정성

푸드스탬프와 같은 바우처는 사회적 투자로 인식되고 있다. 적절한 영양상태의 유지가 노동시장 활성화의 밑거름이 되기 때문이다. 나아가 범죄와 같은 반사회적 행위도 감소시킬 수 있다. 궁극적으로 전체 인구가 보다 건강해져서 빈곤과 영양실조로 인한 사회적 비용 발생을 사전에 막을 수 있다. 이러한 사회적 편익 때문에 정부가 직접 나서서 식료품을 지원해야 한다는 것이다. 이를 위해 정부는 푸드스탬프 뿐만 아니라 조세나 이전지출을 통해서도 재정지원을 하고 있다(Daniels & Trebilcock, 2005: 45).

2. 식품보조의 전달체계 비교

다른 복지정책의 전달체계와 마찬가지로 식품지원정책도 현물보조, 현금보조, 바우처 방식으로 분류할 수 있다. 각각의 방식에 대한 장단점을 평가하면 다음과 같다(Daniels & Trebilcock, 2005: 47-52). 이러한 유사 지원방식과 바우처를 비교해 봄으로써 푸드스탬프라는 전달기제 특성을 더욱 잘 이해할 수 있을 것이다.

1) 현물보조

정부가 수급자격이 있는 대상가구에게 직접 식품을 전달하는 방식이다. 미국은 이러한 방식으로 대공황기에 이미 상품분배 프로그램(CDP: Commodity Distribution Program)을 실시한 바 있다. 이 시기(1932년~1939년) 동안 정부는 잉여농산물을 구매하여 보관해 두었다가 빈곤가구에 직접 제공했다(정부직접 제공방식).

이 방식의 장점은 제공된 가구가 확실히 식품 소비를 늘린다는 사실이다. 또한 주인대리인 문제가 발생할 여지가 다른 방식에 비해 상대적으로 적어 사기나 불법거래의 가능성이 낮다. 이러한 확실한 식품소비와 부정수급의 감소 가능성 때문에 현물보조는 정치적 호소력을 갖는다.

하지만 현물보조는 정부가 식품저장고나 수송수단, 배급소 등 물류체계 구축 및 담당직원 고용 등 상당한 비용을 부담해야 한다는 문제가 있다(정부관료제에 내재된 폐해 발생). 다른 방법에 비해 일반적인 행정비용을 추가적으로 부담해야 한다는 것이다. 또한 식품의 경우 부패나 변질의 위험이 상당히 크다. 게다가 수급자가 식품을 받기 위해 배급소를 방문하거나 배달직원이 가정을 방문하는 경우 낙인효과(stigma effect)도 초래할 수 있다. 가정에서 배급소까지의 왕복거리나 교통수단의 미비도 상당한 장애요인으로 작용할 위험을 지니고 있다. 결국 부정적인 낙인효과와 접근성의 한계로 인해 식품과 영양부족을 감소시키려는 정책목표를 달성하기에 상당한 어려움을 지니고 있는 것으로 평가된다 (Daniels & Trebilcock, 2005: 48).

2) 현금보조

정부가 저소득 가구에 대해 매월 현금을 지급하여 식품구매에 사용하도록 하는 방식이다. 정부는 수급자에게 현금을 주고, 수급자는 자신들의 선호체계에 따라 식품을 소비하게 된다.

소비자 후생의 관점에서 보면 현금보조가 가장 바람직하다. 또한 현물을 제공하기 위한 물류시설 등 사회적 기반도 필요 없으며, 부정적인 낙인효과도 발생하지 않는다. 이 때문에 자유주의자들이 가장 선호하는 전달방식이다.

하지만 이 방식의 경우 사기나 부정수급 등의 문제가 발생할 위험이 크다. 오히려 이를 방지하려고 하면 상대적으로 더 큰 모니터링 비용과 행정비용을 초래할 수도 있다. 또한 식품소비가 아닌 다른 상품을 소비하게 되는 누출(leakage)의 문제도 우려된다(Daniels & Trebilcock, 2005: 49).

3) 푸드스탬프(바우처 방식)

(1) 일반적 바우처 방식

현물지급과 현금보조의 중간형태로 식품 자체가 아닌 식품구매를 할 수 있는 증서를 제공하는 것이 바우처 방식이다. 이 증서는 정해진 식품만을 구매할 수 있고 다른 상품구매에는 사용할 수 없다. 이 방식은 본질적으로 수급자가 소비의사결정의 주체가 되도록 하지만, 누출을 막기 위해 선택권 행사에서 일정한 제약을 가하고 있는 것이다.

바우처 방식은 현물보조에 비해 다음과 같은 장점이 있다. 우선 현물보조와는 달리 물류와 행정 등 일상적인 운영비를 줄일 수 있다. 또한 식품을 직접 제공하는 경우보다 낙인효과를 줄일 수 있다. 다음으로 비록 월단위로 수급이 이루어지지만 다기간 소비자 선택모형(intertemporal choice model)에서처럼 시간에 따른 자원의 최적배분도 이룰 수 있다. 즉 현물보조는 주는 대로 받아서 처리해야하나, 바우처는 식품이 지금 당장 필요없으면 구매권을 사용하지 않고 미래의 필요시점에 사용하면 된다. 마지막으로 푸드스탬프는 소비자의 최적화 행동을 보장한다. 즉 주어진 예산제약 하에서 자신의 효용을 극대화하는 식품의 종류와 소비량에 대한 선택을 할 수 있는 것이다.

현금지원에 비해 바우처는 승인받은 상점에서 승인받은 품목의 식품만 구매가능하기 때문에 소비가능영역이 줄어든다는 한계가 있다. 바우처 방식은 대체효과(substitution effect)의 크기에 따라 그 효과가 달라질 수 있으며 실증연구의 결과도 상반되게 나타나고 있다(Daniels & Trebilcock, 2005: 50). 하지만 이 방식은 식품소비를 촉진할 수 있기 때문에 납세자와 유권자들이 선호하는 방식이다(Ohls & Beebout, 1993: 48). 현금지원과 푸드스탬프 방식이 식품에 대한 한계소비성향을 추정한 연구들을 보면 다음 <표 4-1>과 같다. 여기서 제시된 연구들에 따르면, 식품에 대한 한계소비성향(MPC: Marginal Propensity to Consumption)은 현금지불방식보다 바우처 방식에서 더욱 크게 나타난다.

(2) 전자바우처 방식

전자바우처는 기존 사회복지서비스를 받을 수 있는 권리를 표시한 종이쿠폰이나 증서가 아닌 전자시스템을 통하여 은행계좌와 전자카드를 사용하는 방식이다.

EBT(Electronic Benefit Transfer)는 푸드스탬프 수급자들의 삶의 질을 보다 향상시킬 수 있다. 특히 전통적 은행시스템(banking system)의 틀에서 제대로 보호받지 못하고 있는 수급자들의 삶의 질을 향상시킬 수 있다. EBT는 저비용으로 편리하고 공평한 혜택을 제공한다. 이 때문에 기존에 시중은행제도(private banking system) 밖에 존재하던 수급자들을 주저 없이 제도적 틀

속으로 끌어들인다(Dib, Dodson & Schocken, 2000). 최근 EBT는 푸드스탬프와 현금보조(cash public assistance)의 지급 방법을 변화시키고 있다. EBT의 진행구조와 방식에 따라 수급자들에게 긍정적 혹은 부정적 영향을 미치기도 한다.

종이쿠폰에 비해 전자바우처(EBT)가 갖는 이점으로는 불법거래(trafficking)와 관리비용을 감소시키고, 다양한 이해관계자들의 선호를 만족시키는 것이다(Oliveira & Levedahl, 1998). 이를 좀 더 자세히 살펴보면 다음과 같다.

우선 EBT는 카드와 PIN 번호가 일치해야 하므로 타인에 의한 부정사용이 어렵고, 도난이나 분실시 신고만 하면 즉시 사용이 중지된다. 또한 EBT를 사용한 모든 거래기록이 남아 있기 때문에 수급자와 가맹점 사이의 불법거래가 힘들다. 비정상적이고 미심적은 거래패턴이 쉽게 식별되어 적발 당하게 된다. 이러한 전자감사 추적장치(electronic audit trail)로 불법거래를 억제할 수 있는 것이다(Oliveira & Levedahl, 1998: 36).

둘째, EBT는 운영비용을 절감시켜 준다. 종이쿠폰에 드는 인쇄, 저장, 수송, 환수된 쿠폰의 폐기비용 등이 EBT에서는 필요없기 때문이다. 하지만 초기의 착수비용이 크게 든다는 한계가 있다. POS(Point Of Sales) 단말기나 컴퓨터 연결을 위한 전산망이나 운영인력을 새로 채용해야 하는 비용 등이 필요하기 때문이다. 1994년 미국 회계검사국(GAO)에서 5개 시범지역을 평가한 바에 따르면, 지역간의 상당한 편차가 나타난다. 3개 지역에서 연방과 주정부의 운영비용이 줄었으나, 착수비용을 포함하면 2개 지역에서는 오히려 비용이 증가했다. 그러나 시범사업의 경우 그 범위가 제한되어 있어 일반화에는 한계가 있다. 한편 메릴랜드 시범사업의 경우에 있어서는 푸드스탬프 EBT가 운영비의 약

표 4-1 저소득층 가구의 식품에 대한 한계소비성향의 추정치

주요 연구	사용된 데이터	표본의 크기	식품의 한계소비 성향 추정치	
			푸드 스탬프	현금 보조
1. 구매 전제조건 제거하기 전의 데이터를 사용한 연구				
Hymans & Shapiro (1976)	1968-1972년 미시건 PSID 데이터	N = 3,318	.35-.64	.14-.17
West (1984)	1973-1974년 소비자지출일지 조사	FSP 참여자 N = 2,254	.17	NA
Salathe (1980)	1973-1974년 소비자지출일지 조사	FSP 유자격자 N = 2,254	.47	NA
Brown, Johnson & Rizek (1982)	1977-1978년 전국식품소비조사에 저소득층 보완(가중 데이터)	FSP 참여자 N = 911	.45	.05
Smallwood & Blaylock (1985)	1977-1978년 전국식품소비조사에 저소득층 보완(비가중 데이터)	FSP 유자격자 N = 2,852	.23	.10
Chen (1983)	1977-1978년 전국식품소비조사에 저소득층 보완(비가중 데이터)	FSP 참여자 N = 1,809	.20	.09
Devaney & Fraker (1989)	1977-1978년 전국식품소비조사에 저소득층 보완	FSP 유자격자 N = 4,473	.21-.42	.07-.08
2. 구매 전제조건 제거한 이후의 데이터를 사용한 연구				
Chen (1983)	1979-1980년 전국식품소비조사에 저소득층 보완	FSP 참여자 N = 1,630	.23	.11
Senauer & Young (1986)	1975년 미시건 PSID 데이터	FSP 참여자 N = 574	.26	.07
Fraker, Long & Post (1990)	1985년 개인 식품섭취 계속조사	FSP와 WIC 유자격 가구 N = 515	.29	.05
Ranney & Kushman (1987)	1979-1980년 4개 주에서 실시된 조사	FSP 참여자 N = 310	.62	.04
Levedahl (1991)	1979-1980년 저소득가구에 대한 식품소비조사	FSP 참여자 N = 1,210	.69	.19

N=샘플 수.
출처: Ohls & Beebout(1993: 104)의 table V.3.

17%를 절감한 것으로 나타났으며(Oliveira & Levedahl, 1998: 37), 매월 건당비용(CPCM: Cost Per Case Month)도 EBT ($3.85)가 종이쿠폰 발행($3.89)에 비해 낮았다(Stegman, et al., 2003: 15).

셋째, 미국의 FNS에서 지원한 여러 연구들은 EBT가 수급자, 가맹점, 재정당국과 납세자 등 다양한 이해관계자들의 선호를 만족시킨다고 주장한다. 미국 농무부 식품영양국은 1984년 펜실베니아의 리딩(Reading)에서 처음으로 푸드스탬프에 온라인 EBT 방식을 도입했다. 그후 1991년 미네소타의 램지(Ramsey) 카운티와 뉴멕시코의 알버커키(Albuquerque)에서 EBT 푸드스탬프와 다른 현금보조프로그램을 실시하였다. 1992년에는 오하이오의 데이튼(Dayton)에서 오프라인 푸드스탬프 EBT를 실시하였고, 1993년에는 메릴랜드 주(州)전역에서 온라인 EBT를 실시했다.

시범사업에 대한 연구결과들을 보면, 우선 참여비용을 감소시키고 보안을 강화시켜 수급자의 선호를 충족시켜준다. 다음으로 쿠폰 처리에 드는 비용을 절감시켜 가맹점의 선호를 충족시키고 있는데, 시범사업 지역에서 메릴랜드를 제외하고는 대략 20~38%를 절감한 것으로 나타났다. 마지막으로 재정당국은 막대한 비용을 절감하였다. 연방준비은행의 경우는 절감분이 작았으나, 시범지역의 지방은행들은 비용의 90% 이상을 절감했다(Oliveira & Levedahl, 1998: 35-36). 또한 납세자에게 EBT 시스템은 소매상들의 행동을 쉽게 추적할 수 있어 감시를 강화시켜 푸드스탬프가 정말로 음식 구매에 쓰일 것이라는 확신을 갖게 한다.

한편 EBT는 낙인효과를 감소시켜 수급자의 푸드스탬프 이용을 증가시킨다는 논의도 있다. 종이쿠폰의 낙인효과를 없애주는 긍정적 효과가 EBT에 있다는 것이다. FNS에서 지원한 연구에서 EBT는 수혜액 1달러당 17~47센트만큼 순수한 식품지출을 증가시켰고, 현금보조는 5~10센트 정도 증가시킨 것으로 나타났다. EBT가 식품 지출에 미치는 영향에 대해 두 가지 가설이 있다. 하나는 낙인효과를 감소시켜 마치 현금처럼 사용할 수 있어 식품 지출을 늘린다고 한다. 다른 하나는 EBT가 현금으로의 환전이나 불법거래를 어렵게 하여 식품에 대한 지출을 증가시킬 것이라고 한다. FNS지원에 의해 메릴랜드의 EBT 시행 전과 후를 비교하는 연구가 진행되었는데, 데이터는 수급자들이 보고한 식품지출액이 감소하였으며, 식품가게를 방문하는 횟수는 증가한 것을 보여준다(Oliveira & Levedahl, 1998: 38). 그러나 확실한 결론을 내리기 위해서는 수급자의 행태에 대한 추가 연구가 필요하다.

지금까지 EBT 도입과 관련하여 주로 논의되는 쟁점은 크게 세 가지로 정리할 수 있다(Cason, 1998: 4-6). 첫째, 개인 신상보호, 신용조회 및 금융정보제공 동의에 따른 정보제공 범위 및 개인정보보호 등과 관련된 프라이버시 문제이다. 둘째, 고객의 급부에 대한 접근점(access point)과 연결, 마그네틱 카드, 생체인식, 바코드, 스마트카드 등 전자바우처 양식(platform) 선택, POS (Point Of Sales) 설비 등의 시스템 문제이다. 셋째, 단말기 설치와 카드 이용료 부담, 본인부담금(out-of-pocket money) 비율 등 재정적 문제 등이 있다. 그러나 이러한 문제들은 대부분 해소되었으며 지엽적으로 나타나는 문제라 볼 수 있다. 미국의 경우 1990년대 초반부터 EBT시범사업을 통해 그 적용대상 지역을 확장해 왔고, 지난 2002년 10월에 전국을 대상으로 종이쿠폰 방식의 푸드스탬프를 EBT방식으로 전환했다.

Ⅱ 푸드스탬프의 운용현황

1. 미국의 푸드스탬프 제도(Food Stamp Program)

1) 푸드스탬프 제도의 연혁

미국 푸드스탬프의 역사는 1930년대로 거슬러 올라가며(김성룡 외, 2003: 8), 시대를 크게 나누면 3시기로 나눌 수 있다(Daniels & Trebilcock, 2005). 첫째 시기는 '도입기'로 1939년에서 1943년까지이다. 1939년에 오렌지 증서(orange stamp)와 블루 증서(blue stamp)로 구성된 두 개의 증서 사업(two-stamp program)이 시행되었다.[3] 그러나 2차 세계대전 기간 중 농산물에 대한 수요가 급증하고 실업이 감소하면서 1943년 중단되었다.

두 번째 시기는 '성숙기'로 1961년부터 1980년까지이다. 1961년에 2차 시범사업이 실시되었으며, 1963년 케네디 행정부는 경제성장 프로그램의 일환으로 할인구매조건부 푸드스탬프를 22개 주에 시범적으로 도입하였다. 1964년 빈곤과의 전쟁을 추진한 존슨 행정부는 식품권법(Food Stamp Act)을 제정하여 할인구매조건부 푸드스탬프를 시행하였다. 그러나 식품권을 구입할 수 없는 극빈 계층 문제가 불거지면서 1977년 식품권법을 개정(PL95-113)하여 자격요건 및 행정 강화 등 많은 제도적 변화를 겪었다. 이 때부터 현재와 같은 형태의 푸드스탬프가 전국적으로 도입되었다(MacDonald, 1977; Ohls and Beebout, 1993; 김성룡 외, 2003에

3) '오렌지 증서'는 어떤 식료품을 구매하더라도 그 비용이 상환되지만, '블루 증서'는 미 농무부가 잉여상품이라고 제시한 목록에 올라 있는 식품만을 구매할 수 있다.

서 재인용).

세 번째 시기는 '정착기'로 1980년대 이후부터 현재에 이르는 기간이다. 1980년대 후반과 1990년대 복지제도의 개혁과 함께 푸드스탬프 수급자격이 엄격해졌다. 1996년 개인책임과 노동기회조정법(PRWORA: Personal Responsibility and Work Opportunities Reconciliation Act)이 제정되면서 2002년부터 전자바우처가 도입되었다. 2003년에는 수급 자격을 가지고 있으나 노동하지 않는 근로능력이 있는 성인(피부양 가족이 없는)에 대해 주정부가 15%까지 수급 자격을 거부할 수 있도록 하였다. 또한 푸드스탬프 제도가 다른 연방원조 프로그램과 중복된다고 판단하여 행정자금을 삭감하였다. 2008년 10월 1일에 푸드스탬프 프로그램은 SNAP(Supplemental Nutrition Assistance Program)으로 이름을 바꾸어 시행되고 있다.

2) 현재 운영 현황

(1) 추진 현황과 운영조직체계

현재 푸드스탬프 제도는 농무부(USDA)의 식품영양국(FNS: Food and Nutrition Service)과 각 주정부 및 지방정부와의 협조하에 수행되고 있다. 즉 연방 농무부가 푸드스탬프 사업을 관리하지만, 개별 주정부가 급여배분을 맡고 있다. 미국 연방 농무부의 식품비지원예산 중 94%를 푸드스탬프 등 5대 식품보조프로그램[4]이 차지하고 있다(최지현, 2003: 100).

4) 미국의 5대 주요 식품보조프로그램은 푸드스탬프 프로그램, 전국 학교 점심급식 프로그램(National School Lunch Program), 학교 아침급식 프로그램(School Breakfast Program), 여성·유아·어린이를 위한 특별영양보충프로그램(WIC: Special Supplemental Nutrition Program for Women, Infants, and Children), 어린이 및 성인 식품지원 프로그램(Child and Adult Care Food Program)이다(최지현, 2003: 100).

푸드스탬프 예산 중에서 연방정부는 푸드스탬프 지원금을 전액 보조하고 있으며, 주 단위에서 발생하는 행정비용(SAE: State Administrative Expense)의 50%를 부담하고 있다(최지현, 2003: 101). SAE의 총액은 2007년에 5백5십억 달러였다. 연방정부와 주정부가 절반씩 부담하고 있는 SAE의 총액수는 주별로 차이가 있다. 구체적 예를 살펴보면, 2007년에 SAE는 케이스당 평균적으로 469달러가 들었으며, 주별 평균은 169달러를 기록한 남부 캘리포니아(Southern California)부터 1,169달러를 기록한 캘리포니아(California)까지 다양하다.[5]

2008년 개정된 식품영양법(Food and Nutrition Act)에 의해 푸드스탬프 프로그램은 SNAP(Supplemental Nutrition Assistance Program)으로 이름을 바꿨다. 이 제도는 현재 미국 본토의 모든 주(state)뿐 아니라 서인도 제도에 있는 미국 자치령인 푸에르토리코에서도 실시되고 있다.

푸드스탬프 프로그램은 농무부 식품영양국(FNS)이 주관하고 있다. FNS 산하 전국의 7개 지역사무소(Regional Office)를 통해 중계되며, 지역사무소는 60여개의 현지사무소(Field Office)와 주정부의 해당업무를 지시, 감독하고 있다(최지현, 2003: 101). 주정부는 지역복지국(local welfare offices)을 통해 프로그램을 운영하고 있다.

관련기관들은 다음과 같이 업무를 분장하고 있다(최지현, 2003: 101). 우선 식품영양국은 시행규정과 운영기준을 제정한다. 그리고 각 주의 프로그램 운영계획서를 검토하여 예산을 승인하고, 주정부 행정비용의 50%를 지원한다. 반면 각 주의 자격요건심사

5) 이러한 다양성의 원인에 대해서 정확히 파악된 바는 없으나 여러 가지 변수가 작용할 것이라고 예상되고 있으며 이러한 가능 변수에는 푸드스탬프 프로그램 진행방식, 정책, 기술적 요인 등을 들 수 있다.

및 수혜금액 배정의 정확성 등을 품질관리제도(Quality Control System)를 통해 사후적으로 평가한다. 다음으로 현지사무소에서는 푸드스탬프 가맹점을 승인하는 등 관리업무를 맡고 있다. 한편 주정부는 프로그램 운영계획서를 해마다 작성하여 농무부의 승인을 받고 그에 따라 프로그램을 운영한다. 그러나 푸드스탬프 운영목적에 크게 벗어나지 않는 범위에서 주정부는 재량적으로 운영할 수 있다. 끝으로 지방정부(County)는 주정부와 유기적인 업무연계를 통해 수급자의 심사, 선정, 관리 등 일선업무를 담당하고 있다.

(2) 푸드스탬프 가맹점 운영 체제

미국 푸드스탬프 제도의 가맹점 운영체계는 다음과 같다(최지현, 2003: 107-108). 우선 소매업소가 푸드스탬프 가맹점에 가입하려면 신청양식을 기재하여 사업허가증 및 신분증 사본과 함께 현지사무소에 제출하여야 한다. 그 승인여부를 신청 후 최소 45일 이내에 통보받을 수 있다. 현지사무소는 자격 요건을 갖춘 식품판매업소를 가맹점으로 승인하고 승인번호는 발급하여 가맹점을 관리한다. 가맹점 승인을 받은 업소는 푸드스탬프 취급허가증을 교부받는다. 가맹점의 권리는 타인에게 양도될 수 없고, 원칙적으로 업소의 소유권도 이전될 수 없다.

다음으로 푸드스탬프 가맹점에서 취급하는 식료품은 원칙적으로 집에서 먹을 수 있는 모든 식품이다. 다만, 맥주, 와인, 위스키, 담배, 비타민, 의약품 등은 푸드스탬프를 받고 판매할 수 없다.

가맹점에서 상품을 판매하고 계산을 할 경우 상품에 부과되는 판매세 때문에 푸드스탬프 수급상품과 비수급상품을 분리해야 한다. 또한 고객이 구매하고자 하는 상품 총금액이 푸드스탬프

한도를 초과할 경우 외상거래는 할 수 없다.

고객이 종이쿠폰을 사용하여 거스름돈이 발생하면, 거스름돈은 1달러 미만일 경우 현금으로 지급하고, 1달러 이상일 경우는 종이쿠폰으로 지급해야 한다. 종이쿠폰 사용시 이 규정을 어기거나 EBT카드 사용시 잔돈을 현금으로 내줄 경우 가맹점은 불법사용에 따른 처벌을 받는다. 아울러 고객이 EBT 카드로 식품을 구매한 후 반환을 원할 경우 고객의 EBT계좌에 해당금액을 환급해 줄 수는 있으나 현금으로는 지급할 수 없다. 이러한 원칙들을 모두 숙지하고 준수하기 위해 가맹점은 주정부와 EBT 계약업자로부터 취급방법 등에 대한 교육을 의무적으로 이수하여야 한다.

(3) 수급자격 및 제한

푸드스탬프의 수급자격은 자산조사(means tested)를 통해 가구소득, 재산 등에 따라 결정된다. 총소득합계가 2008년 연방 빈곤지침선(Federal Poverty Guide Line)의 130% 수준 이하인 경우 혹은 순소득합계가 연방 빈곤지침선(2008년의 경우 4인 가족 기준 연간소득 $20,652)의 100% 이하인 사람은 수급권을 받을 수 있다(GAO, 2008: 6). 한편 노인이 있거나 장애인 급여를 받는 경우 순소득 기준만 충족시키면 된다. 또한 보충적 소득보장(Supplemental Security Income: SSI)이나 일시적 빈곤가족지원(Temporary Assistance for Needy Families: TANF) 프로그램에 의해 지원받는 소득은 산입하지 않는다.

수혜자격기준에 대해 좀 더 구체적으로 살펴보면, 푸드스탬프 프로그램의 수혜자가 되기 위해서는 적어도 아래 두 가지 조건 중에 하나를 충족해야 한다. ① 60세 이하의 사람이나 장애인 등 부양가족이 없는 경우 현재 은행잔고액(예금액과 수표의 합계)이

표 4-2 소득기준(2009-2010 회계연도)

가구원 수	총 월소득 (빈곤선의 130%)	순 월소득 (빈곤선의 100%)
1명	$1,174	$903
2명	$1,579	$1,215
3명	$1,984	$1,526
4명	$2,389	$1,838
5명	$2,794	$2,150
6명	$3,200	$2,461
7명	$3,605	$2,773
8명	$4,010	$3,085
1명 추가될 때마다	+ $406	+ $312

출처: USDA Food & Nutrition Services 홈페이지.

2,000달러 이하이거나, ② 61세 이상의 사람이나 장애인 등 부양가족이 있는 경우 현재 은행잔고액이 3,000달러 이하인 경우이다. 또한 수급 대상이 가구인 경우에는 가구 구성원의 수에 따라 수급자격 소득기준이 다르다.

한편 최대지원한도액(Allotment amounts)은 가구규모(가구 구성원의 수)에 따라 다르게 책정되며, FNS에서 정한 할당감소율(allotment reduction rate)이 적용된다. 거기에 다시 급여감소율(benefit reduction rate) 30%가 적용되어 실제 수급금액이 정해진다.[6] 예를 들어, 1980년의 경우, 4인 가족기준 지원한도액이 209달러이고 여기에 FNS에서 정한 25%의 할당감소율이 적용되어 157달러가 최대지원한도액이 된다. 만약 가구순소득이 200달러인 4인가구의 경우라면, 최대지원한도액 157달러에서 가구순소득의 급여감소율인 30%가 적용되어 그 금액만큼 공제된 후 ($157 -

6) 급여감소율이 30%로 책정된 것은 평균적으로 가구소득의 30%를 식비로 지출한다는 가정 때문이다.

표 4-3 SNAP의 월 최대 수급금액(2009년 10월-2010년 9월)

수혜가구의 구성원	월 최대 수급액
1명	$200
2명	$367
3명	$526
4명	$668
5명	$793
6명	$952
7명	$1,052
8명	$1,202
1명 추가될 때마다	+ $150

출처: USDA Food & Nutrition Services 홈페이지.

$60 =) 97달러를 실제 수급금액으로 받게 된다.

푸드스팸프 수급 자격을 가진 가구의 사람들이 월별로 최대로 받을 수 있는 SNAP 지원금은 <표 4-3>과 같으며, 소득이 증가할수록 수급액은 내려간다.

(4) 수급기간과 조건 및 지원 절차

푸드스탬프 급여기간(certification period)은 수혜가구의 특성에 따라 3개월, 6개월, 12개월, 24개월로 정해진다(최지현, 2003: 102). 우선 가구원이 모두 노인이며 소득이나 현금지원이 없는 경우는 24개월이다. 다음으로 가구원 모두 장애인 또는 노인이고 근로소득이 없는 경우는 12개월이다. 그리고 현금보조나 수입이 있고 현재의 소득, 가구경제여건, 공제규모가 크게 변동되지 않을 것으로 예상되면 6개월이다. 한편 그외 가구내 계절취업 농업근로자, 부양가족이 없는 근로가능 성인이 있거나 소득이나 현금지원이 없고 소득보다 지출이 많은 경우는 3개월이다.

푸드스탬프 급여는 반드시 급여신청을 해야 수급할 수 있다.

또한 일자리에 취업하지 않거나 고용훈련 프로그램에 참가하지 않을 경우 급여기간이 단축될 수 있다.

푸드스탬프 지원절차를 간략히 정리하면 아래와 같다(최지현, 2003: 102). 우선 수급자가 푸드스탬프 급여를 받기 위해서는 지방자치단체에서 신청양식을 직접 또는 우편으로 받아 작성한 후 이를 제출해야 한다. 다음으로 현지사무소는 제출 서류를 기초로 적격여부를 심사하며 면담을 실시한다. 마지막으로 지원대상자로 확정되면 알뜰식단계획(TFP: Thrifty Food Plan)에 맞춰 식품비를 쿠폰 또는 EBT 카드로 받는다. 식품비는 월단위로 산정된 실제 수급금액을 받게 된다.

(5) 지급 방식

초기 푸드스탬프 프로그램 진행은 수급자들에게 종이로 된 쿠폰(액면가 1달러짜리는 갈색, 5달러짜리는 파란색, 10달러짜리는 녹색)을 제공하거나 현금을 직접 지급하는 형태로 이루어졌다. 1990년 중반까지 푸드스탬프의 혜택 대부분이 종이쿠폰방식으로 전달되었다.

1996년 복지개혁법 개정을 통해 EBT 도입을 추진하여 2004년 미국 내 모든 주에서 EBT를 사용하게 되었다. EBT 도입의 목적은 기존 종이바우처 방식에 의한 업무의 복잡성과 비용증가 등의 비효율 및 부정사용을 제거하는 것이었다. 실제로 EBT 시행 후 종이 쿠폰방식의 문제점을 상당히 효율적으로 보완하고 있다(최지현, 2003: 105-107).

EBT 시스템의 특성에 대해 살펴보면, 푸드스탬프 수급자는 주정부로부터 자격조건에 따른 수급금액을 매월 자신명의의 은행계좌로 자동이체 받는다(최지현, 2003: 103). EBT카드는 은행직불카드와 같이 플라스틱으로 된 카드로 자신명의의 계좌와 연동되

그림 4-1 미국의 푸드스탬프 종이쿠폰과 전자카드

종이쿠폰　　　　　　　　　　각주의 전자카드

출처: 'Surviving A Layoff'와 프레시안(2010년 1월 1일).

어 있고, 현금인출기(ATM)와 가맹점 POS(Point of Sales) 기계에서 사용가능하다.

EBT 시스템의 장점을 참여자 입장에서 살펴보면, 우선 일반 신용카드와 동일한 EBT 카드 사용으로 수치심과 낙인효과를 줄일 수 있다. 둘째, 전산화를 통한 신속한 계산과 거래로 시간과 수수료를 절감할 수 있다. 셋째, 부정사용과 도난에 따른 위험과 사회적 손실이 적다.

정부의 입장에서도 거래비용을 줄일 수 있는 장점이 있다. 종이쿠폰의 인쇄 및 발송비용, 그리고 그에 따른 인력을 절감할 수 있다. 또한 거래정보의 전산화로 관리인력을 절감하고 추적이 가능해 부정사용을 쉽게 통제할 수 있어 감시감독비용이 줄어든다.

그러나 EBT 시스템에도 단점이 존재한다(최지현, 2003: 104). 초기 시스템 구축비용 때문에 모든 식품점이 EBT 시스템을 갖출 수 없어 단기적으로 식품구매에 불편이 있을 수 있다. 또한 전자시스템에 의한 추적으로 개인의 사생활이 침해될 수도 있으며, 장애인과 노인 등 새로운 기술에 익숙하지 못한 계층에게 오히려 불편을 초래할 수도 있다.

현재 미국에서 시행되고 있는 푸드스탬프 제도의 특징을 살펴보면 다음과 같다(최현수, 2002: 114-117).

첫째, 급여체계 표준화 및 현대화[7]이다. 푸드스탬프의 복잡한 급여체계 때문에 수급자는 물론 업무를 담당하고 있는 행정기관의 부담도 적지 않았다. 미국 연방정부와 주정부는 SNAP에 지원하는 방식, 수급자를 선정하는 과정 등을 좀 더 현대화하였다. 이러한 현대화는 단순한 기술적 변화뿐 아니라 조직적 변화도 포함된다.

기술적인 측면에서 현대화는 많은 주 정부들이 SNAP프로그램에의 신청을 팩스 및 인터넷으로도 가능하게 하였으며 콜센터를 운영하기 시작한 것이라고 할 수 있다. 콜센터를 통해 수급자들은 SNAP프로그램의 운영방식에 대한 자세한 정보를 얻을 수 있게 되었다. 한편 주정부는 현지사무소의 운영시간을 연장하였다.

조직운영상의 가장 큰 변화는 해당 지역에 존재하는 주정부의 파트너들이 SNAP에 계약을 통해 참여하게 되었다는 점이다. 즉 67%에 달하는 주정부들이 서비스와 기술의 개선을 위해 다른 조직들과 계약을 통해 협력하기 시작하였다.

이러한 개선 과정을 통해 프로그램에의 참여비율이 높아지고 특정 사회계층이 프로그램에 참여할 수 있게 된다.

둘째, 집행오류에 대한 제재조항 개정 및 개선시 인센티브 제공이다. SNAP 도입 이전에는 행정기관의 오류발생이 전체 주정

7) United States Department of Agriculture (2005).

부의 평균 오류발생률(error rate)을 넘는 주정부를 제재를 해왔다. 이를 통해 기존의 품질 통제 체계를 확장하였다(Daniels & Trebilcock, 2005: 47).

2002년 부시대통령은 '푸드스탬프 개선 담화문'을 발표했다. 이에 따라 오류발생률이 2년 연속으로 상위 25%에 해당하는 주정부에게만 불이익을 가하도록 수정하였다. 또한 제재의 정도를 조정하여 푸드스탬프 급여수급자 가운데 근로소득이 있는 수급자의 비율에 따라 차등을 두었다. 이러한 개정은 푸드스탬프 급여체계의 복잡성 때문에 발생하는 행정오류에 대한 제재를 줄이기 위한 것이다. 특히 각 주정부가 행정오류에 대한 부담 없이 근로빈곤층에 대해서 적극적으로 급여를 제공할 수 있는 환경을 만들었다(최현수, 2002: 115).

푸드스탬프에 적합한 대상자에게 정확한 급여를 제공할 수 있도록 하였다. 특히 근로활동에 참여하고 있는 수급가구를 우대하는 주정부에 대해 매년 총 7천만 달러 규모의 재원을 추가로 지원하였다.

셋째, 전자급여체계(Electronic Benefit Transfer System) 개선 및 확대이다. 최근 도입되고 있는 EBT는 기존의 종이쿠폰 방식의 불법거래의 가능성을 줄이고, 이에 대한 감시기능을 높이는 효과를 가져왔다. 또한 수급자에 대한 낙인(stigma)을 감소시키는 효과도 나타난다. 이에 따라 2008년 부시 정부는 전자급여체계의 행정비용이 이전의 증서형태로 지급할 때보다 증가해서는 안 된다는 제한을 없애고 다른 프로그램의 행정비용과 동일하게 고려하도록 하였다. 이로 인해 전자급여체계가 더욱 확산되고, 수급자의 푸드스탬프 수급의 낙인 감소로 인해 잠재적 수급자의 급여수급이 늘어나게 되었다.

넷째, 재산기준 조정 및 표준공제 확대이다. 푸드스탬프는 낮은 급여감소율로 인해 다른 공공부조프로그램에 비해 상대적으로 근로유인효과가 높은 편이다. 그러나 근로활동참여자에게 혜택이 더 많이 돌아갈 수 있는 인센티브를 구축하고, 푸드스탬프의 복잡한 급여체계를 단순화하여 각 주정부가 운영하는 각종 복지프로그램과 연계할 필요성이 제기되었다.

푸드스탬프와 관련된 부시 정부의 제안 중 가장 중요한 것은 근로유인을 강화시키려는 것이다. 이를 위해 근로빈곤층의 수급자격을 완화하여 근로소득이 증가해도 일정수준까지 수급자격을 유지할 수 있도록 하였다. 또한 주정부의 재량에 따라 푸드스탬프의 재산기준으로 주정부가 사용하는 TANF 기준을 활용할 수 있도록 하고 있다.[8)]

다섯째, 이민자에 대한 급여제한 완화이다. 1996년 복지개혁법은 입국한지 5년 미만인 이민자들이 긴급급여를 제외하고 각종 공공부조 프로그램의 혜택을 받는 것을 제한하였다. 이민자들은 5년이 지난 이후에는 TANF, Medicaid를 수급할 수 있었으나, 10년간 근로활동에 종사하지 않는 한 푸드스탬프와 SSI 등은 받을 수 없었다. 하지만 그후 복지수급자 중 이민자의 비중이 급격히 감소하고, 이민자의 아동들이 성장기에 적절한 영양을 섭취하지 못해 여러 가지 부작용이 나타났다. 이에 따라 부시 정부는 5년간 복지급여 수급제한을 완화하여, 1996년 이후 입국한 합법적인 이민자에 대해서는 푸드스탬프를 허용하였다. 이를 통해 이민자의 아동을 보호하고 이민자들의 근로의욕을 고취시켰다(최현수, 2002: 116-117).

8) http://usgovinfo.about.com/gi/o.htm?zi=1/XJ&zTi=1&sdn=usgovinfo&cdn=newsissues&tm=166&gps=480_431_1362_611&f=00&tt=2&bt=0&bts=0&zu=http%3A//www.fns.usda.gov/fsp/applicant_recipients/apply.htm

현재 SNAP의 경우 시민권자 뿐만 아니라 거주 5년 미만의 영주권자에게도 혜택을 부여하고 있다. 원칙적으로 불법체류자는 수급혜택이 주어지지 않는다. 그러나 자녀가 미국에서 태어난 시민권자의 경우 그 자녀는 수급혜택을 받을 수 있다. 이들 불법체류자가 신분노출 때문에 수령을 꺼리는 경우가 있다. 이러한 경우를 대비하여 본인의 동의 없이 어떤 신상정보도 유출할 수 없게끔 시스템을 구축하였다. 따라서 자녀의 푸드스탬프 신청에 필요한 정보제공으로 인해 신분상 불이익을 당할 가능성을 미연에 차단하고 있다.[9]

여섯째, 법적 준수사항과 제재조항이다. 준수해야 할 규정은 다음과 같다. 우선 푸드스탬프를 받기 위해 사회보장국에 거짓정보를 제출하거나 사실을 숨겨서는 안 되며, 위반시 10년형을 선고 받을 수 있다. 또한 거짓증언이나 비밀번호(PIN)를 남에게 알려주는 것은 금지된다. 다음으로 카드를 발급 받은 후 60일 이상 사용하지 않으면 혜택이 중단되므로 한 달에 한두 번은 반드시 푸드스탬프 카드를 사용해야 한다. 마지막으로 푸드스탬프를 남에게 판매하거나 교환할 수 없으며, 푸드스탬프를 무기나 폭발물로 교환했다가 적발되면 평생 동안 푸드스탬프를 사용할 수 없게 된다. 잔고를 현금으로 바꾸기 위해 식료품 구입 후 재판매하는 행위도 금지된다.

누구든지 위 규정을 위반할 경우에는 첫 번째 적발시 12월, 두 번째는 24개월, 세 번째는 평생 동안 푸드스탬프를 사용할 수 없다. 또 25만불의 벌금 혹은 20년의 징역형, 경우에 따라서는 벌금과 징역형의 양벌부과가 가능하다. 다른 주정부 법을 함께 어겼을 경우에는 추가로 18개월 동안 사용할 수 없다.

---

9) 제도 수급 매뉴얼.

2. 우리나라의 아동급식사업

아동이 빈곤, 가족해체, 아동학대 · 방임 · 유기 · 부양기피 및 거부 등 가정사정으로 끼니를 거르거나 필요한 영양을 충분히 공급받지 못하는 경우가 있다. 이런 경우에 건강한 성장을 위해 식사를 제공하거나 식사를 할 수 있도록 관련 식품 등을 지원하는 활동을 아동급식사업이라 한다. 아동의 취사능력 · 희망여부, 지역사회의 급식제공 시설 현황을 고려하여 아동에게 맞는 방법으로 지원하고 있는데, 그 중 하나의 방법으로 '식품권'이 사용되고 있다.

이 제도의 목적은 저소득 가정의 아동들이 건강하고 행복하게 성장할 수 있도록 민 · 관이 협조체계를 구축하여 지역실정과 아동의 가정환경 및 욕구에 맞는 급식을 효율적으로 제공하는 것이다. 또한 아동들은 신체적 · 정신적으로 성숙하지 않아 스스로의 급식능력이 부족하므로 급식이 필요한 아동에게 적극적으로 급식을 지원하는 것을 목적으로 한다.

우리나라의 아동급식사업은 2000년 석식제공부터 시작하여 2001년에 조식지원으로 확대되었다. 2004년에는 방학, 토 · 공휴일 중 취학아동 중식지원이 교육부에서 보건복지부로 이관되었으며, 2004년말 겨울방학부터 방학 중 중식지원대상을 확대하여 지원하였다. 2005년에는 아동급식지원사업을 지방이양하여 예산지원(단가), 급식제공 방법 등 지자체별로 다양화되고 있으며, 지역사회 내의 급식제공기관을 선정하여 급식지원업무를 위탁하고 있다.[10)]

---

10) 보건복지부(2010), '2010 아동급식사업 안내'를 참고함.

1) 아동급식 지원대상

우선 지원연령은 아동복지법 제2조에 명시되어 있다. 18세 미만의 취학 및 미취학 아동을 원칙으로 지원하고 있다. 다만, 18세 이상인 경우에도 고등학교에 재학 중인 아동을 포함하며, 18세 미만인 학교 탈락아동의 경우에도 지원한다.

지원기준은 기본기준과 보완기준으로 되어 있으며, 지원을 받으려면 둘 중 하나에 해당해야 한다. 우선 '기본기준'은 소득기준 적용하여, ① 국민기초생활보장 수급자 및 차상위(최저생계비 120% 이하, 학교급식비 지원대상자 중 차상위 이하) 저소득계층 중 ② 가정환경으로 인해 가정내 식사제공이 어려워 결식우려가 있는 아동이다. 다음으로 '보완기준'은 소득기준과 무관하다. ① 학교교사, 사회복지사, 이장·통장·반장, 시·군·구 담당 공무원 등이 추천하는 자로서 아동급식위원회에서 급식지원이 필요하다고 인정한 아동이며, 추천 대상자는 소득기준을 초과하나 기본기준의 '가정환경기준'에 해당하여 식사제공이 곤란한(결식우려) 아동이다. 그리고 ② 연내 '긴급복지' 및 '한시생계보호'지원 받은 가구의 아동 중 '가정환경상 가정내 식사제공이 어려워 결식우려'가 있는 아동이다. 그밖에도 지역아동센터, 사회복지관 등의 아동복지프로그램 이용아동도 지원을 받을 수 있다.

2) 급식지원 내용

아동급식사업의 지원 내용은 대상아동의 취학여부에 따라 다르다. 미취학아동은 조·중·석식 중 아동별 특성에 따라 급식형태를 선택 지원한다. 이때 미취학 아동의 특성과 지역여건에 따라 다양한 급식방법으로 지원할 수 있다.

취학아동은 조·중·석식 중 아동별 특성에 따라 급식형태를 선택하여 지원한다. 조・석식 연중 지원은 지방자치단체가 담당한다. 중식 지원의 경우, ① 학기중 중식 지원은 교육청(학교)에서, ② 학기중 토・일・공휴일 중식지원은 '시・도교육비특별회계'를 지원받아 교육청과 협의하여 지방자치단체에서 실시하고, ③ 방학중 중식지원은 지방자치단체가 담당한다. 한편 취학 아동의 특성과 지역여건에 따라 다양한 급식방법으로 지원한다.

3) 아동급식 전달방법과 재원

아동(가정)의 취사능력 유무 및 희망여부, 지역사회의 급식제공 시설 현황을 고려하여 아동에게 맞는 방법으로 지원한다. 각 전달방식의 장단점을 정리하면 <표 4-4>와 같다.

표 4-4 아동급식 전달방법과 그 장・단점

급식지원 방법	지 원 내 용	장 점	단 점
단체급식소 급식	지역아동센터, 사회복지관 등에서 학습제공과 함께 급식	직접 식사제공, 전달용이	낙인(stigma)효과로 급식률 저하
일반음식점 급식	인근 지정음식점에서 급식, 이용가능 음식점은 지자체에서 안내	직접 식사제공, 전달용이	낙인(stigma)효과로 급식률 저하
도시락 배달	해당 가정으로 도시락 배달하여 급식	주변 노출방지 및 편한 급식방법	배달비용 추가소요, 보온・보냉 유지 곤란, 급식내용물 부실 가능
주부식 지원	해당 가정으로 주부식 재료를 배달	구미에 맞도록 조리해 급식가능	조리능력 없을 경우 문제, 급식내용물 부실 가능
식품권 지원	슈퍼 등에서 구입할 수 있는 식품권 지원	자유로운 방법으로 취식 가능	식품 외 물품구입 등 전용우려

출처: 경남발전연구원(2009: 3)의 <표 2>와 보건복지가족부(2010: 30).

식품권은 '원칙적으로 지급형태에서 제외'하되, 부득이한 경우에 한해 지원하고 지원비율은 전년도 수준 미만으로 제한 및 최소화되도록 노력하고 있다. 오지, 산간벽지, 도서지역 중에서 사실상 급식이 곤란한 경우에 지원하되 부득이한 경우 제한적으로 식품권을 제공한다. 또한 명절 등 연휴기간 및 단기방학 등의 대체급식, 그밖에 도시락 업체가 부재하거나 아동 거주지 인근 음식점이 없어 기타 급식제공이 사실상 불가능한 경우에는 식품권을 지급할 수 있다.

한편 음식점을 통한 급식지원의 경우에도, 아동의 수치심 해소를 위해 스티커 및 전자카드 이용방안 등에 대한 다각적인 방안을 강구(예: 대구시 달서구 적립식 카드 이용 / 서울시,[11] 인천시 전자카드)하도록 하고 있다.

전자급식카드[12]를 활용하는 경우 기존 종이식품권의 부정사용을 막고 실시간 정보관리를 통해 예산의 투명성 확보, 행정절차 단축과 예산절감이라는 효율성을 도모할 수 있다. 하지만 전자급식카드 활용시 문제점도 상당한 것으로 지적되고 있다. 지역 중소업체의 단말기 설치 부담으로 확대가 지연되고 있는 것이 대표적이다.

2009년 1월 기준으로 급식인프라별 이용아동과 시설현황을 보면 아래 <표 4-5>와 같다.

---

11) 서울시의 경우 2009년부터 급식단가를 3,000원에서 3,500원으로 인상하고 종이식권 대신 편의성이 좋은 전자카드를 발급하고 있다.

12) 현재 도입되고 있는 전자급식카드는 현금카드처럼 다른 사람이 알아볼 수 없도록 제작·사용할 수 있게 하여 낙인효과를 방지하는 한편, 1일사용 한도액을 설정하여 결식아동이 매일 매일 이용하도록 하여 종이 식품권처럼 여러 장을 모아서 다른 용도로 전용하지 못하도록 하고 있다(뉴스와이어(newswire.co.kr), 2010년 4월 15일, "충남도, 내달부터 결식아동 전자급식카드로 전환 시행" 참조).

표 4-5 급식인프라별 아동 및 시설현황('09.1월 기준)

구분	급식 인원	단체 급식소	일반 음식점	도시락 배달	주부식	식품권	기타
아동수	452,321	78,457 (17.3%)	125,061 (27.7%)	41,623 (9.2%)	92,851 (20.5%)	113,648 (25.1%)	686 (0.2%)
시설수	9,966	3,202 (32.1%)	4,165 (41.8%)	172 (1.7%)	590 (5.9%)	1,829 (18.4%)	8 (0.1%)

출처: 보건복지부(2009. 4) 내부자료, 경남발전연구원(2009: 4)의 <표 3>에서 재인용.

식품권 업체의 선정은 전용사례가 없고 아동급식의 취지를 이해하고 있는 업체 등으로부터 신청을 받아 아동급식위원회에서 결정한다. 그리고 기존 계약된 급식단체(업체)에 대하여는 재검토하여 사업계속 추진여부를 아동급식위원회에서 결정한다. 식품권 업체의 관리는 식품권에 대해 타용도 및 다른 사람 사용여부를 수시 확인하고 있다. 또한 참여업체에 대해 타용도 전용 사례가 없도록 사전에 교육 등을 실시하고 있다.[13)]

시 · 군 · 구별 '아동급식위원회'에서 재원부담 방안 및 급식전달체계를 결정한다. 아동급식지원 소요예산은 자치단체가 부담하되, 학생의 토 · 공휴일 중식지원 예산은 교육청이 부담(시 · 도교육비특별회계)한다. 한편 교육청의 예산을 시 · 군 · 구에 지원하거나, 급식공급업자에게 직접 지급하는 등 구체적 방법은 '아동급식위원회'에서 결정한다.

13) 부산 강서구청과 기장군이 방학 중 결식아동들에게 급식 대신 할인점에서 식품으로 바꿀 수 있는 상품권을 지급해 부작용이 일어나고 있어, 일선공무원들이 식품권이 다른 용도로 전용되지 않도록 마트 관계자 교육을 강화하는 등 관리개선에 힘쓰고 있다(연합뉴스, 2006년 1월 19일, "결식아동에 급식전용 '상품권' 지급 부작용" 기사 참조).

Ⅲ 푸드스탬프의 성과와 한계

1. 푸드스탬프의 성과

미국 푸드스탬프의 현재 명칭은 "영양보충 지원 프로그램(Supplemental Nutrition Assistance Program: SNAP)"으로 부시 대통령 때 변경되었다. 이러한 명칭변경 덕분에 수치심이나 낙인 효과가 줄었고, 더 많은 사람들이 신청하게 됐다. 그리하여 지난 2007년 12월 미국 금융위기 이후 파산한 많은 사람들이 혜택을 받았다.[14]

1) 식료품 소비의 확대

앞에서 살펴본 바와 같이 현금과 푸드스탬프의 식품에 대한 한계소비성향을 비교하면, 푸드스탬프가 더 크다. 즉, 식품의 경우 바우처 방식이 현금지원 방식보다 소비 진작효과가 더욱 크다는 것이다(김성룡 외, 2003: 38).[15] 따라서 1달러의 푸드스탬프 급여는 대략 식품에 대한 지출을 17~47센트만큼 증가시킨다. 수급가구들이 식품구입에 현금소득 대신에 푸드스탬프를 사용하고, 그 금액 중 일부를 다른 용도에 사용하기 때문에 식품에 대한

14) 뉴욕타임스(NYT)는 2010년 1월 3일 각주의 자료를 자체 분석한 결과 실업자이면서 정부의 현금지원 혜택도 받지 못하고 어떤 수입도 없이 오로지 푸드스탬프로 연명하는 인구가 2년 전에 비해 무려 50% 늘어났다고 한다(연합뉴스, 2010년 1월 4일, "뉴욕타임스, 미 600만명 식품구매권 없인 연명 못해" 참조).

15) 식품에 대한 현금소득 1달러의 한계소비성향은 5~13 센트인 반면, 푸드스탬프 급여 1달러의 한계소비성향은 17~47센트인 것으로 추정되고 있다. 극단적인 값(out-lier)을 제외하면 현금소득과 푸드스탬프 급여의 식품에 대한 한계소비성향의 차이는 달러당 7~39센트이다(김성룡 외, 2003: 37).

푸드스탬프의 한계소비성향이 1보다 작다. 또한 푸드스탬프 급여를 현금형태로 지불(cashing out)하면 동일가치(cash equivalence)의 쿠폰을 지급할 때보다 식품 소비가 상당히 줄어든다.

2) 영양 섭취 개선

USDA/CNPP는 1990년부터 개인별 음식섭취량 조사(Continuing Survey for Food Intakes by Individuals: CSFII)를 통해 개인들의 하루 평균 영양소 섭취량을 조사하고 있다. CSFII는 개인들의 경제인구학적 정보뿐만 아니라 푸드스탬프 수급자들의 영양소 섭취 상태를 포함하고 있다. 이 때문에 푸드스탬프 제도의 영양개선 효과를 분석하기에 적합한 자료라고 평가받고 있다(김성룡 외, 2003: 49-50).

그러나 최근 푸드스탬프 수급자의 영양상태를 분석한 연구들은 종합지표인 건강 식생활지수(Healthy Eating Index: HEI)를 사용하고 있다. Wilde, McNamara와 Ranney(2000)의 연구결과를 요약하면 다음과 같다(김성룡 외, 2003: 50). 첫째, 가구당 월평균 푸드스탬프 급여는 34.22달러이며, 건강 식생활지수를 3.7포인트 증가시킨다. 둘째, 월평균 급여액이 17.54달러 이상인 경우 푸드스탬프를 지급받지 못한 가구에 비해 상당한 영양개선 효과가 있다. 셋째, 푸드스탬프 급여는 건강 식생활지수를 구성하고 있는 요소 가운데 채소류, 낙농품, 육류 등의 섭취에 유의미한 증가효과를 나타낸다. 즉 푸드스탬프 급여가 Food Guide Pyramid에서 정해진 5가지 식품군 가운데 3가지 식품군에 대해 권장량만큼을 소비하도록 만든다고 한다.

3) 형평성과 사회안전망 효과

푸드스탬프는 성별, 연령, 고용여부에 관계없이 거의 모든 저소득 계층에게 혜택을 주고 있다. 미국인 15명당 1명이 푸드스탬프 급여를 받고 있다는 사실을 고려할 때, 푸드스탬프는 영양안전망(the National Nutrition Safety)의 중요한 한 축을 형성하고 있다(김성룡 외, 2003: 50).

최근 미국 농무부가 실시한 푸드스탬프 수급가구의 소득분포별 빈곤율 감소효과는 <표 4-6>과 같이 정리할 수 있다. 수급가구의 소득에 명목 달러가치로 환산한 푸드스탬프 급여액을 포함시킬 경우 수급가구의 7% 가량이 빈곤상태에서 벗어난다. 특히 극빈층의 경우 수급가구의 15%가 빈곤선의 50%를 넘어서게 되는 빈곤감소효과가 나타났다(김성룡 외, 2003: 51).

1996년 복지개혁입법으로 부양아동가족지원(AFDC)이 근로활동에 대한 참여를 강조하고 수급조건을 제한하는 일시적 빈곤가족지원(TANF)으로 변경되었다. 이에 따라 푸드스탬프 제도의 사회안전망 기능은 더욱 중요시되고 있다. 사회복지개혁의 일환으로 중앙정부의 주정부에 대한 지원방식이 포괄보조(Block Grants)로 전환되었다. 따라서 공공부조에 대한 예산제약이 심해

표 4-6 푸드스탬프 급여의 빈곤율 경감 효과(1995)

가구소득/빈곤선 (%)	푸드스탬프 수급가구의 분포비율		
	푸드스탬프 급여 소득에 미포함	푸드스탬프 급여 소득에 포함	증감폭
< 50	34.2	18.8	-15.4
50 - 100	54.5	62.5	8.0
> 100	11.3	18.7	7.4

자료: UDDA(2001, 2003), Characteristics of Food Stamp Households, 김성룡 외 (2003: 51)의 표 2-14 참조.

진 주정부로서는 저소득층을 현금급여형태의 공공부조에서 푸드스탬프로 전환할 가능성이 높아지고 있다(김성룡 외, 2003: 51).

이와 같은 푸드스탬프 제도의 사회안전망 효과는 이 제도와 경기변동간의 상호관계를 고찰하면 보다 분명하게 드러난다. 지난 20년간의 추이에 비추어 푸드스탬프 수급자수와 실업자수 및 빈곤인구는 연동되어 있다. 경기침체로 인하여 실업자가 늘어나고 임금소득이 하락할 때 푸드스탬프는 다른 공공부조제도보다 저소득층에 대해 생계보호의 중요한 수단이었다. 즉 경기대응적인(countercyclical) 역할을 하고 있는 것이다(김성룡 외, 2003: 52).

Gundersen와 그의 동료들의 연구(2000)에 의하면, 실업률이 1% 증가하면 푸드스탬프 예산지출은 11.3% 증가한다. 반면, GDP 성장률이 1% 증가하면 푸드스탬프 예산지출은 10.2% 감소하는 것으로 나타나고 있다(Gundersen et al., 2000; 김성룡 외, 2003에서 재인용).

4) 오류 발생률과 불법거래 감소

SNAP 도입 이전에는 행정기관의 오류발생이 전체 주정부의 평균 오류발생률(error rate)을 넘는 주정부를 대상으로 제재를 해왔다. 이를 통해 기존의 품질 통제 체계를 확장하였다(Daniels & Trebilcock, 2005: 47). 관리상의 오류를 줄이기 위한 이러한 노력의 결과, 푸드스탬프 참여인구는 꾸준히 증가하는데 비해, 지급오류율(Payment Error Rate)은 다음 <표 4-7>에서 보는 바와 같이 지속적으로 감소하는 추세를 보이고 있다(GAO, 2010: 7).

최근 도입되고 있는 전자급여체계는 기존의 증서로 지급되던 푸드스탬프 급여의 불법거래 가능성을 줄이고, 이에 대한 감시기능을 높이는 효과를 가져왔다. 또한 수급자 입장에서 푸드스탬

표 4-7 SNAP 지급 오류율(1999-2009)

회계연도	과다지급률(%)	과소지급률(%)	지급 오류율(%)
1999	70.1	2.85	9.86
2000	6.51	2.4	8.91
2001	6.47	2.19	8.66
2002	6.16	2.10	8.26
2003	5.05	1.59	6.64
2004	4.48	1.41	5.88
2005	4.53	1.31	5.84
2006	4.82	1.17	5.99
2007	4.58	1.06	5.64
2008	4.01	1.00	5.01
2009	3.53	0.82	4.36

출처: USDA FNS 홈페이지에서 검색.

프 수급에 대한 낙인(stigma)을 감소시키는 효과도 나타난다. 이에 따라 2008년 부시 정부는 전자급여체계의 행정비용이 이전의 증서형태로 지급할 때보다 증가해서는 안 된다는 현행법의 규정을 개정하여 이러한 제한을 없애고 다른 프로그램의 행정비용과 동일하게 고려하도록 하고 있다. 이로 인해 전자급여체계가 더욱 확산되고, 수급자의 푸드스탬프 수급의 낙인 감소로 인해 잠재적 수급자의 급여수급이 늘어나게 되었다.

또한 부정 수급 및 현금전환도 줄어들고 있다. 현금을 마련하기 위해 소매업자에게 푸드스탬프를 불법으로 판매하는 불법거래(Trafficking)는 저소득계층에게 적절한 영양상태를 유지하게 해 주려는 푸드스탬프 프로그램의 목적달성을 저해하고 있다. 따라서 미국 FNS는 EBT 시스템을 이용하여 불법거래를 하고 있는 소매업자들과 그들이 행하는 불법거래의 정도를 감시해 왔다. 불

표 4-8 푸드스탬프 불법거래(2002-2005)

	가맹점 중 비중	총수급액 중 비중	불법거래액 (단위: 천)	불법거래 비율	위반 가맹점 비율
소규모 가맹점	27%	90%	$50,757	0.2%	2.2%
대규모 가맹점	73%	10%	$189,916	7.6%	9.3%
전체 가맹점	100%	100%	$240,673	1.0%	7.4%

출처: USDA(2006: 1).

법거래는 2002년부터 2005년 사이에 1년에 2억 4천1백만 달러, 즉 1달러당 1센트만큼의 푸드스탬프 이윤을 전환시킨 것으로 나타났다. 가맹점의 규모를 중심으로 부정수급 현황을 살펴보면, 90% 이상의 푸드스탬프 상환비율을 보여준 큰 수퍼마켓의 경우 오직 0.2%정도의 불법거래가 나타났으나, 작은 가게들의 경우 7.6%로 상대적으로 높은 비율의 불법거래가 이루어지고 있음을 알 수 있다(GAO, 2010: 11).

그렇지만 불법거래(trafficking)의 비율은 점차 감소하고 있는데 이는 EBT 시스템의 발달에 기인한 것이라고 생각된다. 실제로 2002년~2005년 사이의 불법거래 비율(1달러당 약 1센트)은 1999년~2002년 사이의 불법거래 비율(1달러당 약 2.5센트)의 절반 정도에 불과하였다. 심지어 불법거래의 비율은 푸드스탬프 프

표 4-9 FNS 추정 불법거래율(1993-2005)

연도	추정 불법거래 비율	연간 SNAP 급여 발행액(단위: 백만)	연간 불법거래 급여 (단위: 백만)
1993	3.8%	$21,100	$812
1996-1998	3.5%	$19,627	$657
1999-2002	2.5%	$16,139	$393
2003-2005	1.0%	$23,213	$241

출처: GAO(2010: 11)의 table 1.

로그램의 참여인원이 점차 늘어나고 있음에도 불구하고 감소추세를 보이고 있는데 이것도 EBT 시스템의 발달 덕분인 것으로 추정된다(USDA, 2006: 2; GAO, 2010: 11).

2. 푸드스탬프의 한계

푸드스탬프의 주요 문제 중의 하나는 낮은 참여율이다. 소득프로그램 참가조사(Survey of Income and Program Participation: SIPP)에 따르면 1992년의 참여율이 73.8%로 나타났다. 수급자격을 가진 약 25%의 사람들이 실제 푸드스탬프 프로그램에 참여하지 않고 있다. 불참 이유를 보면 정보 부족, 수급자격 논란의 회피, 접근성 문제, 부정적 낙인 등을 꼽는다(Daniels & Trebilcock, 2005: 53).

1980년대 중반 회계감사원(GAO)의 조사에 따르면, 수급자격이 있음에도 참여하지 않고 있는 사람들의 14%가 불참의 가장 주된 이유로 당혹감(embarrassment)을 들었다. 식료품가게에서 식품을 구매할 때 현장에서 쿠폰과 교환하도록 해 낙인효과가 발생했기 때문이다.

1979년 연구에서는 정보 문제가 참여를 가로막는 것으로 나타났다. 수급 자격을 가진 사람들 중 프로그램 불참의 이유로 자신들이 수급자격자인지 모르는 경우가 40%나 됐다(Coe, 1983). 여기에 정보부족과 복잡한 신청절차가 더해져서 참여를 더욱 제한한다(Eisinger, 1998). 더구나 영어 사용에 문제가 있는 사람, 장애인, 노인, 문맹자의 경우 그러한 장애를 극복하기 어렵다. 따라서 미국 정부가 이를 해결하기 위해 적극적으로 나서지 않는다는 비판이 있다.

한편 정부의 이러한 소극적인 자세가 프로그램 이용을 제한해서 비용을 절감하는 효과도 있지만, 저소득층의 영양상태 개선이라는 정책목표는 방치되고 있는 셈이다. 더구나 푸드스탬프가 오히려 비만을 초래한다는 비판도 있다. Ver Ploeg과 Ralston (2008)에 따르면, 푸드스탬프가 프로그램 참여자들 중 28%를 차지하고 있는 성인여성들의 체질량지수(Body Mass Index: BMI)와 비만을 늘리는 것으로 나타났다.[16] 푸드스탬프 프로그램에 1~2년 참여하면 여성이 비만이 될 확률이 약 2~5%포인트 증가하고, BMI는 0.5포인트 증가했다. 푸드스탬프 참여기간이 길어질수록 비만도 증가한다. 성인여성의 경우 장기간의 푸드스탬프 참여는 비만 확률을 4.5~10%포인트 높인다. 하지만 아직 이러한 연구결과는 푸드스탬프가 비만을 야기하는지 혹은 식욕이 왕성한 사람들이 푸드스탬프에 참여하는지 분명치 않아 성급한 결론을 내리기는 이르다.

Ⅳ 푸드스탬프 제도의 향후 전망

1. 식품바우처 도입시 고려사항

우리나라에서 저소득층을 위한 푸드스탬프 시행의 목적과 필요성은 미국과 다르다(김성용 · 이계임, 2003). 본래 미국의 푸드스탬프 제도의 공식적인 목적은 잉여농산물의 소비를 위한 것이었다. 미국과 달리 우리나라는 농산물 수입국이고, 인구대비 농산물

16) 뉴욕시는 푸드스탬프 수혜 목록에서 탄산음료를 제외시켜 뉴요커들의 어린이 비만과 성인 당뇨 발병률을 낮추려는 방안을 연방정부에 건의했다(미주한국일보, 2010년 10월 8일자, "푸드스탬프로 탄산음료 못산다" 기사 참조).

공급이 부족한 상황이다. 따라서 저소득층 푸드스탬프 제도의 시행은 저소득층의 식품구매력을 향상시킴으로써 영양개선을 도모한다는 단일 목표를 추구할 필요가 있다. 제도의 도입과 관련하여 검토해야할 주요과제들을 살펴보면 다음과 같다(김성룡 외, 2003; 최지현, 2003).

1) 기존 저소득층 지원제도와의 연계 및 차상위 계층에 대한 배려

푸드스탬프 제도가 저소득층의 영양개선을 최우선 목표로 한다면 기초생활보장제도 수급대상자의 대부분은 푸드스탬프의 수급대상이 될 것이다. 이 두 제도를 연계해서 추진하는 것이 별도로 추진하는 것보다 행정비용의 절감 등 효율성에서 우월하다. 미국은 EBT 시스템을 푸드스탬프뿐만 아니라 여성·유아·어린이 특별영양보충 프로그램(WIC), 일시적 빈곤가족지원 프로그램(TANF) 등과 병행하여 업무의 효율성을 높이고 있다(최지현, 2003: 110).

저소득층의 소득 및 재산 기준이나 부양의무자 기준에 의해 국민기초생활보장수급자가 되면 생계급여, 의료 및 교육 급여 등 모든 보장을 받을 수 있다. 하지만 차상위계층에 대한 사회보장은 별로 없다. 따라서 차상위 계층에 대한 식품비 지원을 적극 검토해야 할 필요가 있다. 지원 급여방식으로 다양한 형태를 고려할 필요가 있다. 효율성 측면에서는 현금보조가 우월하지만, 식품소비 촉진이라는 효과성 측면에서는 식품 구입용 푸드스탬프나 쿠폰이 오히려 우월하다. 정책결정자의 선호에 따라 결정될 문제이지만, 제도 도입의 목적이 저소득층 영양개선과 농산물 소비촉진이라면 효과성을 우선시하여 푸드스탬프 방식의 도입이 필요하다(김성룡 외, 2003: 124).

한편 푸드스탬프의 오남용을 방지하기 위해 현금으로 교환하여 사용할 경우 수급자격 박탈 등의 제재장치를 마련할 필요가 있다(김성룡 외, 2003).

2) 전자지급 시스템의 기반 구축과 도입

식품지원사업의 투명성, 적절한 모니터링, 운용의 효율성을 위해 전자지급(EBT)방식이 필수적이다. 전자 급여전달 방식의 도입은 수급자의 선정에서부터 푸드스탬프 급여에 이르는 모든 과정을 전산화하여 인력과 비용을 절감할 수 있기 때문이다(김성룡 외, 2003: 125). 다만 개인정보의 보호와 전자화된 식품지원시스템의 안전성 문제가 항상 전제되어야 한다.

EBT 시스템을 도입하기 이전에 해결해야 할 사항이 있다. EBT 관련시스템 설계 및 개발, 가맹점 구축, 교육 및 훈련 등의 시행요건을 마련할 필요가 있다. 이러한 작업은 단계적으로 구축되어야 한다. 미국과 달리 우리나라의 경우 일반 점포에 POS 단말기 보급이 일반화되어 있지 않다. 이 때문에 접근성이 떨어져 수급가구가 불편을 겪을 것으로 보인다. 따라서 우선 전자지불 시스템의 접근성을 높이기 위해서는 POS 시설을 갖추지 못한 업소에 대해서 국가의 지원이 요구된다(최지현, 2003: 111).

3) 사후관리 능력(Program monitoring and evaluation)

인센티브 제도에 대한 감시와 평가가 프로그램의 투명성과 그 효과를 결정하는데 핵심요소이다. 가장 중요한 점은 수급대상자가 영양가 높은 식품을 구입할 수 있도록 영양교육프로그램을 정기적으로 실시하여 양질의 정보를 제공하는 것이다(김성룡 외, 2003).[17] 또한 식품보조제도의 사업계획 수립, 자격심사 및 선발,

사업평가, 사후관리 등의 업무에 있어서 중앙정부와 지방정부 간의 원활한 역할분담이 요구된다. 중앙정부에 있어서는 정책수립, 재원확보, 제도정비 및 사후관리 측면에서 역할이 중요하다. 지방정부는 수급자 선발, 관리 및 모니터링 역할을 수행해야 한다(최지현, 2003: 111).

한편 재원을 조세로 조달할 경우 일반 납세자의 조세저항에 직면할 수 있으므로 이를 최소화하기 위한 국가차원의 홍보가 필요하다. 또한 푸드스탬프나 직불카드는 준화폐에 해당하므로 이를 발행하여 지급하는 것은 간접적으로 통화량을 증가시키게 된다. 이 경우 인플레이션을 유발할 위험이 있으므로 통화당국과의 긴밀한 업무협조가 필요하다(김성룡 외, 2003).

4) WTO 체제의 준수

2005년 9월 9일 대법원의 전북급식조례 판결[18]에 따르면, 학교급식에 우수농산물[19]을 "우선적으로 사용하도록"(제6조 제1항) 하고 이를 지키는 학교를 "선별하여 지원"(제4조 제2항, 제6조 제2·3항)하며, 지원받은 학교는 "지원금으로 반드시 우수농산물을 구입하는데 사용"(제9항)하도록 규정한 것에 대해 GATT 위반이라고 판시하였다.

대법원은 위 사건의 판결문에서 "GATT는 헌법에 의해 국내법령과 동일한 효력을 가지므로 조례가 이에 위반되는 경우는 그 효력이 없다"고 적시하였다. 따라서 가맹점 설정에 있어 국내

---

17) GAO(2008), Food stamp program: Option for delivering financial incentive to participants for purchasing targeted foods.

18) 대법원 2005. 9. 7.선고, 2004추10 판결.

19) 전북 급식조례안 제3조 제2항은 학교급식을 위해 전라북도에서 생산되는 우수농수축산물과 이를 재료로 사용하는 가공식품을 '우수농산물'이라고 정의하고 있음.

농산물 취급점에 특혜를 부여하게 되는 경우 WTO 협정 위반의 가능성이 있으므로 신중한 제도 마련이 필요하다.

앞으로는 지방자치단체들이 보다 구체적인 우리농산물 학교급식 정책을 개발하고 운영할 필요가 있다. 미국의 전국학교급식프로그램(National School Lunch Program)과 같이 중앙 정부, 특히 농림수산식품부가 주관하는 우리농산물 급식프로그램의 법률적 근거를 마련해야 한다. 또한 이에 근거한 체계적인 프로그램을 시행해서 과도기에 나타나는 여러 문제를 해결하는 것이 필요하다.[20]

20) 프레시안(2005년 9월 12일자) "대법원은 왜 뜨거운 'WTO 감자' 삼켰나?" [긴급분석]우리농산물 학교급식 정책의 통상법적 대안 ①.

참고문헌

경남발전연구원, (2009), 경남지역 결식아동 급식지원 실태와 과제, 『경남정책 Brief』, 2009년 9월 15일(제37호): 1-8.

김성용 · 이계임 · 김철민, (2003), 미국 푸드스탬프제도의 효과와 우리나라에의 도입 필요성에 관한 고찰, 『농업경영정책연구』, 30(4): 579-599.

김성용 · 이계임 · 김철민 · 최지현 · 문현경, (2003), 『영세민 식품보조제도 도입방안 연구』, 농촌경제연구원.

김홍배, (2001), WTO 체제하의 학교급식제도 개선방향, 『농협조사월보』, 2001년 12월호: 1-18.

배득종 · 강인재 · 정창훈 · 이영범, (2008), 『전자바우처 제도에 관한 선진국 비교연구: 미국, 영국, 호주를 중심으로』, (재)사회서비스관리센터 연구보고서.

보건복지가족부, (2010), 『2010 아동급식사업 안내』.

보건복지가복부 아동청소년복지정책과, (2010), 보도설명자료, 2010년 2월 22일.

오세영 · 김미연 · 홍민지 · 정해랑, (2002), 국민기초생활보장 수급가정에서의 식품공급안정성과 아동의 영양상태, 『한국영양학회지』, 35(6): 650-657.

정광호, (2007), 바우처 분석: 한국과 미국을 중심으로, 『행정논총』, 37(23): 117-138.

최지현, (2003), 미국 푸드스탬프 제도의 운영실태와 시사점, 『농촌경제』, 26(4): 99-112.

최현수, (2002), 미국의 복지개혁 재승인 동향과 정책이슈(II): 정책목표와 추진방안, 『보건복지포럼』, 2002년 11월(통권 제73호): 106-119.

Cason, Katherine L. (1998), Electronic Benefits Transfer: New Strategies for Improving Public Assistance Programs. Southern Rural Development Center, *Information Brief*,

Number 6: 1-6.

Coe, Richard D. (1983), Nonparticipation in Welfare Programs by Eligible Households. *Journal of Economic Issues*, 17(4): 1035-1056.

Dib, J., Dodson, A., and Schocken, C. (2000), *Electronic Benefit Transfer(EBT) Programs: Best Practices to Serve Recipients*. A report to the West Coast Regional Office, Consumers Union of U.S., Inc.

Daniels, Ronald J., and Trebilcock, M. J. (2005), *Rethinking the Welfare State: the Prospects for Government by Voucher*. 장승옥 · 지은구 · 김은정 공역 (2009), 『복지국가와 바우처』, 서울: 학지사.

Eisinger, Peter K. (1998), *Towards an End to Hunger in America*. Washington, DC: Brookings Institute Press.

Electronic Funds Transfer Association. (2006), *Debit and Stored Value Cards for Government: A Growing Trend But States Could Do More*. A Survey and White Paper of The EBT Industry Council, November 2006.

GAO (2010), *Supplemental Nutrition Assistance Program: Payment Errors and Trafficking Have Declined, but Challenges Remain*. GAO report number GAO-10-956T, Washington, DC: US General Accounting Office.

______(2008), *Food Stamp Program: Option for Delivering Financial Incentive to Participants for Purchasing Targeted Foods*. Report to the Chairman, Committee on Agriculture, Nutrition, and Forestry, U.S. Senate, Washington, DC: US General Accounting Office.

______(1994), *Food Assistance: Potential Impacts of Alternative Systems for Delivering Food Stamp Program Benefits*, Report to Cogressional Committees, December 1994.

______(1988), *Food Stamp: Reasons for Nonparticipation*, Washington, DC: US General Accounting Office.

Gundersen, C., Yanez, M., Valdez, C., and Kuhn, B. (2000), *A*

Comparison of Food Assistance Programs in Mexico and the United States. Economic Research Service, U.S. Department of Agriculture, Food Assistance and Nutrition Report No. 6. July 2000.

MacDonald, M. (1977), *Food Stamp and Income Maintenance*. New York: Academy Press.

Ohls, J. C., and Beebout, H. (1993), *The Food Stamp Program: Design Tradeoffs, Policy, and Impacts*. Washington, DC: The Urban Institute Press.

Oliveira, V., and Levedahl, J. W. (1998), All Food Stamp Benefits To Be Issued Electronically. *Food Review*, January-April 1998: 35-39.

Stegman, M. A., Lobenhofer, J. S., and Quinterno, J. (2003), *The State of Electronic Benefit Transfer(EBT)*. Working Paper, Center for Community Capitalism: Chapel Hill, NC, December 2003.

United States Department of Agriculture (2001, 2003), *Characteristics of Food Stamp Households*.

United States Department of Agriculture (2005), *Making America Stronger: A Profile of the Food Stamp System, Food and Nutrition Service*. Office of Analysis, Nutrition and Evaluation.

United States Department of Agriculture (2006), *The Extent of Trafficking in the Food Stamp Program: 2002-2005. Office of Analysis*. Nutrition and Evaluation September 2006.

United States Department of Agriculture (2010), *Supplemental Nutrition Assistance Program(SNAP) State Activity Report: Federal Fiscal Year 2008*. United States Department of Agriculture, Food and Nutrition Service, Program Accountability and Administration Division, February 2010.

Ver Ploeg, M., and Ralston, K. (2008), Food Stamps and Obesity: What We Know and What It Means, *Economic Research*

Service/USDA, Amber Waves, 6(3): 16-21.

Wilde. P.K., P.E. McNamara, and C.K. Ranney. (2000), *The Effect on Dietary Quality of Participation in the Food Stamp and WIC Programs*. Food Assistance and Nutrition Division, Economic Research Report Number 9. ERS, USDA, September 2000.

Wolkwitz, Kari. (2008), *Trends in Food Stamp Program Participation Rates: 1999 to 2006. In Current Perspectives on Food Stamp Program Participation*. Alexandria, VA: U.S. Department of Agriculture, Food and Nutrition Service, June 2008.

미국 연방농무부 홈페이지 게시자료 (http://www.usda.gov) (접속일: 2010년 7월 30일).

미국 연방 농무부 식품영양국 홈페이지 (http://www.fns.usda.gov/snap) (접속일: 2010년 7월 30일).

미국 About.com 홈페이지 게시자료 http://usgovinfo.about.com/gi/o.htm?zi=1/XJ&zTi=1&sdn=usgovinfo&cdn=newsissues&tm=166&gps=480_431_1362_611&f=00&tt-2&bt=0&bts=0&zu=http%3A//www.fns.usda.gov/fsp/applicant_recipients/apply.htm (접속일: 2010년 7월 30일).

보건복지가족부 홈페이지. 2006년 차상위계층 실태분석 및 정책제안 (2008.12월) (http://stat.mw.go.kr/homepage/data/art_data_content.jsp?pmenu_id=21&curr_page=1&board_bcd=4&ctrl_command=doNothing&seq_no=11387) (접속일: 2010년 8월 17일).

Surviving a Layoff(August 14, 2009), Applying for Food Assistance with Texas Department of Health and Human Services(SNAP), (http://v50731.eteloshost. com/surviving_a_layoff/2009/08/applying-for-food-assistance-with-texas-department-of-health-and-human-services-snap.html) (접속일: 2010년 7월 30일).

경기일보, 2009년 11월 30일자, 푸드스탬프, '실패한 복지책' 오명 벗어.

뉴스와이어(newswire.co.kr), 2010년 4월 15일자, 충남도, 내달부터 결식아동 전자급식카드로 전환 시행.
매일경제신문, 2010년 2월 6일자, 美 식품구매권 수급자 3천 820만명.
미주한국일보, 2010년 10월 8일자, 푸드스탬프로 탄산음료 못산다.
연합뉴스, 2010년 1월 4일자, 미 600만명 식품구매권 없인 연명 못해.
연합뉴스, 2006년 1월 19일자, 결식아동에 급식전용 '상품권' 지급부작용.
프레시안, 2005년 9월 12일자, [긴급분석] 우리농산물 학교급식 정책의 통상법적 대안 ①: 대법원은 왜 뜨거운 'WTO 감자' 삼켰나?
프레시안, 2010년 1월 5일자, 미국인 8명 중 1명 '푸드스탬프'로 연명.
한겨레신문, 2005년 1월 12일자, 결식아동 '부실도시락' 전국적 현상이다.
한국일보, 2010년 1월 17일자, 망신살 뻗친 '푸드스탬프(Food stamp)'.
LA 중앙일보, 2010년 5월 11일자, 푸드스탬프 식료품 아닌 품목으로 바꿔줬다…업소들 줄줄이 '벌금폭탄'.

05 보육바우처

개　관

보육투자는 사회경제적 외부효과뿐만 아니라 영유아 모두 고품질의 보육서비스를 받아야 한다는 정치적 당위성 때문에 정부의 적극적 지원이 필요하다는 공감대가 있다. 영유아 시기에 대한 집중적 투자는 청소년기의 인지능력, 교육성취도, 건강에 영향을 주며, 사회적 지위와 소득에도 영향을 주어 생애 삶의 질을 좌우한다. 충분하고도 균등한 보육서비스는 소득격차를 줄이며 경제성장에도 기여한다. 특히 부모의 경제활동참여와 지역사회 경제에 긍정적 영향을 줄 수 있기 때문이다. 반면 영유아 시절 좋은 보육서비스를 받지 못할 경우 이는 생애 차원의 교육자본, 사회자본, 문화자본의 격차를 초래한다. 사회경제적 불평등의 시작이 바로 영유아 시절의 투자격차에서 비롯된다는 것이다. 이처럼 보육서비스의 경우 균등한 생애교육의 보장이라는 형평성 가치뿐만 아니라 유년기 사회투자에서 파생되는 생애 차원의 긍정적 외부효과 때문에 정부지원은 당연시되어 왔다.

문제는 어떤 방식으로 높은 수준의 보육서비스를 균등하게 제공할 것인가이다. 보육지원은 현금지불, 세제혜택, 명시적 바우처 방식, 정부위탁, 정부 직접 보육서비스 제공 등 여러 형태로 혼재해 있다. 수요자 중심 방식인 현금지원과 바우처 방식에서부터 정부위탁이나 정부의 직접제공과 같은 공급자 중심 방식이 대립하고 있다. 이러한 보육지원방식은 나라마다 차이가 있다. 미국과 캐나다의 경우 유럽에 비해 기본적으로 보육에 대한 국가지원이 적다. 대개 이 두 나라는 자산조사에 바탕을 둔 취약계층 중심이며, 지원 규모도 유럽국가들에 비해서 적다. 특히 미국, 캐나다, 영국의 경우 세금공제나 세금감면 정책을 통해 보육비에 대한 정부보조를 한다. 이는 중산층 중심의 묵시적 바우처에 해당한다. 그렇지만 이는 일정수준의 세금을 납부하는 중산층이 더 많은 혜택을 볼 수 있다는 점에서 역진적 정책이라 할 것이다. 미국의 경우 1996년, 오스트리아의 경우 1997년, 네덜란드의 경우 2005년 보육바우처를 도입하였다(Warner & Gradus, 2009). 벨기에의 경우 1988년까지 공급자 중심 보육지원형태였으나, 그 후 1~2.5세 사이에는 수요자 중심의 보육지원을, 2.5세부터 학령전까지는 보편적 보육서비스를 제공한다. 보편적 공보육시스템을 갖춘 핀란드의 경우 1994년 사보육을 선택할 수 있는 보육바우처를 실험적으로 도입하였는데, 다양한 사보육시장이 형성되었고, 이는 보육수요가 많은 지역에 있어 공보육과 공생(dual provision regime without crowding out each sector)하면서 노동참여율이 증가하는 효과를 가져왔다. 다른 사회서비스 분야의 바우처와 유사하게 보육바우처의 경우도 정보비대칭과 다양하고 충분한 공급기관의 부족으로 바우처 본래의 취지인 선택권을 구현하는데 한계가 있다. 또한 유럽의 경우 국가차원의 대규모 보육서비스가 민간영역의 다양한 보육서비스 시장을 구축한다는 우려도 있다. 과도한 국가지원으로 민간차원의 다양한 보육서비스가 제공되지 않는다는 것이다. 반면 미국이나 캐나다처럼 보편적 보육서비스가 빈약한 경우, 정부와 지역사회가 보육에 더 많은 투자를 해야 한다는 목소리도 있다.

한국의 경우 보육바우처 시스템은 뛰어난 전자방식 덕택에 외국과 비교할 때 효율적이다.

물론 정확한 비교자료는 없지만 최근 보건복지부가 시행한 전자방식의 보육바우처는 초기 시스템 구축과정에 있었던 문제점들을 해소해 가면서 이제는 매우 효과적으로 운영되고 있다. 이는 그동안 한국정부가 체계적인 탑다운 방식으로 쌓은 전자정부 운영의 노하우(know-how), 그리고 높은 수준의 은행인프라에 힘입은 바 크다. 그런데 미국의 경우 우리와 비교할 때 보육바우처의 운영에 있어 여전히 행정비용이 큰 것 같다. 앞으로 이러한 전자보육시스템은 다른 선진국이나 개도국에 수출할 수 있는 전자전달체계로 주목을 받을 것이다.

보육바우처는 초·중등 교육바우처와 마찬가지로 바우처 본래의 취지를 살리기 어려운 영역이다. 무엇보다 보육이라는 서비스의 품질관리가 쉽지 않다. 또한 학부모가 손쉽게 접근할 수 있을 만큼 고품질의 다양한 보육시설을 충분히 확보하는 데 한계가 있다. 대부분 가까운 지역의 보육시설을 이용할 수밖에 없는데, 이곳에 만족할만한 보육시설이 부족하고, 있다고 하더라도 공급에 비해 수요가 많다. 한편 한국의 경우 민간 보육시설이 전체 아동의 95% 이상을 맡고 있는 기형적 구조여서 각종 특별활동을 통한 보육비 상승이 큰 문제로 부각되고 있다. 오히려 한국의 경우 보육바우처를 제대로 정착시키기 위해서는 국공립시설을 전체 보육아동의 30% 정도를 맡을 수 있도록 확충하여 공공과 민간이 양립하는 전달체계(dual provision regime)가 필요하다.

1. 보육바우처의 도입 배경

1) 보육지원의 외부효과

선진국들은 유아교육 및 보육[1] 투자에 매우 적극적이다. 좋은 보육투자가 바로 여성의 노동시장 참여 증가, 일과 가정의 조화, 출산율 저하, 이민증가, 아동빈곤 및 교육 불평등을 해소하는 데 매우 유용하다는 인식 때문이다. 이제 보육은 단순한 소모성 복지지출이 아닌 지속가능한 발전과 사회적 형평성을 높여주는 사회투자로 인식된다(OECD, 2006).[2] 보육서비스는 아동 자신뿐만 아니라 부모와 국가경제에도 긍정적 외부효과를 가져온다. 충분한 보육서비스의 제공은 여성의 경제활동 참여기회를 높여, 노동시장에서의 성차별 해소에도 도움이 된다(Glass & Estes, 1997; Shellenback, 2004). 또한 보육서비스에 대한 지역사회와 고용주의 부담을 덜어주는 사회인프라로 작동하여 지역경제를 활성화시키

1) 아래에서는 유아교육 및 보육을 합하여 '보육'으로 칭하였으며, 내용에 따라 양자를 구분하였다. OECD는 생애초기 교육 및 보육(ECEC: Early Childhood Education & Care)을 '의무교육 이전 연령인 유아에게 제공하는 교육 및 보육'으로 정의하고 있으며, 이때 교육 및 보육은 그 환경(setting)·비용(funding)·시간(opening hours)·프로그램 내용을 구분하지 않고 모든 종류의 교육 및 보육을 포함한다(OECD, 2001; 2006).

2) 영유아에게 보육서비스를 제공하면 이들이 높은 임금을 받는 고숙련 인력으로 성장할 뿐만 아니라 빈곤율과 범죄율도 낮아져 인적자원투자 대비 회수비율이 초중등교육단계에 비해 높다(Cunha, Heckman, Lonchner & Mastarov, 2005). Heckman(2006)에 따르면 영유아 시기의 보육수준에 따라 그 격차는 나이가 들수록 커진다. 어린 시절 경험한 인지적·비인지적 자극이 부족하면 학교와 노동시장에서 불리하며, 이는 평생 소득격차로 이어진다는 것이다.

며(Kimmel, 2006; Warner, 2006), 국가 전체의 경제성장에도 기여한다(Dickens, Sawhill & Tebbs, 2006). 이러한 이유 때문에 보육은 사회적 투자로서 그 정치경제적 가치를 인정받고 있다. 하지만 그 지원형식을 둘러싸고 논란이 있으나 최근에는 정부위탁뿐만 아니라 바우처도 보육정책의 주요 정책도구로 활용되고 있다.

2) 수요자 중심의 보육투자

최근 여러 OECD 국가에서 공급자에 대한 재정지원보다는 바우처나 소비자 보조금 방식을 통해 부모에게 보다 많은 선택권을 주는 수요자 중심 보육지원 방식이 확산되고 있다(OECD, 2002; 2003; 2004; 2006).[3] 그 주된 이유는 질 높은 보육서비스에 대한 수요는 급증하고 있지만, 정부가 직접 서비스를 제공하거나 공급자 지원을 통해 양질의 보육서비스를 제공하기에는 재정적 부담이 상당하기 때문이다.[4] 즉, 공급자를 지원하여 보육시설을 설치하거나 양질의 서비스를 제공하도록 하는 간접적인 방식보다는, 직접 소비자를 지원하여 수요를 창출함으로써 공급자들이 스스로 투자하여 시설을 확대하고 양질의 서비스를 제공하도록 유도하는 것이 재정적 부담이 적다. 이러한 재정적 부담 이외에도

---

3) 사실 정부의 보육지원 방식을 놓고서 다양한 의견이 존재하며, 보육전달체계는 해당 국가의 전통과 정치사회적 상황에 따라 다르다. 또한 국가 내에서도 아동의 연령, 담당부처, 가구 소득, 제공되는 서비스, 고용주 부담여부 등에 따라 재정지원방식이 다양하다. 일반적으로 3세 이상 유아를 대상으로 하는 유아교육 서비스에 대해서는 정부가 공급자에게 직접 재정지원을 하는 반면, 0세 이상 영유아를 대상으로 하는 보육 서비스는 공급자 재정지원과 함께 부모에게도 소비자 보조금을 지급하는 방식을 채택하고 있다(OECD, 2006: 112). 덴마크·스웨덴·헝가리 등 유럽국가의 경우 공급자 재정지원 방식을 채택하고 있으며, 다른 나라의 경우 공급자 재정지원과 함께 부모에게도 보조금을 직접 주는 수요자 방식이 혼합되어 있다(OECD, 2006: 112).

4) 예를 들어, 영국정부는 1995년 모든 만 4세 아동에게 전일제 유치원교육을 무상제공할 것이라고 발표했지만, 공립보육시설의 부족 및 예산확보의 어려움으로 인해 직접 무상보육을 제공하는 방안 대신 보육바우처 제도를 도입하였다.

바우처 방식이 정치적으로 쉬운 해결책이기 때문이다. 정부가 직접 보육서비스를 제공할 경우 정부 규모확대와 재정문제에 대한 비판을 받게 된다. 현금지원 방식도 부모가 보육서비스 이외 다른 곳에 보조금을 사용하더라도 이를 추적하는 것이 쉽지 않고 그 비용 또한 상당하기 때문에 선호되는 방식이 아니다. 반면 보육바우처는 정부의 규모가 그다지 커지지 않으면서도 보육서비스에만 지원금을 사용할 수 있도록 한정할 수 있는 방식으로 의의가 있다. 이로 인해 정치적 지지를 얻기도 쉬운 것이다.

한국도 2009년 9월부터 보육바우처를 도입하였다. 그동안 상당한 예산을 보육부문에 지원하였음에도 불구하고 아동의 부모가 아닌 보육시설에 직접 지원하여 수혜자들의 정책체감도가 낮았고, 보육시설이 정부로부터 지원금을 받기 때문에 부모의 요구를 제대로 반영하지 않는다는 비판이 있었다. 또한 복잡한 지원체계로 인하여 행정업무의 부담이 상당하고 재정전달의 투명성 부족도 큰 문제로 지적되어 왔다(보건복지부, 2010a). 이에 2009년 2차례의 시범실시 이후 당해 9월 보육바우처 제도(아이사랑카드)를 전국적으로 도입하였다(보건복지부, 2010). 같은 시기에 교육과학기술부에서도 유아교육바우처 제도(아이즐거운카드)를 도입하였다.

3) 일정 수준의 보육서비스 증대와 확보

보육바우처를 이용하여 사회적으로 바람직한 일정수준의 보육서비스를 필요한 계층에게 집중적으로 지원할 필요가 있다. 특히 현금지원방식의 경우 보육이 아닌 다른 재화나 서비스에 이를 소비할 우려가 있고, 공급자 지원방식의 경우 바우처에 비해 그 효용성이 떨어질 수 있기 때문이다. 보육바우처 지원이 소비자 선택에 미치는 영향력은 소비자 개인의 선호에 기반한 바우처

그림 5-1 보육서비스에 대한 선호에 따른 지원방식의 효과 차이

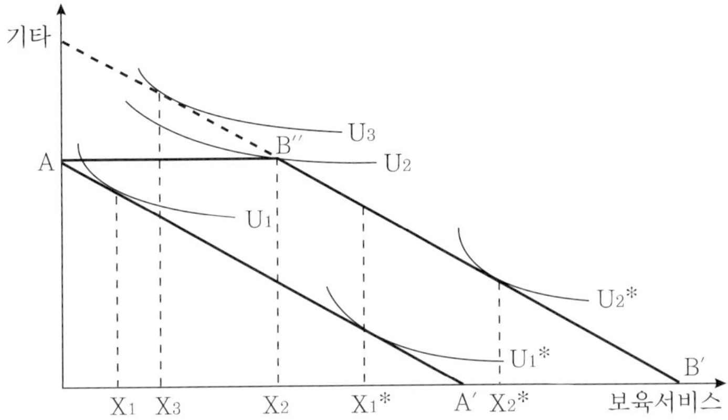

와 현금 간 현금동등성(cash equivalence)에 따라 다르다(<그림 5-1>). 예를 들어, 보육서비스와 보육서비스 이외 기타 재화만 존재한다는 가정 하에 소비자의 예산제약선은 <그림 5-1>의 AA′와 같다. 이때 보육바우처가 지급되면 소비자의 예산제약선은 AB′′B′로 변경된다. 만약 보육바우처와 현금 간 현금동등성이 확보되면, 지원방식에 관계없이 소득증가분만큼 소비자의 효용이 증가하게 된다($U_1^* \rightarrow U_2^*$). 이러한 선택을 하는 소비자는 정부지원과 관계없이 이미 기타 재화보다 보육서비스를 더 많이 이용하고 있었으며(X_1^*), 보육서비스에 대한 정부지원이 이루어지자 기타재화보다는 보육서비스의 소비를 더욱 증대시키는 선택을 하였다(X_2^*).[5)]

5) 그러나 보육바우처와 현금지원 간 현금동등성이 확보되지 않은 경우에는, 보육바우처는 소비자의 선택을 제약하여 현금을 지원받은 경우($U_1 \rightarrow U_3$)보다는 지원에 따른 효용이 감소하게 된다($U_3 \rightarrow U_2$). 이러한 선택을 하는 소비자는 보육서비스보다는 기타재화를 더 선호하기 때문에, 현금지원이 이루어졌다면 보육서비스는 X_3만큼만 소비하고 기타재화의 소비를 더욱 증진시켰을 것이나, 보육바우처가 지급되었기 때문에 지원된 수준(X_2)만큼 보육서비스를 소비하게

2. 보육바우처 운용현황

1) 보육서비스 전달체계

앞서 살펴보았듯이 각국의 보육서비스에 대한 재정지원은 국가의 환경에 따라 다양한 방식으로 이루어진다. 아래에서는 한국의 보육서비스 전달체계를 살펴본 후, 미국의 보육서비스 전달체계와 더불어 보육바우처를 시범적으로 도입하였다가 중단하고 세금공제방식과 보육바우처를 혼합적으로 활용하는 영국의 보육서비스 전달체계를 살펴보고자 한다.

(1) 한국의 보육서비스 전달체계

원래 한국의 보육서비스는 극소수의 국공립 시설을 제외하고는 민간부문에서 이루어져 왔다. 정부는 이들 민간시설에 보조금을 지급해 왔는데, 여기서 이용자는 보육시설을 선택할 수 있기 때문에 —보육 서비스에 상당한 불만을 가지면서 대부분 가까운 거리의 보육시설을 어쩔 수 없이 선택하지만— 이론상 묵시적 형태의 바우처 방식이라 할 수 있다. 하지만 지난 2009년 9월부터 전자바우처를 도입하여 보육시설의 경우 아이사랑카드, 유치원의 경우 아이즐거운카드로 이용자에게 직접 보조금을 지급하는 명시적 형태의 전자바우처를 시행하고 있다. 현재도 한국 정부는 보육서비스 공급자를 대상으로 직장보육시설 설립비, 국공립시설 인건비를 지원하고 있으며, 수요자인 부모에게는 보육바우처(보육바우처, 유아교육바우처, 산모신생아도우미바우처, 아동인지능력 향상서

되었다. 이 경우 효율성을 고려한다면 보육바우처보다는 현금을 지원하는 것이 더 나을 것이다. 그러나 앞서 살펴보았듯이 정부가 보육바우처가 지닌 다양한 효과를 확보하기 위해서 일정 수준만큼 보육서비스를 투입하는 것이 사회적으로 바람직하기 때문에(온정주의) 현금지원이 아닌 바우처를 이용한다.

비스바우처),[6] 양육수당, 자녀소득공제 등을 지원하고 있다.

가. 운영 기구

한국의 보육서비스는 두 개의 중앙부처가 담당하고 있다. 보건복지부는 0~5세 아동을 대상으로 하는 보육시설을, 그리고 교육과학기술부는 3~5세 아동을 대상으로 운영되는 유치원을 관할한다. 이 두 부처는 공급자 지원과 더불어 부모에게 아이사랑카드(보건복지부)와 아이즐거운카드(교육과학기술부)를 제공한다.

보건복지부는 준공공기관인 사회서비스관리원[7]을 통해 아이

표 5-1 교육과학기술부와 보건복지부의 보육서비스 지원 구분

구 분	보건복지부	교육과학기술부
지원대상 아동의 연령	0세 ~ 5세	3세 ~ 5세
관할 시설	국공립보육시설, 법인보육시설, 직장보육시설, 가정보육시설, 민간보육시설	국립유치원, 공립유치원, 사립유치원
법적 근거	영유아보육법	유아교육법
시설 정보 제공	보육통합정보시스템 (cpms.childcare.go.kr) 사회서비스관리원 (www.socialservice.or.kr)	e-유치원시스템 (childschool.mest.go.kr)

6) 이외 보건복지부의 지역개발형 지역사회서비스투자사업을 통해 개별 지역에서 영유아를 대상으로 한 다양한 보육서비스를 바우처 방식으로 제공하고 있으나, 형식상의 제한만 존재하고 지역별로 다양하게 시행되고 있다. 또한 서울시처럼 독자적으로 전자바우처인 다둥이 카드를 운영하기도 한다.

7) 사회서비스관리원의 주요 업무는 다음과 같다. 첫째, 사회서비스 바우처의 지불·정산업무를 위탁받아 수행하고 있으며, 둘째, 사회서비스 바우처의 운용과정과 정책의 성과를 모니터링하며, 셋째, 사회서비스 바우처 통합정보시스템을 운영하며, 넷째, 사회서비스 바우처 사업을 발굴하고 새로운 일자리를 창출하며, 다섯째, 사회서비스에 대한 교육 및 홍보업무를 수행하고 있다(사회서비스관리원 홈페이지, 2010.7.21).

사랑카드를 관리한다. 동 관리원은 전자바우처 사업을 안정적으로 운영하고 총괄하기 위해 설립되었으며, 사회복지사업법 시행

그림 5-2 보건복지부 보육바우처 운영체계

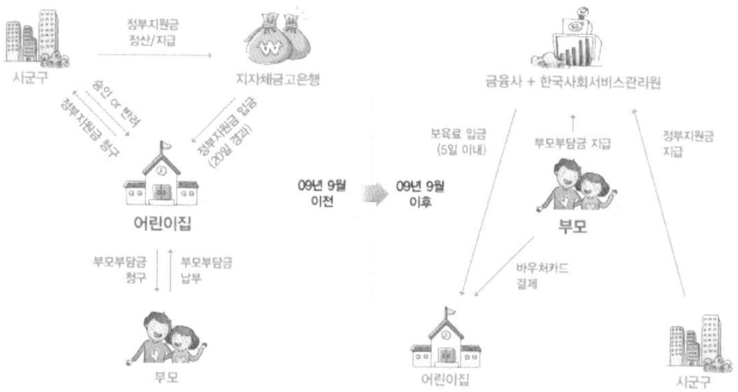

자료: 아이사랑보육포털(www.childcare.go.kr/cpis/parnts/content_6115.jsp)

그림 5-3 교육과학기술부 유아교육바우처 운영체계

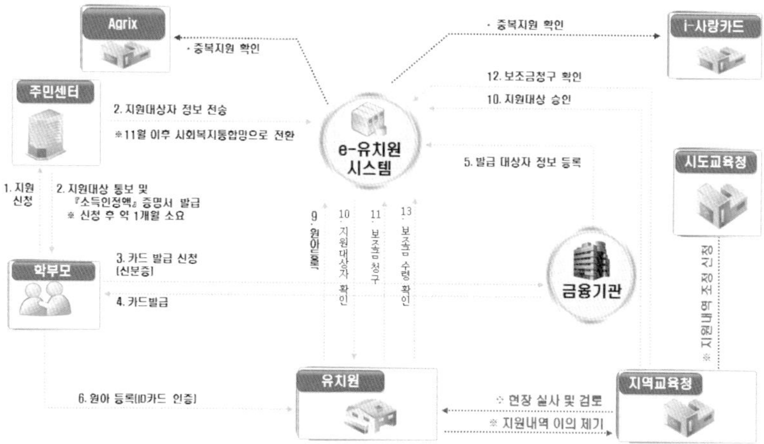

자료: 교육과학기술부(2009), 유아학비지원 전자카드제 및 e-유치원시스템 구축 교육자료.

규칙 제19조의5 제6항(사회복지서비스이용권)에 근거하여 설립・운영된다. 또한 은행과 연계하여 보육바우처 이외 보건복지부 산하에서 운영되는 다양한 전자바우처를 관리하고 있다. 반면 교육과학기술부는 직접 지역교육청 및 시도교육청을 통해 아이즐거운카드를 관리하고 있다. 각 부처에서 운영하는 보육바우처는 지원자격을 갖춘 부모가 거주지역의 읍면사무소 혹은 동주민센터에 보육바우처를 신청함으로써 발급받을 수 있다. 시군구에서는 부모의 신청서를 바탕으로 자산조사 등을 실시하여 지원자격을 충족하는 부모를 선정하고, 은행에서 선정된 부모에게 전자카드 형태의 보육바우처를 발급한다.

나. 지급체계: 전자바우처 제도

현재 우리나라에 시행되는 두 종류의 보육바우처는 모두 은행권 카드와 연계하여 발급된다. 부모들은 매월 카드계좌로 입금되는 정부의 지원액과 나머지 본인부담금을 보육바우처카드를 통해 한 번에 결제하고 있다. 보육바우처 카드는 기본적으로 신용카드를 발급하고 있으며, 은행의 신용카드발급 심사기준을 충족시키지 못하는 경우는 체크카드로 발급된다. 또한 복지시설 아동 등 예외적인 경우는 은행카드로서의 기능이 없는 바우처 전용카드로 발급된다.

다. 전달내용

보건복지부와 교육과학기술부의 보육바우처는 지원시설 및 지원대상연령을 제외하고는 상당히 유사하지만, 동일하지는 않다. 따라서 먼저 보건복지부의 아이사랑카드를 살펴본 이후 교육과학기술부의 아이즐거운카드의 구체적 내용을 살펴볼 것이다.

먼저 보건복지부의 아이사랑카드를 살펴보자. 보건복지부는 매년 수급자격을 완화하여 지원대상을 확대하고 있다. 기본적으로 어린이집에 다니는 만 0~5세 아동을 둔 저소득층 가구에게 보육서비스 이용료의 일부를 지원한다. 소득을 기준으로 법정저소득층 및 만 0~5세 아동의 부모에게 차등적으로 지원하고, 장애아동의 부모에게는 무조건적으로 지원하며, 이외에도 지방정부의 정책에 따라 추가적인 지원이 이루어지고 있다. 또한 2010년 3월부터 출산율제고를 위해 저소득층 다자녀가구를 대상으로 둘째 아이의 보육료를 전액 지원하고, 맞벌이가구에 대해서는 가구소득 산정시 부부 중 낮은 소득의 25% 차감하는 방식을 통해 추가적인 지원을 받을 수 있도록 하는 정책을 도입하였다(보건복지부, 2010b). 특히 한국정부는 보육시설의 보육서비스 가격을 연령별로 규제하여 지원금액 역시 연령별로 정해져 있으며, 소득을 기준으로 차등적으로 지원되고 있다.

이렇게 지원된 보육바우처는 종일·야간·24시간·휴일·시

표 5-2 2010년 기준 보건복지부의 보육바우처 지원액(1)

구 분	지원대상 가구의 소득기준	연령별 보육료단가에 대한 정부지원비율	지원금액 (월)
만 0세~4세	소득하위 50% 이하	100% 지원	51,600원~383,000원
	소득하위 60% 이하	60% 지원	
	소득하위 70% 이하	30% 지원	
만 5세	소득하위 70% 이하	100% 지원	172,000원
보육시설을 이용하는 미취학 만 12세 이하 장애아동	무관	-	383,000원
보육시설을 이용하는 둘째 아이 (2010년 3월 시행)	소득하위 70% 이하	100% 지원	-

자료: 보건복지부(2010a).

간연장 · 시간제 · 방과후보육 등의 다양한 시설에서 이용할 수 있다(보건복지부, 2010a).

기존 공급자 지원방식에서 부정수급문제가 심각하였기 때문에 보육바우처제도에도 부정사용에 대한 처벌 규정을 두고 있다. 영유아보육법(제34조의 3)에 아이사랑카드를 타인에게 양도 또는 매매 등 부정사용이 확인되는 경우, 그리고 어린이집과 담합에 의한 부정사용일 경우, 부당이득 환수 및 결제를 제한할 뿐만 아니라 1년 이하의 징역 또는 500만원 이하의 벌금을 부과하는 처벌을 규정하고 있다(보건복지부, 2010b: 49).

이외에도 보건복지부는 보육서비스 지원을 위해 산모신생아도우미 · 아동인지능력향상 바우처를 제공하고 있다(<표 5-3>참조). 아동인지능력 향상서비스는 영유아 발달 초기부터 아동과 부모에게 독서 지도 및 관련 정보 제공 등의 서비스로 2007년 2월부터 시행되고 있다. 또한 2008년 2월 도입된 산모신생아 도우미 서비스는 출산가정에 산모 · 신생아도우미가 방문하여 산모와 신생아의 건강을 관리해주는 서비스로 시행되고 있다. 단, 각 서비스는 개인별 이용가능기간이 한정되어 있는데, 산모신생아 도우미는 2주~4주간 제공되며, 아동인지능력 향상서비스는 서비스 개시 월

표 5-3 2010년 기준 보건복지가족부의 보육바우처 지원액(2)

구 분	지원대상	지원금액(원)
아동인지능력 향상서비스	만 2~6세 아동 전국가구 평균소득 이하 가구 소득 및 가구특성에 따라 차등지원	월 20,000~27,000
산모신생아 도우미	산모 및 신생아 전국가구 월평균소득의 50%이하 가구 소득 및 가구특성에 따라 차등지원	주 275,000~390,800

자료: 사회서비스관리원(2010.7.21).

부터 10개월간만 이용가능하다(사회서비스관리원, 2010).

다음으로 교육과학기술부의 '아이즐거운카드'를 살펴보자. 교육과학기술부는 국공립·사립 유치원을 다니는 만 3~5세 자녀를 둔 가구소득 70%이하의 저소득층을 대상으로 유아학비를 지원하고 있다(교육과학기술부, 2010). 특히 만 5세에 대해서는 전액을 지원하고 만 3~4세는 가구소득을 기준으로 차등적으로 지원하여, 유치원에서 종일반을 이용하는 저소득층 가구의 유아에 대해서는 그 추가비용을 전액 지원하고 있다(교육과학기술부, 2010).

교육과학기술부의 유아에 대한 지원 역시 매년 확대되는 추세이다. 2010년부터 보건복지부와 함께 맞벌이가구의 소득 산정 시 부부 중 낮은 소득을 25% 차감하여 추가적인 지원이 가능하도록 규정을 변경하였다. 그리고 소득하위 70%이하 가구의 둘째 아이부터는 유아학비를 전액지원하는 제도를 도입하였다(교육과학기술부, 2010).

표 5-4 2010년 기준 교육과학기술부의 보육바우처 지원액

구 분	지원대상 가구의 소득기준	연령별 유아학비 단가에 대한 정부지원비율	시설별 지원단가(월)	
			국·공립 시설	사립시설
만 3세~4세	소득하위 50%이하	100%지원	17,100원 ~ 57,000원	51,600원 ~ 172,000원
	소득하위 60%이하	60%지원		
	소득하위 70%이하	30%지원		
만 5세	소득하위 70%이하	100%지원	57,000원	172,000원
종일반비 (만 3~5세)	소득하위 70%이하	100%지원	30,000원	50,000원

※종일반비: 유아학비 지원 대상아 중 유치원 종일반을 이용하는 원아에게 지원.
자료: 교육과학기술부(2010: 14).

라. 예산규모

정부는 매년 보육을 위한 예산지출을 증대시키고 있는데, 지난 5년간 정부의 전체예산은 1.5배 증가한 반면, 보육예산은 4.7배가 증가하였다. 앞으로도 사회서비스 바우처 중에서 가장 큰 규모인 보육바우처의 예산은 그 비중이 더욱 커질 것으로 전망된다.

표 5-5 보건복지부의 보육 예산

구 분	2005	2006	2007	2008	2009	2010
보육예산(억원)	6,001	7,910	10,435	14,178	17,104	21,275
보육지원아동(천명)	406	670	750	767	813	870

자료: 보건복지부(2010a).

(2) 미국의 보육바우처

미국에서는 강한 모성주의 전통으로 인해 보육서비스는 시장중심으로 공급되어왔으며(한유미, 2009: 36), 정부지원은 주로 저소득층을 대상으로 이루어지고 있다. 정부의 보육지원은 다양한 방식으로 시행되고 있는데, 주(state)의 보육보조금, Pre-K프로그램, 헤드스타트·조기헤드스타트, 연방보육세액공제(CTC), 연방아동 및 피양육자세액공제 등 약 11가지의 지원방식이 존재한다.[8)] 이중 연방정부 지원과 이에 대한 주정부의 매칭기금을 통합한 아동보육발달기금(CCDF: Child Care Development Fund)의 지원이 바우처 방식으로 이루어지고 있다.

8) 주별 장학금, 지방정부 등 지역기관의 장학금, 직장·대학교의 장학금·할인, 보육공급자의 장학금, Pre-K프로그램, 헤드스타트·조기헤드스타트, 근로소득보전세제(EITC), 연방보육세액공제(CTC, 17세 이하 자녀), 연방아동및양육자세액공제(13세 이하 자녀), 주별 양육자소득세액공제, 양육자보조프로그램(DCAPs) 등(Child Care Aware, 2009).

보육바우처의 법적 근거인 1988년 가족지원법(FSA)이 제정됨에 따라 새롭게 도입된 AFDC/JOBS,[9] Transitional Child Care와 같은 2개의 기금을 설치하였다. 이를 통해 주정부는 센터를 두고 운영하거나 민간기관과 계약하여 보조금을 지급하는 방식과 함께 보육바우처를 지급할 수 있게 되었다(정광호, 2005: 2-3). 1990년 의회에서 '아동보육 및 발달 일괄교부금(CCDBG)'이 새롭게 제정되면서 모든 주정부는 세부적인 내용은 자율적으로 결정하였다. 다만 취업 · 학업 · 직업훈련 중인 부모와 같이 사는 13세 미만의 아동이 있는 가구를 대상으로 보육바우처를 제공하도록 의무화하였다(한유미, 2009: 37).

이후 PRWORA(1996)[10]법이 제정되면서 기존 보육지원제도가 CCDF라는 하나의 제도로 통합되어 저소득층 자녀의 보육을 지원하게 되었다. 또한 각 주는 PRWORA 기금에서 최대 30%의 재원을 CCDF로 이전하여 사용할 수 있게 되었다(Palley, 2010: 160).

가. 운영 기구

미국의 보육 및 유아교육을 관할하는 중앙부처는 한국이나 일본처럼 이원화되어 있다. 보건복지부는 저소득층을 대상으로 헤드스타트와 보육프로그램을 운영하고 있다. 한편 교육부는 만 4세 미만을 대상으로 하는 유아원과 만 5세 아동을 대상으로 하는 유치원을 운영한다(신은수 · 유영의, 2006: 263). 양분된 체제를 개혁하기 위하여 미국 교육부는 2000년부터 3~5세 아동을 위한 유아학교를 초등학교와 연계되는 공립 유아원(universal preschool 혹은 prekindergarten) 체제를 구축하려는 노력 중이다(신은수 · 유

9) Aid to Families with Dependent Childre/Job Opportunities and Basic Skills Training Program.

10) the Personal Responsibility and Work Opportunities Reconciliation Act.

영의, 2006: 263).

연방체제 아래서 각 주(state)는 관리기관(Lead Agency)을 중심으로 보육서비스 지원제도를 운영 및 관리하고 있다. 보다 많은 부모들이 CCDF를 이용할 수 있도록 모든 지역에서 관리기관의 지역사무소·지역바우처 관리사무소·관리기관과 계약을 맺은 지역기관 등을 통해 부모들이 CCDF의 자격조건에 해당하는지 확인하고 있다(Child Care Bureau, 2006). 또한 모든 지역은 CCDF가 관리기관을 통해 어떻게 집행되었는지에 대해 격년제로 결과보고서를 의회에 제출할 의무를 지닌다. 그리고 2002년 제정된 부정지급정보법(Improper Payment Information Act of 2002)에 따라 2007년부터 관리기관을 통해 부정지급의 예방·적발·감소·처벌 등을 위해 실시한 운영정보도 함께 제출한다(NCCIC, 2008).

나. 지급체계: 명시적 바우처와 묵시적 바우처의 혼용

미국의 보육바우처는 인증서·바우처·환급증서 등 명시적 바우처 형태(certificate로 칭함)로 지급되는 방식과 주·지방정부와 보육기관간 보조금 혹은 계약(grants or contracts)을 통해 지원하는 묵시적 바우처라는 두 방식이 혼용되고 있다.

먼저 명시적 바우처 방식은 관리기관이 부모에게 직접 지원하는 방식으로, 부모들은 보육비용을 지불하기 위해 바우처를 활용한다. 바우처를 발급하는 방식 역시 크게 두 가지로 나누어지는데, 부모에게 바우처를 지급한 이후 보육공급자를 지정하는 A유형과 보육공급자를 지정한 이후 부모에게 바우처를 지급하는 B유형으로 구분된다(NCCIC, 2008: 49).

2007년 계획에 따르면 바우처를 먼저 발급하는 A유형은 29개의 주에서 시행되고 있다. 이 지역에서는 바우처 사용 폭이 넓어 주정부가 인정한 합법적인 보육공급자 중에서 어느 곳이나 선택할 수 있다(NCCIC, 2008: 48). 바우처에는 대상 아동, 보육서비스를 이용할 수 있는 단위 시간(일 · 주 · 월)이나 금액, 사용가능기간이 표시되어 있다. 바우처를 받은 부모들은 지정된 기간 내에 보육공급자를 찾아 이를 관리기구에 통보해야 하며, 공급자는 부모로부터 받은 바우처 사본을 관리기구에 제출하여 그 금액을 환급받는다(NCCIC, 2008: 48).

보육공급자를 먼저 지정하는 B유형은 부모들이 보육공급자를 먼저 선정하도록 되어 있으며, 2007년 계획에 따르면 26개 주에서 시행되고 있다. 이 방식을 택한 주에서 바우처가 이미 관리기관과 협정이 체결된 공급자와 연결되어 있어, 관리기관들은 바우처를 등록서류 혹은 공급계약서로 활용한다. 바우처에는 아동의

표 5-6 미국 주별 명시적 바우처 발급

유형 구분	시행 지역(State/Territory)	계
A유형: 바우처 발급 이후 공급자 선정	Alabama, California, Connecticut, Delaware, Guam, Idaho, Indiana, Iowa, Kansas, Kentucky, Louisiana, Maryland, Michigan, Minnesota, Mississippi, Missouri, New Hampshire, New Jersey, New York, North Carolina, North Dakota, Ohio, Rhode Island, South Carolina, South Dakota, Tennessee, Texas, Washington, West Virginia	29
B유형: 공급자 선정 이후 바우처 발급	Alaska, American Samoa, Arizona, Arkansas, Colorado, Commonwealth of the Northern Mariana Islands, District of Columbia, Florida, Georgia, Hawaii, Illinois, Maine, Massachusetts, Montana, Nebraska, Nevada, New Mexico, Oklahoma, Oregon, Pennsylvania, Utah, Vermont, Virginia, Virgin Islands, Wisconsin, Wyoming	26

자료: NCCIC(2008: 49).

표 5-7 미국 주별 묵시적 바우처 발급

정책	시행지역(State/Territory)	계
보육서비스 확보를 위한 보조금 혹은 계약	Arkansas, California, Colorado, Connecticut, District of Columbia, Guam, Hawaii, Illinois, Indiana, Kentucky, Massachusetts, Maine, Mississippi, New Hampshire, New Jersey, Nevada, New York, Oregon, Pennsylvania, Puerto Rico, South Dakota, Vermont, Wisconsin	23

자료: NCCIC(2008: 51).

이름과 생년월일, 서비스시간, 개시일과 종료일, 지급률과 부모의 부담금, 공급자 정보 등이 표시되어 있다(NCCIC, 2008: 49).

다음으로 묵시적 바우처 방식인 보조금 혹은 계약을 통해서도 보육지원이 이루어고 있다. 이는 관리기구가 보육공급자와 계약을 맺어 직접적으로 보육서비스를 제공하거나 특별아동을 위해 일정 보육서비스를 제공하는 것이다. 대개 학령기 아동·이민자 자녀·십대부모의 자녀를 위해 활용된다. 2007년 계획에 따르면 23개 주에서 약정을 통해 추가적인 보육서비스를 제공하고 있다.

모든 지역에서 보육바우처를 지원받는 부모들은 보육공급자를 변경하는 경우 이를 관리기관에 보고해야 하며, 일부지역에서는 새로운 보육바우처를 발급하기도 한다. 이는 관리상 편의를 위한 사후적 보고일 뿐이며, 부모들은 주에서 허용하는 보육공급자라면 어느 곳이든 선택가능하다.

다. 전달내용

연방체제인 미국에서는 대부분의 다른 사회복지프로그램과 마찬가지로 보육지원 역시 구체적인 내용은 각 주정부가 자율적으로 결정한다. 연방자금인 CCDF를 통한 보육바우처 지원에는 연방수준의 규제가 존재하지만 개별 주가 상당한 자율권을 갖고 있다. 아래에서 연방정부의 최소 규정을 중심으로 그 운영과정을 살펴보자.

먼저 보육바우처를 받기 위해 각 지역에 설립된 관리기관(Lead Agency)이나 지역바우처 관리사무소·관리기관과 계약을 맺은 지역기관 등에 신청을 해야 한다. 그러면 해당 기관에서 자격조사를 한다. 수혜대상은 취업·학업·직업훈련 중인 부모와 같이 사는 13세 미만의 아동이 있는 가구이며, 특별한 경우에 한해서 19세 미만의 아동까지도 대상자로 포함한다. 바우처 수혜대상 가구의 수입은 주의 중위소득(State Median Income)의 85% 이하이다(Child Care Bureau, 2006). 또한 보육바우처를 지급받는 수혜자들은 보육료의 일정액을 스스로 부담해야 한다. 자부담 금액은 가구소득, 가구규모, 아동 수, 선택가능한 서비스의 종류 등에 따라 차등적으로 결정된다(Child Care Bureau, 2006). 대부분의 주는 부모가 부담해야 하는 자부담금의 하한선과 상한선을 규정하고 있으며, 소득이 빈곤선 이하인 가구에 대해서는 자부담금을 면제해주고 있다.

CCDF의 지원을 통해 이용할 수 있는 보육유형은 보육시설, 수용시설(Group Home), 가정보육, 아동의 집이나 친척집에서 보육을 제공하는 사람 등으로 다양하며, 주정부가 인가한 공급자라면 어느 곳이든 선택할 수 있다. 주정부의 공급자에 대한 인허가 발급 조건으로 주마다 다르지만, 아동의 건강과 안전을 위해 전염병 예방과 통제, 아동의 신체적 안전, 보육자의 건강과 안전 등이 요구된다(Child Care Bureau, 2006). 일부 주에서는 종교기관에서 운영하는 보육시설에 대해 면허를 면제해 주지만 자발적으로 면허를 받기도 한다. 일단 면허를 받으면 보육바우처 금액의 상환율이 높아지고 부모들의 시설안전에 대한 신뢰가 향상되며 객관적으로 프로그램을 평가받을 수 있기 때문이다(Child Care Bureau, 2010).

보육바우처 금액에 대한 공급자 상환율은 주마다 차이가 있다. 주말 및 야간보육, 영아보육 등을 제공하는 기관에 대해서는 높은 상환율을 적용하며, 면허가 면제된 기관에 대해서는 낮은 상환율을 적용하는 주도 있다(Child Care Bureau, 2010).

라. 예산규모

CCDF제도가 도입된 1990년 이후 미국 연방정부와 주정부가 보육 및 유아교육 지원을 위해 배정한 예산은 지속적으로 증가하고 있다(<그림 5-4> 참조). 미국 정부가 보육 및 유아교육 지원 프로그램에는 CCDF, TANF, 아동 및 성인식품지원프로그램(CACFP),[11] 저소득층을 대상으로 시행하는 헤드스타트(Head Start) 및 이븐스타트(Even Start), 21세기 지역학습센터 지원프로그램,[12] 사회서비스포괄보조금(Social Services Block Grant) 등이 있다.

연방정부에서 각 주에 포괄보조금으로 배정하는 CCDF의 전체 예산은 1990년 이후 매년 크게 증가하였으나, 재정악화로 인해 2003년부터 감소하고 있다. 이 때문에 2009년에는 경기부양법안에 의해 20억 달러가 추가로 CCDF예산으로 배정되었다(김영민, 2010: 59). 각 주는 CCDF 예산을 운영하는데 있어 일정한 제약이 있다. 예산의 5%이하만을 행정비용으로 사용해야 하며, 최소 4%는 보육의 질과 접근성 향상에, 최소 70%는 TANF 수혜

11) [Child and Adult Care Food Program]은 정부로부터 다른 지원금을 받는지 여부와는 무관하게 인증 받은 보육공급자에게 지원되는 예산이다(Besharov, Higney & Myers, 2007).

12) 21st Century Community Learning Centers Program은 각 지역 초·중등학교의 방과후학습을 지원하는 프로그램이다.

그림 5-4 미국 연방정부와 주정부의 보육 및 유아교육 지원 예산 (1990년~2005년)

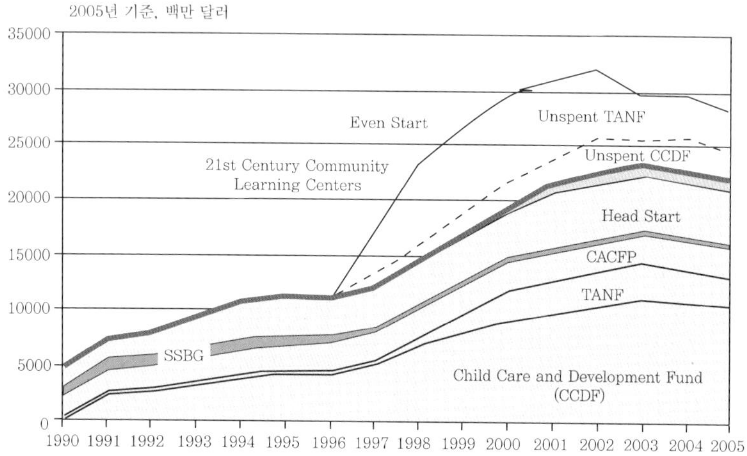

※ TANF, CCDF의 미지출 예산은 차년도로 이월됨(unspent TANF, unspent CCDF).
자료: Besharov, Higney & Myers(2007).

자를 위해 사용해야 한다(Child Care Bureau, 2006: 3).

표 5-8 연도별 CCDF 예산규모

(단위, 백만 달러)

연도	1990	1991	1992	1993	1994	1995	1996	1997
금액	173	2,227	2,435	3,010	3,542	3,866	3,890	4,757
연도	1998	1999	2000	2001	2002	2003	2004	2005
금액	6,312	7,365	8,191	8,766	9,323	10,049	9,698	9,380

자료: Besharov, Higney & Myers (2007).

사례 미국 매사추세츠 주의 보육바우처 통합 사례

최근 미국 매사추세츠 주에서 시행한 보육바우처 통합사례를 통해 보육바우처 시스템의 성과를 살펴보자. 물론 이는 미국 전체를 대표하는 사례는 아니지만 현재 우리처럼 보건복지부와 교육과학기술부로 이원화되어 있는 보육과 육아시스템을 통합할 때 참고할 수 있는 사례로 보여 여기서 간단히 소개하고자 한다.

지난 2005년 4월부터 매사추세츠 주는 유아교육과 보육을 종합적으로 관리하고자 교육담당부처와 보육담당부처를 하나로 통합하여 운영하고 있다. 또한 CCDF 제도를 여러 방식으로 운영하고 있는데, 주정부가 이용가능한 보육공급자를 먼저 선정한 이후 학부모들에게 보육바우처를 지급하는 B유형의 바우처 제도(위 <표 5-6> 참고)와 함께 공급자와의 계약(contracts), 주립 유아학교에 직접 보조금을 지원하는 제도를 시행 중이다(NCCIC, 2008: 227-228). 지난 2007년 1월부터 2009년 2월까지 매사추세츠 주의 보육바우처 제도를 평가한 결과, 집행과정은 다음과 같이 변화하였다(Washington, 2009: 2-4).

첫째, 2007년 개별 가구의 자녀에 대한 보육바우처의 유효기간(certification period)이 6개월에서 1년으로 연장되었다. 그에 따라 지속적으로 수혜아동이 증가하고 부모의 안정적인 직장·학교생활이 보장되었다. 또한 보육공급자와 관리기관은 학부모들에게 만기일을 알려야하는 부담이 줄어들었다. 다만 부정수급을 방지하기 위하여 유효기간 중 부모의 소득기준·직업 및 학업 상태 등의 변화 상황을 확인하는 작업이 어려워졌다. 둘째, 보육바우처 제도의 행정적 어려움을 개선하기 위한 작업이 이루어졌다. 기관간 협조, 부모의 이중서류작업 감소, (영어능력 부족자를 위한) 행정문서의 번역 지침 확립, 보육바우처 대기자 전자시스템 구축 등의 변화가 이루어졌다. 셋째, 2007년부터 매사추세츠 주의 모든 13개 Resource and Referral agencies(R&R, 전국적으로 운영되는 보육지원 비영리기관)이 전국보육품질개선사업에 참여하게 되었다. 그 결과, 주의 보육공급자들의 질적 수준을 어느 정도 확보할 수 있게 되었다.

이러한 평가결과를 바탕으로 향후 해결해야 할 문제점도 지적되었다(Washington, 2009: 5-6). 첫째, 바우처의 행정처리가 개선되었다는 관리자는 약 1/3정도에 불과했다. 대부분 보육바우처 예산이 추가적으로 확보되었을 때 이전보다 빨리 추가 수혜자를 확보할 수 있다든지, 각 수혜자의 바우처 만료기간을 보다 빨리 알 수 있다는 것이다. 그렇지만 여전히 보육바우처 수급자격을 확인하고 이를 이용하는 과정에서 개별 가정이 처리해야 하는 행정적 부담은 상당하다. 둘째, 보육시설까지 자녀를 보내고 데려오는 교통수단의 확보가 여전히 어렵다. 2009년 관련 안내서가 발간되었으나 교통수단을 지원해주는 지원단체의 목록만 제시할 뿐, 체계적인 시스템이 갖추어져 있지 않다. 주 공무원들은 이를 어떻게 해결할 것인지 계획도 없었다. 셋째, 보육바우처 지원을 받기 위한 대기자 명단을 관리하기 위해 전자시스템이 구축되었지만 그리 효과적이지 않다. 2008년 9월 현재 약 22,000명의 수혜자격을 갖춘 아동이 지원을 기다리고 있었다. 각 공급자가 현황을 입력하는데 어려움을 겪고 있으며 시스템 오류도 상당한 수준이었다. 넷째, 보육에 대한 재정적 지원체계의 개선이 시급하다. 보육바우처를 받은 공급자들에게 그 비용을 상환해주는 비율이 예산부족 때문에 상당히 낮았다. 주택바우처와는 달리 보육바우처는 부모의 자부담비용에 대해 세금환급을 받을 수 없어, 취업·학업 상태가 변하는 경우 부모들이 더 높은 비용을 지불하는데 상당한 어려움을 겪고 있다. 또한 보육바우처/공급자계약/지역협력 등 여러 곳에서 이루어지는 지원은 관련자들을 혼란스럽게 만들고 있어, 전자지불시스템의 구축이 필요하다. 다섯째, R&R의 인력부족으로 인해 학부모들에게 보육지원 및 공급자 정보를 상세히 제공하기 어렵다. 여섯째, 영어능력이 부족한 부모들에 대한 지원이 부족하다.

(3) 영국의 보육바우처

영국 정부는 이미 1980년대 말부터 '취학전 교육'을 4세까지 확대하겠다고 발표했지만 실제 운영여부는 개별 지방교육청의 재량에 따라 달리 운영되어 왔다. 그 후 1995년 교육고용부가 모든 만 4세 아동에게 전일제 유치원교육을 무상제공할 것이라고 발표하면서 재정과 공립시설 부족과 같은 문제 때문에 보육바우처를 선택하였다(최봉섭, 2008). 보육바우처는 1996년 4개 지역교육청에서 시범운영한 이후 1997년 전국으로 확대되었다. 하지만 보수당에서 노동당으로 정권이 교체되면서 2007년 가을학기까지만 운영되고 중단되었다(최봉섭, 2008). 이후 영국 정부는 다양한 방식으로 부모의 자녀양육비를 지원하고 있는데, 아래 그림은 영국 정

그림 5-5 영국 정부의 보육서비스 지원 흐름(2008년 기준)

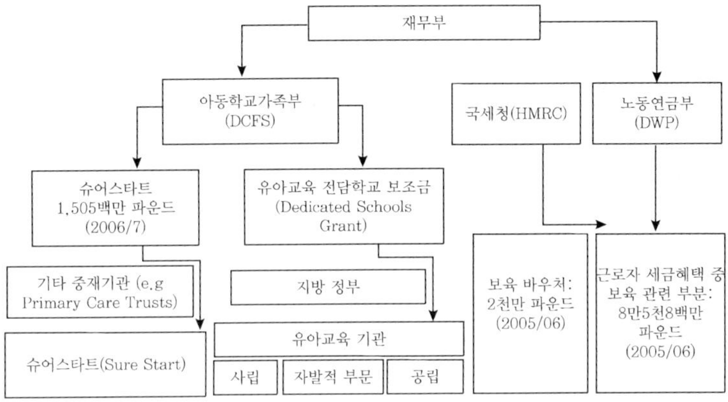

자료: Hakim 외(2008: 76).

부의 보육서비스에 대한 주요 지원제도의 흐름을 나타낸 것이다.

공급기관에 대한 지원은 주로 슈어스타트(Sure Start)와 유아지원(The Early Years Entitlement)을 통해 이루어지고 있다. 중앙정부가 포괄적인 기본 계획을 수립하고 재정을 지원하면, 지역정부가 각 사업의 프로그램 내용을 자체적으로 확정하여 시행한다. 특히 유아지원 보조금(The Early Years Entitlement)은 무상 유아교육을 확대하려는 영국 정부의 정책기조에 따라 도입된 제도이다. 이 제도의 시행으로 2006년부터 모든 3~4세 유아에게 연간 38주 동안 주당 12.5시간의 보육서비스를 무상으로 제공하고 있다(Bartholomeou 외, 2009).

반면 수요자(부모)에 대한 직접 지원은 보육비 근로세액감면(childcare element of the Working Tax Credit)과 고용주연계보육비지원(employer-supported childcare)을 통해 주로 이루어지고 있다.[13] 근로세액감면은 저소득층 및 중산층 가정의 어머니가 취업하도록 지원하고 실업급여를 줄여나가기 위해 1997년 도입된 제도로 매년 지원 예산이 증가하고 있다. 반면 고용주연계보육비지원은 2005년 노동당 정권이 도입한 제도로 근로세액감면을 지원받지 못하는 가구를 지원하며 세액공제를 바우처시스템과 결합하여 운영되는 방식이다. 즉, 부모의 월급으로 바우처를 구입한 금액에 대해 세액공제(세금 및 사회보험)를 해주고, 고용주 역시 이들 근로자에 대한 사회보험금을 감면받을 수 있는 방식으로 운영된다.

아래에서는 바우처시스템과 연계되어 운영되는 고용주연계보육비지원제도를 중심으로 살펴보자.

가. 운영 기구

전통적으로 영국의 아동 정책은 양분되어 있었다. 그러나 1997년 노동당이 집권하면서 이원화되어 운영되던 유아교육 및 보육을 교육고용부(Department for Education and Employment)로 통합하고, 그 산하의 아동국(Minister for Children)이 총괄하도록 하였다(문무경, 2007: 9). 2007년 정부조직을 개편하면서 신설된 아동학교가족부(DCSF)에서 영유아교육 및 보육 관련 업무를 전반적으로 관장하였다.[14] 그러나 2010년 5월 교육부(Department for Education)로 조직이 재편되면서 다시 교육부가 교육 및 아동 관련 업무를 담당하고 있다.

고용주연계보육비지원 제도는 근로세액감면의 일부로서 세금공제 제도이다. 따라서 국세청(HMRC)에서 직접 지원금을 지불하는 효율적인 방식으로 운영되고 있지만, 그 집행에 대한 책임은

13) 이외에도 자녀세액공제(CTC), 양육보조금(child benefit), 지방정부의 보조금, 뉴딜자녀보육지원, 취업보조금 등의 지원이 이루어지고 있다(Bartholomeou 외, 2009).

14) DCSF(Department for Children, Schools and Families).

노동연금부(DWP)에서 지고 있다(Hakim 외, 2008: 76).[15]

그 예산 역시 지출통합관리제도에 기초해 관리되는 부처지출한도액(DEL)에 따라 특정부처에서 지원되는 것이 아니라 재무부의 연간관리지출(AME)에서 직접 배정된다(Hakim 외, 2008: 76).[16] 이러한 특성을 반영하기 위해 위의 <그림 5-5>에서는 근로세액감면의 상위부처로 국세청뿐만 아니라 노동연금부도 함께 연결하고 있다(Hakim 외, 2008: 76).

각 지역의 교육청은 1998년부터 유아발달 및 보육협력체(Early Years Development and Childcare Partnership: EYDCP)를 설치하여 유아교육기관의 질을 관리하고 있다. 구체적으로 그 지역의 3~4세 아동을 위한 보육 및 교육기관 개발과 지도·감독을 담당하고, 16세 이하의 아동들을 위한 보호시설을 개발하는 업무를 맡고 있다(Harpley & Roberts, 2006; 권영임, 2008: 117 재인용).

나. 지급체계: 바우처시스템과 세액공제의 연계

영국의 고용주연계보육비지원제도는 회사에서 바우처시스템을 세액공제와 연결시켜 운영하는 제도이기 때문에 주로 직장근로자를 대상으로 정부지원이 이루어지고 있다.

회사에서 보육서비스를 제공하는 특정 바우처 회사[17]와 계약을 맺고 있는 경우, 직원이 회사에 보육바우처를 신청하면 그 금액만큼 차감된 임금을 받게 되며, 소득이 줄어드는 만큼 원천징

---

15) HMRC(HM Revenue and Customs), DWP(the Department for Work and Pensions).

16) DEL(Departmental Expenditure Limits), AME(Annual Managed Expenditure).

17) 영국에서는 1984년 설립된 'Accor Services'가 보육바우처를 관리하는 회사 중 가장 규모가 크며, 2004년 'Childcare Vouchers Direct'라는 전자보육 바우처 사업이 시작되면서 성장하기 시작하였다.

수되는 세금납부액 역시 줄어든다. 이는 회사 입장에서도 이익이 되는데, 직원에게 지급하는 소득이 줄어드는 만큼 이를 기준으로 책정되는 사회보험료 비용부담이 감소하기 때문이다. 다만 회사는 사회보험료 부담액 감소분 중 일부를 바우처 회사에 수수료로 지급하지만 그 금액은 많지 않다.

사례 영국의 보육바우처 시스템과 세액공제의 통합 운영 사례

먼저 바우처 지원을 받는 부모의 입장에서 살펴보자. 바우처 시스템과 세액공제가 결합되지 않았던 기존 방식에서는 월급 1,000파운드를 받는 근로자의 보육비를 제외한 실소득액은 447파운드였다. 그러나 바우처 시스템과 세액공제가 결합된 현행 방식에서는 동일한 월급을 받아도 보육비를 제외한 실소득액은 522.33파운드로, 기존 방식에 비해 75.33파운드만큼 실제 소득이 증가하게 된다.

표 5-9 근로자의 경우 보육비용 지출 사례 (단위=파운드)

구 분	기존 방식	바우처
월 급	1,000.00	1,000.00
바우처	0.00	243.00*
실제 월급	1,000.00	757.00
세금(20%)	200.00	151.40
사회보험(11%)	110.00	83.27
실수령 임금	690.00	522.33
보육비 지출	243.00	0.00
보육비 제외한 소득	447.00	522.33

* 바우처 매입 상한 243파운드.

또한 회사 입장에서도 새로운 방식이 더 이익이라는 점을 알 수 있다. 기존에는 이 직원에게 1,000파운드의 월급과 함께 128파운드의 사회보험료(12.8%)를 지불했다. 그러나 현행 방식에서는 실지급 임금(757파운드), 바우처(243파운드), 바우처회사 수수료(12파운드), 사회보험료(31파운드) 등을 모두 합해도 이전에 비해 18.9파운드만큼 지출이 감소하였다.

표 5-10 회사의 경우 보육비용 지출 사례 (단위=파운드)

구 분	기존 방식	바우처
실지급 임금	1,000.00	757.00
바우처	0.00	243.00
바우처회사 수수료 지급(5%)	0.00	12.15
사회보험료(12.8%)	128.00	96.90
1인당 총 인건비	1,128.00	1,109.05

자료: 매일경제(2010.6.10)

다. 전달방식 및 내용

영국의 고용주연계보육비지원 제도는 저소득층 및 중산층을 대상으로 하는 보육비 근로세액감면을 받지 못하는 고소득층이 공식 보육서비스를 이용하는데 소요되는 비용을 지원하는 제도이다. 이 제도 하에서 대부분의 고용주가 바우처 회사를 통해 지원 과정을 관리하며, 일부 소규모 회사는 보육서비스 공급자에게 직접 보육비를 지원하고 있다(Bartholomeou 외, 2009: 33).

만 4세의 자녀를 양육하고 있는 모든 부모가 보육바우처를 이용할 수 있다(영국은 만 5세부터 의무교육임). 소득세나 사회보험료가 공제되어 매월 최대 243파운드의 보육바우처(주별 최대 55파운드)를 받을 수 있다.[18] 대부분의 고용주는 직원의 기존 월급의 일부로 보육바우처를 지원하지만, 기존 월급에 보육바우처 금액

18) 제도가 시작되었던 2005년에는 주별 50파운드의 보육바우처가 제공되었으나 2006년 주별 55파운드로 증액되었다(Hakim 외, 2008: 76). 영국정부는 2011년부터 기본적인 세금을 내는 근로자에게는 주별 55파운드의 보육바우처를 그대로 지급할 것이지만, 보다 높거나 추가적인 세금을 내야하는 근로자에 대해서는 각각 주별 28파운드와 주별 22파운드의 보육바우처만을 제공하는 방식으로 제도를 조정할 예정이다(HM Treasury, 2010).

을 추가하는 방식으로 지원할 수도 있다(Bartholomeou 외, 2009: 33).

보육바우처를 수급받는 부모는 Ofsted에 보육서비스 제공자로 등록한 모든 유형의 보육서비스를 이용하기 위해 보육바우처를 사용할 수 있다. 특히 고용주가 특정 바우처 회사와 계약을 맺고 있는 경우는 그 회사에서 지원하는 보육서비스를 이용할 수 있다.

현재 영국에서 5세 이하 유아를 대상으로 보육서비스를 제공하는 보육시설은 매우 다양하다. 독립기관인 공립유아학교, 어린이센터, 사립어린이집, 초등학교 부설 유아학급과 초등학교 준비반, 부모들이 주체가 되어 결성한 놀이반, 개인이 자신의 집에서 3명 이하의 아이들을 돌보아주는 보육사(childminer) 등이 존재한다(권영임, 2008: 117~118).

표 5-11 영국 보육기관과 교사의 자격

형태	연령(세)	교사 : 학생 비율	교사자격
공립유아학교 (maintained nursery school)	3~4	1 : 10	주임: 3~4년 과정 보조: 2년 과정
유아학급 (nursery class)	3~4	1 : 13	주임: 3~4년 과정 보조: 2년 과정
초등학교 준비반 (reception class)	4~5	1 : 15	담임: 3~4년 과정
놀이반 (playgroup)	2.5~4	1 : 8	주임: 3~4년 과정 보조: 2년 과정
어린이 센터 (children's center)	3~4	1 : 10	주임: 3~4년 과정 보조: 2년 과정
사립어린이집 (day nursery)	0~4	연령에 따라 다름	주임: 3~4년 과정 보조: 2년 과정

자료: Tassoni(2005), 권영임(2008: 118)에서 재인용.

라. 예산규모

영국 정부는 1997년부터 2006년까지 유아교육, 부모 지원, 보육인력지원, 세금공제, 고용주연계보육비지원 등의 보육 및 유아 대상 서비스를 위해 약 170억 파운드를 지출하였다.

그림 5-6 영국 정부의 연간 유아 대상 지출액: 1997년~2005년

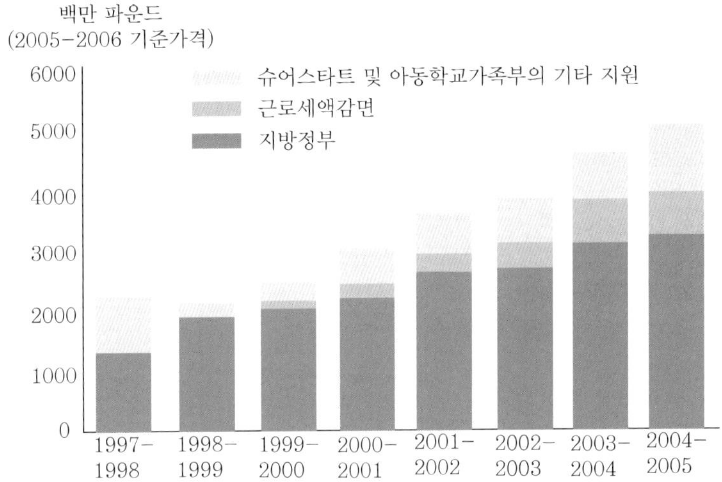

자료: Hakim 외,(2008: 75).

사례 영국의 1996~1997년 유아교육 바우처제도 운영 개관

□1996년 유아교육 바우처제도 시범운영

○실시 지역

영국 교육부는 공모를 통하여 4개의 지역교육청(Kensington & Chelsea, Norfolk, Wandsworth Westminster)에서 유아교육 바우처제도를 시범운영하였다. 위의 시범지역에서 1996년 여름학기에 91%의 학부모가, 그리고 가을학기에 93%의 학부모가 바우처를 이용하였다. 그리고 유치원에서 사용된 유아교육 바우처는 교육청을 통해 현금으로 상환되었다.

ㅇ수혜자격 및 지원금액

부모가 원하는 경우 모든 4세 유아를 대상으로 11,000파운드의 유아교육 바우처를 지급하였다. 이는 대부분의 유아교육시설에서 4세 유아가 반나절 정도의 유아교육 서비스를 일 년간 받을 수 있는 금액이다(권영임, 2008: 199). 사립유치원을 이용할 경우 바우처를 초과하는 금액은 학부모가 부담하도록 하였다.

ㅇ지원방식

바우처는 일 년치 52장을 한 다발로 묶어서 주었다. 즉, 일주일에 한 장인 셈이다. 이는 민간영역의 유치원에 부모들이 돈을 지불하는 방법에 기준을 둔 것인데, 일주일 단위로 한 장씩 유치원에 떼어주고, 그 유치원이 마음에 들지 않으면 일주일 단위로 다른 유치원으로 옮길 수 있도록 설계한 것이다.

ㅇ교사노조의 유아교육 바우처에 대한 반발

교육부는 바우처제도에 관한 홍보가 잘 되었기 때문에 시행 과정에 교육청과 유치원, 학부모 사이에서 특별한 혼란이나 문제는 발생하지 않았다고 발표했다. 그러나 이러한 정부의 발표에 대해 교사노조 측에서는 위의 네 개 지역교육청은 전국의 150개 지역교육청을 대표한다고 볼 수 없다고 주장했다. 즉 대표성의 문제를 제기했다.

ㅇ행정비용에 대한 문제 제기

1995년 7월 정부가 예측하기로는 영국 전역으로 바우처를 확대할 경우, 총 바우처의 가격은 7억파운드(약 1조4천억원)이며, 행정비용은 1천만파운드(약 2백억원)으로 총 유치원 예산의 약 1.4%에 해당할 것이라고 예측했었다.

그러나 노조 측의 주장에 따르면 바우처를 구축하기 위한 학교와 교육청의 행정비용으로 정부는 네 개의 교육청에서 합계 25만파운드(약 5억원)를 지불했다. 이 네 개의 교육청 관할지역의 바우처 가격은 총 5백만 파운드였다. 총 유치원 예산의 약 5%가 행정비용으로 든 셈이다.

ㅇ시범 실시과정에 나타난 문제점

우선 불충분한 바우처금액으로 인해 교육비용이 높은 지역에서 학부모의 추가비용 지출이 과다하게 나타났다. 또 공사립 간 바우처 상환방법이 달라 공정한 경쟁환경이 조성되지 못하였다. 한편 유아교육 시장의 미성숙으로 인해 공급부족 지역이 존재하여 자의적인 학생선발 현상이 나타났다. 더욱이 만 4세 아동을 둔 가정에게 특히 유리한 제도로 소득재분배의 왜곡을 가져온다는 지적도 있었다.

자료: 최봉섭(2008).

2) 바우처 방식의 특성

보육서비스의 경우 소비자에 대한 지원방식으로 현금을 지원하기 보다는 보육바우처를 제공하는 국가가 늘어나고 있다. 이는 보육바우처가 가진 아래와 같은 장점 때문이다.

(1) 부모의 선택권 보장

보육서비스에 대한 부모의 선호는 다양하기 때문에 일방적인 공급자 지원보다는 소비자들의 선택권을 보장해주는 방식이 훨씬 의미 있다. 자신의 자녀를 누가 돌볼 것인지(보모, 조부모, 친척, 보육교사 등), 얼마나 오랜 기간 동안 다른 사람에게 자녀를 맡길 것인지(일정 시간, 종일, 야간 등), 자녀가 몇 살이 되었을 때부터 다른 사람에게 맡길 것인지(6개월, 18개월, 36개월 등), 어떤 기관에 자녀를 맡길 것인지(유치원, 국공립보육시설, 직장보육시설, 가정보육시설, 부모협동보육시설 등) 등에서 부모의 선호는 다양하다. 이러한 선호를 만족시키기 위해서는, 정부가 일방적으로 보육서비스를 제공하는 것이 아니라 부모의 선택권을 보장할 수 있는 보육바우처가 최적의 방식이다(Hakim 외, 2008: 6).

(2) 민간 역량의 활용

특히 아직 보육서비스의 공급이 부족하지만 그 부족분을 정부가 시설을 설립함으로써 감당하기는 재정적으로 힘든 경우, 바우처 제도는 민간의 역량을 활용할 수 있는 방안으로서 적절할 것이다. 앞서 언급하였듯이, 민간역량을 활용하기 위해 보육바우처를 도입한 영국이 대표적인 사례라고 할 것이다.

(3) 보육의 질 보장

부모가 어떠한 유형의 보육을 받을 것인지 선택할 수 있으면서도 질 낮은 보육에 대해서는 정부보조금을 지급하지 않기 위해서는, 일정 수준을 갖춘 보육서비스만을 이용할 수 있도록 제한할 필요가 있다. 이 경우에 보육바우처가 최적의 정부지원방식이라고 할 것이다(Daniels & Trebilcock, 2009: 274).

한편 일정 수준의 보육서비스를 제공을 담보하기 위해 보육바우처제도와 더불어 추가적인 정보제공제도가 필요하다. 정부는 공급기관의 자격·운영기준을 마련하고 학부모들이 질 높은 보육서비스를 선택할 수 있도록 개별 기관의 보육서비스 수준을 공개해야 한다. 특히 미국에서는 개별 기관의 정보공개 수준과 제공 서비스의 질적 수준이 높을수록 보육바우처 금액의 상환율을 높이자는 주장도 제기되고 있다(Rigby 외, 2007).

(4) 보육바우처 제도를 위한 고려요소

바우처 제도를 도입한다고 해서 소비자의 선택권이 바로 확대되는 것이 아니며, 소비자의 선택권을 보장하기 위해서는 다음의 몇 가지 요소들이 확보되어야 한다(Kirby & Burwick, 2007).

첫째, 적정 수준의 바우처 지원금액이 결정되어야 한다. 바우처 지원금액은 민간시장의 가격을 반영해야 하지만, 굳이 전액을 보조할 필요는 없다. 바우처 지원금액을 어떻게 결정하느냐에 따라 공급자 혹은 소비자의 보육서비스 참여에 영향을 줄 수 있다. 따라서 보육바우처를 제공하는 목표를 달성할 수 있도록 제공량을 결정할 수 있다.

둘째, 바우처제도를 통해 서비스 전달표준이 구축되어야 한다. 명시적인 계약 조건이 없는 상황에서, 바우처 제도는 공급자의 프로그램 진입 및 유지 조건을 규정하고 금전적 유인을 제공함으로써 서비스 전달표준을 구축할 수 있다.

셋째, 소비자 교육을 실시해야 한다. 정보 과잉 상황에서 소비자교육은 반드시 필요하다. 서비스를 공급하는 여러 공급자에 대한 정보를 그대로 전달하는 것보다 객관적 척도로 서비스를 등급화할 수 있도록 소비자 교육을 실시하는 것이 더욱 바람직하다.

넷째, 공급자의 참여 촉진이 필요하다. 시장가격보다 낮은 바우처 상환율은 공급자가 바우처를 받지 않도록 함으로써 수혜자의 선택권을 감소시킬 수 있다. 면허기준이나 자격조건을 완화하여 공급자의 참여를 증대시킬 수는 있지만 반대급부로 서비스의 질이 낮아질 수 있다. 따라서 양자의 상충관계를 고려하여 양질의 보육서비스를 제공하는 공급자가 참여할 수 있는 방안을 고민해야 할 것이다.

3. 보육바우처의 성과와 한계

1) 보육바우처의 성과

(1) 효율성

특히 한국은 보육바우처를 전자바우처 방식으로 활용함으로써 효율성 측면에서 상당히 긍정적인 결과가 나타나고 있다. 예를 들어, 보건복지부는 기존의 공급자방식에서 전자보육바우처 방식으로 제도를 변경함으로써 보육시설에 정부의 지원금이 입금되는 기간이 15일에서 5일로 단축되었다(보건복지부, 2010a). 또한 정책자료로 활용하기 위한 보육서비스 관련 정보를 수집하는데 있어서도 시간과 업무량이 단축되었다. 기존에는 보육서비스 지원을 받는 대상자 현황을 파악하기 위해서는 매월 보육시설에서 재학생에 대한 정보를 알려주고 이를 지자체에서 취합하여 보고하기까지 어느 정도의 시간이 소요되었다. 하지만 이제는 전산시스템을 활용하여 즉각적으로 다양한 측면에서 보육서비스 지원현황을 파악할 수 있게 되었다.

(2) 민간시설의 활용

다양한 보육수요에 비해 공급이 부족한 상황에서 보육바우처 제도는 민간시설을 활용할 뿐만 아니라 새롭게 공급을 창출해내는 수단으로 활용될 수 있다. Catteral과 Williams(1985)는 미국 뉴저지 주의 허드슨 카운티에서 부족한 보육서비스를 충족시키기 위해 보육바우처 제도를 도입하여 민간시설을 활용한 사례를 설명하고 있다(Besharov, 2003: 15 재인용). 1980년대 초, 허드슨 카운티의 국공립 보육시설에는 저소득층 아동을 위한 공간이 부족한 반면 민간시설의 17%는 공석이었다. 이에 추가적인 시설을 건설하거나 정부지원시설로 계약하는 대신, 카운티의 정부는 2년 기간의 보육바우처를 발행하였다. 부모에게 주정부계약시설 가격의 75%에 해당하는 바우처가 제공되었고, 이를 시설 혹은 가정·친척 보육을 위해서도 사용할 수 있었다. 이후, 저소득층 가구에 대한 바우처 지원 방식은 성공적이었다고 평가되었다. 부모들은 민간시설만을 활용하는데 그치지 않고 보다 다양한 보육서비스를 이용할 수 있었고, 지리적 조건으로 인해 이전에는 보육을 받지 못한 아동들도 받을 수 있게 되었다. 또한 기관계약가격보다 낮은 금액으로 바우처가 제공됨으로써 전체 비용도 25% 감축할 수 있었다.

(3) 공급기관 확대

정부의 보육바우처 제공은 새로운 수요를 만들어내기 때문에 보육서비스 시장에 신규 공급기관의 참여가 확대될 수 있다.

예를 들어, 핀란드는 1995년~1997년 보육바우처를 제공하여 그 효과를 추정하는 연구를 수행하였다. 그 결과 대부분의 보육바우처 수급자가 민간시설을 선택하여 보육바우처 제공은 보육서비스 공급을 증가시키는 결과를 가져왔다(Viitanen, 2007). 특히

1998년 민간보육시설 중 22%는 보육바우처 시행으로 인해 시장에 진입하였으며, 연구 기간 동안에 보육시장에 진입한 민간보육시설 중 59%는 정부가 시행하는 보육바우처 때문에 시장에 진출했다고 한다(Viitanen, 2007). 이와 유사하게 호주와 네덜란드에서도 보육바우처제도의 도입에 따라 유효수요가 생겨나서 보육서비스를 제공하는 민간시설이 증가하였다(Warner & Gradus, 2009).

2) 보육바우처의 한계

(1) 미국 · 호주 · 네덜란드의 보육바우처 제도 도입에 따른 시장변화

특히 국가적으로 보육바우처 제도를 도입한 미국 · 호주 · 네덜란드의 보육서비스 시장 변화에 주목할 필요가 있다. 공립 유아교육시설이 이미 상당한 수준으로 구축된 호주와 네덜란드에서는 모든 부모에게 소득에 따라 보육바우처를 차등 분배함으로써 유효수요와 더불어 영리 보육시설의 공급이 증대하였다. 또한 정부가 보육가격을 결정하고 보육의 질적 수준을 평가하였기 때문에 질적 수준도 안정적으로 유지되었다(Warner & Gradus, 2009: 17). 반면, 미국에서는 저소득층에게만 보육바우처를 지급하여 유효수요는 거의 증가하지 않았고 비공식보육과 비영리기관의 공급만 증가하였다. 특히 시장가격의 약 75%라는 보육바우처의 낮은 상환율로 인하여 영리 공급기관이 증대되지 않았을 뿐만 아니라 질적 수준도 향상되지 못하는 것으로 나타났다(Warner & Gradus, 2009: 17-18). 결국 미국에서는 보육서비스 공급의 부족을 해결하기 위해 고용주와 지방정부가 주도하고 있어, 영리기관의 역할이 증대되는 호주 및 네덜란드와는 반대되는 현상이 나타나고 있다(Warner & Gradus, 2009: 18).

(2) 정보비대칭으로 인한 부모의 역선택 문제

양질의 보육을 받으면 아동이 특별교육을 받을 확률이 낮아지고(Lazar & Darlington, 1982), 학업성취도가 향상되며(Ramey & Campbell, 1991), 건강상태도 향상되는(Waldfogel, 2002) 등 다양한 긍정적인 효과가 발견되고 있다(Mocan, 2007 재인용). 이러한 긍정적인 효과에 바탕을 두어 일부는 양질의 보육이 공공재로서의 특성을 가지고 있다고 주장한다. 즉 개인이 얻는 이익뿐만 아니라 사회전체적으로 긍정적인 외부효과를 지니고 있다고 한다(Poterba, 1995; Mocan, 2007 재인용).

다만 긍정적인 외부성에도 불구하고 보육시설의 질에 대한 부모의 정보비대칭 문제로 인해 역선택이 발생할 가능성이 높다. 미국 4개 주의 400개 보육시설을 대상으로 전문가와 부모의 질적 평가를 비교분석한 결과, 부모들이 제공되는 정보를 모두 이용하지 못할 뿐만 아니라 학력, 인종, 결혼유무 등 개인적 특성에 따라 정보를 해석하고 있어 보육시설에 대한 역선택이 이루어질 가능성이 높은 것으로 나타났다(Mocan, 2007). 보육시설의 질을 향상시키기 위해서는 상당한 투자가 필요하다(Mocan, 1997). 그럼에도 불구하고 각 시설의 질에 대해 부모가 합리적으로 선택하지 못한다면 보육시설 운영자들은 시설투자를 하지 않을 가능성이 높고, 결국 보육시장에는 질이 낮은 시설만 남을 가능성이 높다. 또한 동일한 보육의 질에 대해 훈련받은 평가자보다 부모들이 항상 더 높은 점수를 부여하는 경향이 있다. 특히 자녀가 받고 있는 보육에 대해 더 높은 점수를 준다고 한다(Cryer & Burchinal, 2003).

(3) 지역 및 특수아동을 위한 보육기관 부족

보육공급자들이 빈곤지역에 대해서는 투자를 하지 않아 저소득층 자녀들은 질 낮은 보육서비스를 제공받는 불평등 문제가 발생할 수 있다(OECD, 2006: 100). 이미 시골과 같이 아동이 적은 지역은 공급되는 보육의 양이 적어서 양질의 보육을 확보하기 어려우며, 영아보육 혹은 장애아보육을 제공하는 공급자도 적다(Kaplan, 2002: 한유미, 2009: 42 재인용). 이러한 특수아동서비스의 영역은 바우처와 같은 시장형 수단보다 직접 정부가 국공립 시설을 확충하여 제공하는 것이 효율적이다.

(4) 보육바우처의 가치와 보육가격의 변화

공급이 가격에 민감하게 반응하지 않는다면, 즉 보육바우처 지급으로 보다 많은 부모들이 보육시설에 자녀를 보내려고 해도 이에 맞추어 보육시설이 증대되지 않는다면 의도하지 않은 결과가 발생할 수 있다. 보육공급자는 보육바우처 지원으로 안정적인 수요를 확보하게 되는 반면, 소비자는 보육바우처가 없었을 때보다 질적 개선을 별로 얻지 못한다. 오히려 상당한 보육바우처의 공급으로 인해 시장에서 수요만 증가하여 보육서비스 가격이 급격히 상승할 수도 있다(Daniels & Trebilcock, 2009: 254-255).

4. 보육바우처에 대한 향후 전망

1) 보육서비스의 질적 수준 향상

보육서비스는 양적 측면뿐만 아니라 질적 측면도 상당히 중요하다. 대부분의 부모들이 일부 민간시설을 제외하고는 국공립 보육시설을 가장 선호하는 이유는 시설규모, 아동 대비 교사비율 등과 더불어 국공립 보육시설의 교사들이 민간시설에 비해 나은 근로조건에서 일하면서 자녀에게 더 많은 관심을 쏟는다는 점을 알기 때문이다(매일경제, 2010.6.8).[19] 실제 연구결과에서도 양질의 보육서비스가 가정내 보육환경과 더불어 아동의 인지능력(cognitive) 및 언어구사력(language skill)에 상당히 긍정적인 영향을 미치는 것으로 분석된 바 있다(NICHD & Duncan, 2003: 1455).

한국의 경우 지난 2009년 보육바우처가 지급된 이래 매년 지원액수 뿐만 아니라 지원대상자의 범위도 확장되고 있다. 저출산·고령화 사회의 도래로 인하여 여성의 경제활동참가를 촉진하려는 사회정책적 흐름도 양질의 보육서비스에 대한 지속적 수요를 창출할 것으로 보인다. 이에 정부는 기존의 민간시설뿐만 아니라 각종 국공립학교, 공기업, 준공공기관의 건물 등 공공기관에 보육시설을 건립하도록 제도적 뒷받침을 해야 한다. 현재 지나친 민간중심 보육전달체계로는 바우처의 효과를 제대로 살릴 수 없다. 그 이유는 민간보육시설이 각종 특별활동비 명목으로 보육비용을 계속해서 올리기 때문이다. 이를 막기 위해서는 국공립보육시설을 대폭 확충하여 부모들이 민간시설 뿐만 아니라 국공립시설도 선택할 수 있도록 해 주어야 한다.

2) 보육서비스 평가제도의 개선 및 평가결과의 공개

보건복지부는 개별 보육시설에 대한 정보를 공개하고 있고, 시설이 보건복지부의 인증을 받았는지 여부도 공개하고 있다. 그러나 인증에서 탈락한 곳은 공개하지 않아 부모들이 정보를 이용하는 데 있어 한계가 있다. 교육과학기술부 역시 정부에서 관리하는 유치원은 모든 시설에 대해 인증하고 있지만 이에 대한 구체적인 정보는 공개하지 않고 있다.

19) 2009년 보육시설 실태조사에 따르면, 보육교사는 1일 평균 9.5시간 근무하여 월 평균 약 126만원의 급여를 받고 있었는데, 호봉제 규정을 준수하는 국공립시설은 월평균 155만원을 지급하는 반면 민간시설과 가정보육은 각각 월평균 113.8만원과 101.9만원을 지급하고 있어, 시설유형에 따른 급여격차가 상당한 것으로 나타났다(유희정 외, 2009).

표 5-12 한국과 영국의 보육시설 평가방식 비교

한 국	구 분	영 국
어린이집: 보건복지부 유치원: 교육과학기술부	조사기관	교육기준청(OFSTED)
어린이집: 권고사항 유치원: 필수	강제성	의무
인증여부만 판단	조사결과	설비: 기준 충족 여부 서비스: 항목별 점수 1~4단계로 분류
어린이집: 인증기관만 공개 유치원: 공개 안함	결과 공개	등급 및 조사 상세 내역 모두 공개
안 함	탈락시설 공개	공개
어린이집: 3년 유치원: 1년	검사주기	3년, 원장이 바뀌는 등 중요 변화가 있는 경우
불가	부모의 조사 의뢰	가능

자료: 매일경제(2010.6.9).

앞서 살펴보았듯이, 보육바우처의 선택권이 제대로 작동하기 위해서는 제공되는 보육서비스 자체에 대한 정보뿐만 아니라 그 서비스의 질적 수준에 대한 정보가 필수적임에도 불구하고 아직 관련 정보가 상당히 미흡한 것이다. 따라서 향후 보육서비스에 대한 기본적인 정보뿐만 아니라 그 품질에 관한 정보까지 공개하여 부모의 선택권이 제대로 보장되어야 한다.

3) 보육바우처와 유관 정책수단의 연계(policy mix)

앞서 언급된 반론을 고려하면서 아동을 위한 최적의 보육서비스를 제공하기 위해서는 보육바우처를 주된 방식으로 하면서 이외에도 여러 재정지원방식을 함께 운영하는 정책수단의 혼합

(policy mix)이 필요할 때도 있다(Warner & Gradus, 2009). 예를 들어, 보육바우처제도를 도입한 호주·네덜란드·미국 모두에서 전체 보육서비스 공급은 증가한 반면 오히려 시골 지역의 보육서비스 공급은 감소했다(Warner & Gradus, 2009: 17). 이를 해결하기 위해 시골 지역의 비영리기관과 보육서비스를 제공하도록 계약을 맺거나 공급자 보조금을 지급하거나 혹은 정부가 직접 보육서비스를 제공하는 등 다른 형태의 정책수단이 요구된다. 다시 말해 보육바우처의 효과적 운영을 위해서는 공급자 중심 시스템과 유기적으로 연계해야 한다.

그 이유를 살펴보면, 첫째 공식적인 보육서비스 뿐만 아니라 비공식 보육서비스의 질적 수준을 담보하기 위한 정부의 규제 및 지원이 필요하다(Warner & Gradus, 2009: 2). 특히 개인적 상황으로 인해 탄력적인 보육서비스가 필요한 부모들은 비공식 보육서비스를 이용하는 비율이 훨씬 높다. 따라서 비공식 보육서비스에 있어 일정 정도의 질적 수준을 확보하는 것이 필수적이다. 둘째, 시골 및 저소득 지역에서 보육서비스를 제공하는 비영리기관에게는 공급자 보조금을 지급하여야 한다. 이를 통해 시장기제에 따른 바우처 시스템으로 말미암아 보육서비스를 받지 못하는 아동이 발생하지 않도록 해야 한다(Warner & Gradus, 2009: 2). 셋째, 지역사회와 고용주의 참여를 통해 더욱 포괄적인 보육서비스를 제공할 필요가 있다(Warner & Gradus, 2009: 2). 아직 한국의 경우 민간기업이나 공공기관에서 보육시설을 적극 확충하는 각종 제도적 유인장치가 부족하다.

4) 공공 보육시설의 지속적 확충: 기존 공공건물의 활용

무엇보다 우리의 경우 공공보육시설을 확충할 필요가 있다.

보육바우처에 내재된 선택권을 충분히 보장하기 위해서는 민간보육시설 뿐만 아니라 공공보육시설도 충분해야 한다. 현재 민간보육시설의 경우 적정한 가격에 만족스런 시설을 찾기 어려운 실정이므로 공공보육시설 확충을 통해 이를 보완할 필요가 있다.[20] 현재 민간보육시설의 경우 각종 특별활동 명목으로 끊임없이 추가 보육비를 요구하고 있다. 이러한 상황을 고려할 때 이를 견제할 방안은 국공립학교와 공공기관에 공공보육시설을 확충하는 것이다. 바우처를 통한 민간보육시설간 경쟁만으로는 그 비용을 억제하기 어렵다. 이러한 민간기관의 경쟁에 따른 비용상승 문제는 현재 사교육시장에서도 잘 드러난다. 공공보육시설 확충은 새로운 부지를 찾아 짓는다면 비용과 시간이 많이 소요되기 때문에 기존 공공시설을 활용하여 보육시설을 짓도록 해야 한다.

20) 현재 민간보육시설의 경우 부모의 선택권을 보장할 만큼 가까운 거리에 좋은 시설이 없다. 이를 보완하기 위해 좋은 공공보육시설을 필요한 곳에 지어야 한다. 그래야 보육바우처를 이용해 공공시설과 민간시설을 골라서 선택할 수 있다. 그런데 정부는 공공보육시설을 확충해야 됨에도 불구하고 최근 이에 필요한 예산을 줄였다. 국공립보육시설 신축 규모는 2007년 112개소에서 2010년 10개소로 감소했다. 참여연대의 경우 앞으로 국공립보육시설을 아동 수 대비 30%로 확충할 것을 제안한 바 있다. 이처럼 공공보육시설 증설뿐만 아니라 민간보육시설에 대한 특별활동처럼 보육비용 증가에 대한 모니터링과 안전에 관한 규제도 강화되어야 한다. 나아가 보편적 보육권리를 법제화하여 보육바우처의 선택권을 기본 권리로 제도화해야 한다. 또한 고품질의 다양한 형태의 보육서비스에 쉽게 접근할 수 있도록 국공립과 민간의 양립하는 보육체제를 만들어야 한다. 이를 위해서는 위에서 언급한 것처럼 공공보육시설을 확충해서 민간보육시설의 한계를 보완하도록 해야 한다.

참고문헌

교육과학기술부, (2010), 『2010년도 유아학비 지원계획』.

______, (2009), 『유아학비지원 전자카드제 및 e-유치원시스템 구축 교육자료』(http://childschool.mest.go.kr) (접속일: 2010년 7월 21일).

권영임, (2008), 영국 유아교육개혁에 대한 분석적 고찰, 『유아교육·보육행정연구』, 12(1): 111-131.

김영민, (2010), 미국의 아동양육보조금의 주요내용과 고용 효과, 『국제노동브리프』, 2010년 4월호: 57-63.

문무경, (2007), 『영국의 육아정책』, 서울: 육아정책개발센터.

보건복지부, (2010a), 2010년 6월말 현재까지, 어린이집 이용아동 꾸준히 증가. 2010년 7월 16일 보도자료.

보건복지부 (2010b), 『아이사랑카드업무편람(공무원용)』, 보건복지부.

신은수·유영의, (2006), 유아교육 학제 선진화방향 모색: 2000년 이후 미국의 K-grade 체제 반성과 Pre-Kindergarten 체제 구축 과정, 『미래유아교육학회지』, 13(4): 257-288.

유희정 외, (2009), 『2009년 전국보육실태조사: 보육시설조사 보고서』, 보건복지가족부·한국여성정책연구원.

정광호, (2005), 『육아바우처의 쟁점과 현황』, 서울대학교 행정대학원 한국정책지식센터.

최성은, (2010), 바우처와 현금지원: 보육료지원사업을 중심으로, 『재정학연구』, 3(1): 145-181.

최봉섭, (2008), 영국의 바우처제도 실천사례, 교육개발, 164.

한유미, (2009), 보육바우처 도입의 과제: 미국과 스웨덴의 사례를 중심으로, 『아동과권리』, 13(1): 33-56.

Bartholomeou, P., Dorkings, P., Egan, K., Hampson, R. (2009), *Childcare Advance: scoping the need for help with up-front costs*. London: Daycare Trust.

Besharov, D. J. (2003), *Creating a Marketplace for Social*

Welfare Services: Using Vouchers and Other Forms of Bottom-Up Decision Making to Give Clients Choice and to Improve Services. AMERICAN ENTERPRISE INSTITUTE.

Besharov, D. J., Higney, C. A. & Myers, J. A. (2007), *Federal and State Child Care and Early Education Expenditures (1997-2005): Child Care Spending Falls as Pre-K Spending Rises.* Welfare Reform Academy University of Maryland.

Caluori, J. (2009), *Childcare and the Recession.* London: Daycaretrust.

Catteral, B. & Williams, C. (1985), New Jersey Bureau of Research, Evaluation, and Quality Assurance, Division of Youth and Family Services, VOUCHER SUBSIDIZED CHILD CARE: THE HUDSON COUNTY PROJECT 2-8.

Child Care Bureau (2006), *Overview of the Child Care and Development Fund*(Fiscal Years 2006-2007).

Child Care Bureau (2010), *What Congregations Should Know About Federal Funding for Child Care* (www.acf.hhs.gov/programs/ccb/providers/faithbased.pdf).

Cryer, D. & Burchinal, M. (1997), Parents as Child Care Consumers. *Early Childhood Research Quarterly,* 12(1): 35-58.

Cunha, F., Heckman, J. J., Lonchner, L. & Mastarov, D. V. (2005), *Interpreting the Evidence on Life Cycle Skill Formation.* IZA Discussion Paper No. 1675.

Daycare Trust (2009), *Childcare Advance: scoping the need for help with up-front costs.* Daycare Trust.

Dickens, W. T., Sawhill, T., & Tebbs, J. (2006), The Effects of Investing in Early Education on Economic Growth. *Policy Brief 153.* The Brooking Institution.

Daniels R.J., Trebilcock, M.J. (2005), *Rethinking the Welfare State: The Prospects for Government by Voucher.* 장승옥, 지은구, 김은정 역, (2009), 『복지국가와 바우처』, 서울: 학지사.

Glass, Jennifer L., and Estes, S. B. (1997), The Family Responsive Workplace. *Annual Review of Sociology*, 23: 289-313.

Greenberg, M. (2007), Next Steps for Federal Child Care Policy. *The Future of Children*. 17(2): 73-96.

Hakim, C., Bradley, K., Price, E. & Mitchell, L. (2008), *Little Britons: Financing Childcare Choice*. Policy Exchange: London.

Harpley A. and Roberts A. (2006), *You can survive your early years ofsted inspection*. Englan : Scholastic.

Heckman, J. J. (2006), Skill Formation and the Economics of Investing in Disadvantaged Children. *Science*, 312(6): 1900-1902.

HM Treasury (2010), *Budget 2010*. LONDON: The Stationery Office.

Holod, A., Johnson, A. Gardner, M., Martin, A., & Brooks-Gunn, J. (2010), Contracts, Vouchers, and Child Care Subsidy Stability. APPAM. Draft: October 18, 2010.

Kaplan, Jan. (2002), *Child Care Funding and Policy Issues*. (Reauthorization Notes Vol. 2 No. 1). Washington, DC: Finance Project.

Kimmel, J. (2006). Child Care, Female Employment and Economic Growth, Community Development. *Journal of the Community Development Society*, 37(2): 71-85.

Kirby, G. & Burwick, A. (2007), *Using Vouchers to Deliver Social Services: Considerations Based on the Child Care and Development Fund (CCDF) and Temporary Assistance for Needy Families (TANF) Program Experiences*. Washington, DC: Mathematica Policy Research, Inc.

Lazar, I & Darlington, R. (1982), *Lasting effects of early education: a report from the consortium for longitudinal studies*. The University of Chicago Press, Chicago.

Mocan, H. N. (1997), Cost functions, efficiency, and quality in day care centers. *Journal of Human Resource*, 32(4): 861-89.

Mocan, N. (2007), Can consumers detect lemons? An empirical analysis of information asymmetry in the market for child care. *Journal of Population Economics*, 20: 743-780.

National Child Care Information and Technical Assistance Center (2008), *The Child Care and Development Fund Report of State and Territory Plans FY 2008-2009*.

National Institute of Child Health and Human Development (NICHD), & Duncan, G. (2003), Modeling the impacts of child care quality on children's preschool cognitive development. *Child Development*, 74: 1454-1475.

OECD (2001), *Start Strong I: Early Childhood Education and Care*.

OECD (2006), *Start Strong II: Early Childhood Education and Care*.

Palley, E. (2010), Who cares for children?: why we are where we are with American child care policy. *Children and Youth Services Review*, 32: 155-163.

Poterba, J. (1995), Government intervention in markets for education and health: how and why. In Fuchs (ed.). *Individual and Social Responsibility* (pp 277-304). Chicago, University of Chicago, Illinois.

Rigby, E., Ryan, R., Brooks-Gunn, J. (2007), Child care quality in different state policy contexts, *Journal of Policy Analysis and Management*, 26(4): 887-908.

Ramey, C. & Campbell, F. (1991), Poverty, early childhood education and academic competence: the Abecedarian experiment. In Houston (ed.). *Children and poverty: child development and public policy* (pp.190-221). Cambridge University Press, New York.

Shellenback, K. (2004), *Child Care and Parent Productivity: Making the Business Case*. Ithaca, NY: Department of

City and Regional Planning, Cornell University.

Tassoni, P. (2005), *Children's Care, Learning & Development.* Oxford : Heinemann.

Vandell, D. & Wolfe, B. (2000), Child care quality: Does it matter and does it need to be improved?, University of Wisconsin-Madison, *Institute for Research on Poverty Special Report 78.*

Viitanen, Tarja K. (2007), *Childcare Voucher and Labour Market Behaviour: Ex-perimental Evidence from Finland.* Sheffield Economic Research Paper Series, SERP Number: 2007011, United Kingdom.

Waldfogel, Jane (2002), Child Care, Women's Employment, and Child Outcomes. *Journal of Population Economics*, 15: 527-548.

Warner, M.E. & Gradus, R. (2009), *The Consequences of Implementing a Child Care Voucher: Evidence from Australia*, the Netherlands and USA. Tinbergen Institute Discussion Paper 09-078/3.

Warner, M. E. (2006), Putting Child Care in the Regional Economy: Empirical and Conceptual Challenges and Economic Development Prospects. Community Development. *Journal of the Community Development Society*, 37(2): 7-22.

매일경제, 2010년 6월 8일자, 제1부 보육시설 넘친다는데 "아이 믿고 맡길데가 없어요".

매일경제, 2010년 6월 9일자, 제2부 보육시설 인증제 '눈가리고 아웅'.

Milwaukee Journal Sentinel, (2009.10.15.) List of child care providers cut off hits 99.

사회서비스관리원 홈페이지 http://www.socialservice.or.kr(접속일: 2010. 7.21.).

아이사랑보육포털 http://www.childcare.go.kr/cpis/parnts/content_6115.jsp(접속일: 2010.7.21.).

06 주택바우처

개 관

주거복지는 사회적으로나 경제적으로 큰 외부효과를 가져온다 (Daniels & Trebilcock, 2005: Chapter 4). 무엇보다 사회적 연대와 통합을 촉진하는 수단으로 상이한 소득계층 간 지역공동체 형성에 주거정책이 중요한 역할을 한다. 특정 소득집단끼리 주거집단이 폐쇄적으로 형성될 때 사회분열과 갈등이 커지고, 특히 빈곤층이 집중된 주거지역에서 각종 사회문제가 발생하고 재생산된다. 이런 의미에서 빈곤층에게도 일자리가 많고 학군이 좋은 지역에서 거주할 수 있는 자유를 실질적으로 보장할 수 있는 주거복지는 매우 절실한 정치사회적 요구이다. 또한 적절한 수준의 주거환경은 기대수명, 건강, 정치사회적 활동에도 긍정적 영향을 준다. 미국의 여러 빈곤지역에서 나타나듯이 이 거주지에서는 무기력증, 실업, 범죄, 가족파괴와 같은 사회문제가 구조화된다 (Wilson, 1987). 한편 저소득층에게 안정적 주거는 취업활동을 촉진하여 소득을 증가시키며 건강과 활동역량을 높여 노동생산성 향상에도 기여한다. 특히 지역사회의 고용창출과 산업활성화를 위해 적절한 주택공급정책이 설계되어 집행될 때 이러한 경제적 외부효과는 더욱 커질 것이다.

현대 복지국가에서 저소득층 주거복지에 대한 욕구는 다른 어떤 복지보다 그 수요가 크다. 그러나 여기서 혜택을 받는 집단은 다른 복지서비스와 비교할 때 그 수혜범위가 상대적으로 작다. 미국의 경우도 주거지원 혜택을 받을 수 있는 저소득층은 단지 36% 정도에 그치고 있다(Peterosn, 2000). 미국 빈곤가구의 절반은 총소득의 30%를 주거비 지출에 사용하고 있다. 또한 빈곤층의 약 25%는 물리적으로 부적절한 주택에서 살고 있다(Koebel, 1997). 한편으로는 중산층이나 상류층에 유리한 세제혜택도 문제이다. 지난 1913년 이후 미국은 주택소유자에게 세전소득에서 주택모기지 이자세와 재산세를 공제받도록 했는데, 이는 주택을 소유할 수 있는 중상류층만 혜택을 받기 때문이다. 이러한 세제혜택에 따른 간접적 지원규모는 1998년 약 596억 달러에 달했다. 또한 1998년 연평균 5만달러 이상 소득을 가진 가구에서 이 보조금의 52%를 받았다(Daniels & Trebilcock, 2005: Chapter 4). 우리의 경우도 기초생활수급자에게만 지급되는 주거급여가 있다. 하지만 차상위계층을 위한 주거지원은 거의 없다고 볼 수 있다. 미국의 경우도 주택바우처를 확대하고 싶지만 재원조달의 문제로 한계에 직면하고 있다.

주택바우처는 무엇보다 다른 바우처에 비해 공급측면을 함께 고려해야 하는 특성이 있다. 수요에 비해 부족한 주택을 단기간에 공급하여 확보하기 어렵기 때문이다. 만약 저소득층이 접근하기에 적절한 주택이 부족한 상황에서 주택바우처를 시행하면 오히려 저소득층 대상 주택수요를 증가시켜 임대료만 상승시키는 부작용을 낳을 수 있다. 주택바우처의 확대로 자연스럽게 새로운 주택공급으로 이어지기를 기대해서는 안 된다. 오히려 주택바우처로 인해 발생한 추가 수요에 대응하는 방식은 현행 공급물량을 유지하여 임대료를 올려 받는 결과를 초래할 것이다. 따라서 주택바우처 정책은 공급측면에서 저소득층 주택건설을 촉진할 수 있는 각종 진입장벽을 제거하고 주택공급을 촉진하는 정책이 병행되어야 한다. 저소득 임대주택의 건설이나 진입을 제한하는 각종 세제나 임대료 통제는 매우 조심스럽게 이루어져야 한다. 지나친 임대료 통제는 임대시장의 주택을 다른 시장으로 철수시켜 공급물량이 오히려 줄어들어 임대료 폭등을 초래할 수도 있다.

저소득층 주거지원은 공급측면과 수요측면을 동시에 보아야 한다. 우선 무엇보다 공급측면에서 저소득층이 접근가능한 충분한 주택이 건설되어야 한다. 대개 유럽국가들은 (비)영리주택조합에 보조금을 지원하는 형태로 주택공급을 촉진하려고 했다. 이러한 지원은 저소득 임대주택과 중산층 주택 건설에 대한 지원으로 구분할 수 있다. 저소득 임대주택에 대한 지원은 직접 저소득층이 지원받을 수 있도록 하는 것이다. 그러나 임대주택 건설의 수익성이 낮기 때문에 건설회사는 중산층 주택에 관심을 많이 기울인다. 그런데 여과효과(filtering effect) 때문에 중산층이 살던 주택에 저소득층이 거주하면서 결국은 저소득층 주택 공급이 늘어나는 효과를 가져온다. 이러한 이유로 중산층 주택건설에 정부지원이 정당화되기도 한다. 하지만 실제 정부지원이 없어도 민간건설회사에서 중산층 대상 주택을 건설하고자 했다면, 정부보조금만 낭비하는 구축효과만 초래할 뿐이다. 실제 정부보조금으로 중상층 대상 주택공급을 늘려도 이것이 여과효과를 통해 저소득층 주택을 늘리는데 영향을 주지 않았다는 연구도 있다(Murray, 1983).

수요측면의 보조금인 주택바우처도 그 이론적 이상형은 매우 바람직하다. 시장에 충분한 주택물량이 있을 경우 바우처 이용자는 원하는 곳에서 임대하여 거주할 수 있다. 집주인은 더 나은 주택시설과 서비스를 제공하기 위해 경쟁할 것이다. 그러나 현실은 그렇지 않다. 주택시장은 대개 수요증가에 비해 공급이 제때에 반응하지 않는 비탄력성이 크기 때문이다. 또한 주택의 특성상 공급에 일정 시차가 존재하기 때문에 주택바우처의 확대는 주택에 대한 초과수요만 유발하여 임대료를 상승시킬 수 있다. 나아가 주택시장에서 주택바우처 이용자는 이를 받지 못하는 차상위 소득집단과 함께 주택수요집단을 형성한다. 주택시장에서의 임대료 상승은 주택바우처를 받지 못하는 이들에게 추가적인 고통을 안겨줄 것이다. 주택바우처를 어떤 상황에서 어떤 규모로 시행할 것인가는 해당 지역의 주택공급의 탄력성을 고려하면서 조심스럽게 검토되어야 한다. 무엇보다 주택공급의 탄력성을 높이기 위해서는 주택공급의 유인을 억제하는 각종 정부규제에 대한 재검토가 함께 병행되어야 한다.

I 주택바우처 도입 배경

주택은 사회적 재화에 가깝기 때문에 정부의 규제와 지원이 절실한 영역이다. 주거복지가 안정되어야 건강이 유지되고 주거를 통해 다양하고 활발한 지역 사회활동이 일어난다. 주거지가 빈곤층이나 특정 인종을 중심으로 사회적 배제현상을 수반할 때

범죄를 비롯한 사회적 차별과 불평등에 따른 각종 사회문제가 배태된다. 빈곤, 범죄, 질병의 영속화뿐만 아니라 편향되고 배타적 사회문화가 재생산되는 곳이 바로 주거지이기 때문이다. 이는 뉴욕의 할렘가, 한국의 달동네와 같은 거주지에서 잘 드러난다. 특히 우리의 경우 주택은 소득격차를 확대생산하는 주범이었고, 부동산투기와 같이 경제성장 신화의 어두운 부산물이다. 최근에는 사교육과 더불어 과도한 가계 빚을 초래하여 소비를 위축시키고 국가경제 위기를 초래할 수 있는 경제폭탄이 되고 있다. 이러한 이유 때문에 적정 수준의 비용으로 주거복지를 달성하는 것은 국가경제 안정뿐만 아니라 정치와 사회의 안정을 위해서도 필수적이다.

주택정책에 대한 정부개입 수단은 매우 다양하나, 크게 공급 중심과 수요 중심으로 나눌 수 있다. 전자의 경우 정부가 직접 공영주택을 건설하고 관리하는 것이다. 그런데 정부가 직접 건설하고 관리하다 보니 운영의 비효율성뿐만 아니라 이용자의 주거 욕구나 선호를 제대로 반영하지 못했다. 또한 취약계층의 주거지가 특정 지역에 밀집됨으로써 사회통합이 저해되고 사회적 배제가 거주지를 중심으로 고착화되는 부작용도 나타났다. 반면 후자는 민간주택시장을 활용하여 정부지원이 필요한 취약계층에 대해 보조금을 주는 것이다. 후자의 경우 주택바우처라는 형태로 대부분의 OECD 국가에서 시행되고 있다. 정부의 주택 보조금 수혜자가 원하는 주택을 골라 선택할 수 있는 장점이 있다. 물론 이는 이용자가 선택을 할 수 있을 만큼 적절한 품질을 가진 주택이 충분히 공급된다는 전제 하에서 가능하다.

최근 우리나라에서는 새로운 주거복지 지원 수단으로서 주택바우처 도입을 준비하고 있다.[1] 그동안 수요자 중심의 주택지원

보다는 공급자 중심의 지원정책을 주로 취해왔다. 이는 저렴한 주택이 부족한 상황에서 공급자 중심 지원이 양질의 저렴한 주택을 확보하는데 더욱 효과적이라 판단했기 때문이다(진미윤·박재순, 2009). 그러나 주택 공급이 부족한 상태에서 수요자를 위한 임대료 지원이나 세제 지원과 같은 정부정책은 오히려 주택가격 상승을 초래해 주택난을 더욱 악화시킬 수 있고, 여기에 소요되는 엄청난 재원문제 때문에 정부는 그 시행에 매우 소극적이었다.[2]

---

1) 지난 2010년 6월 21일 서울시는 '서울형 주택바우처' 제도의 확대 실시를 밝혔다. '서울형 주택바우처'는 서울시가 '임대료 보조' 정책을 최초로 도입한데 이어 마련한 보다 실질적 주거복지 정책이다. 이는 소득기준으로만 대상자를 선정했던 임대료 보조 정책의 한계점을 보완, 주거환경이 열악하거나 주거안정 위기에 놓인 가구까지 대상을 확대 개편한 것이 특징이다(건설타임즈, 2010.6.21일자). 중앙정부 차원에서도 주택바우처 사업 실시를 계획하고 있으나 지난 2년간 국회에서의 예산 확보가 좌절된 상황이다. 국토부는 지난 7월 기획재정부에 제출한 '2010년 예산편성안'에서 주택바우처 시범사업 예산으로 60억원을 신청했으나 재정부와의 협의과정에서 예산을 배정받지 못했다고 22일 밝혔다. 시범사업 예산 편성이 무산된 것은 지난해에 이어 두 번째다. 재정부는 주택바우처 제도의 취지에 공감하지만 일단 시행되면 매년 1,000억원 이상의 정부재정이 투입돼야 하는 점 때문에 신중을 기할 수밖에 없다는 입장인 것으로 알려졌다. 국토부는 애초 내년 시범사업비로 60억원을 투입해 생계 급여, 주거급여, 기초노령연금 같은 정부지원금을 받지 못하는 무주택자 5,000여명에게 월세 보조금을 지원할 계획이었다. 국토부는 원래 올해부터 주택바우처를 시범 도입하기로 했다가 지난해 예산안 편성 과정에서 40억원을 배정받지 못하자 시행시기를 내년으로 연기했었다. 국토부 관계자는 "국토부의 다른 예산을 전용하면서까지 시범사업을 추진할 수는 없다"며 이번에 예산 확보가 안 되면 도입시기를 예상하기 어렵다고 말했다(세계일보. 2009.9.23일자).

2) 주택바우처의 도입 논의는 지난 2006년 건설교통부 시절까지 거슬러 올라간다. 당시 기획예산처의 [정부부문에의 시장원리 확대방안] 정책기조에 맞추어 건설교통부가 수요자 중심 주택보조금 정책을 주택바우처라는 형태로 제안했던 것이다. 당시 이러한 친 시장지향적 정부정책의 일환으로 보건복지부의 사회서비스 바우처가 도입되어 현재까지 보육, 노인, 산모 장애인 등 각종 사회서비스 바우처로 시행되고 있다. 주택바우처의 경우 그 후 2008년 미래기획위원회의 '미래 VISION 추진과제'에 포함되면서 정책의제로 계속 주목을 받아왔다. 그러나 2008년, 2009년, 2010년 주택바우처 시범사업이 예산문제로 시행되지 못했다. 하지만 앞으로 어떤 형태로든지 주택바우처 시범사업이 추진될 것으로 보인다. 문제는 주택바우처가 제대로 작동할 수 있는 저소득층 대상 주택공급이 얼마나 원활하게 이루어지는가에 달려 있다. 이러한 주택 공급인프라

그러나 주택의 양적 보급이 어느 정도 충족되고 주택의 임대료 문제가 심각해짐에 따라 최근 저소득층을 위한 주택 정책에 변화의 필요성이 제기되어 왔다. 더욱이 보증금과 임대료가 상대적으로 저렴한 국민임대주택 거주자라 하더라도 자신이 살고 싶은 지역을 마음대로 선택할 수 없다는 문제점이 부각되면서 수요자의 선택권을 보장하는 바우처 방식에 대한 관심이 증대되었던 것이다(김상희 외, 2009).

미국을 비롯한 영국, 캐나다, 호주 등 외국에서는 바우처 등 수요자에 대한 주택 보조금 형식의 지원이 이미 오랜 기간 동안 시행되어 왔다. 현재 정부가 벤치마킹의 대상으로 염두에 두고 있는 미국 주택바우처는 1970년대부터 시행되고 있다.

본 장에서는 이들 국가들의 경험을 바탕으로 현재까지 진행되어 온 주택바우처에 대한 논의들을 바우처의 운용 현황과 성과를 중심으로 정리해 보고자 한다. 이를 통해 우리나라에 도입 예정인 주택바우처가 적실성 있게 정책설계 되는 데 기여할 수 있을 것이다.

1. 주택바우처의 의의

1) 정부의 주거 지원 근거

주거는 안정적이고 건강한 공동체(stable and healthy communities)를 구성하는 데에 중요한 역할을 하며, 가구 지출의 큰 비중을 차지하기 때문에 국가 경제의 중요한 부양 수단(stimulus of the national economy)이다. Daniels과 Trebilcock(2005)은 저소득층

를 제대로 구축하지 않는 상태에서 주택바우처를 시행할 경우 임대료 상승과 주택난을 초래할 수 있다.

에 대한 주거 지원의 근거를 사회 연대성 구축, 경제적 안정의 증진, 자원의 평등한 배분으로 정리하였다(장승옥 외 역, 2009). Hoek-Smit과 Diamond(2003)도 주거에 대한 보조금 지원 이유를 공중 보건의 향상, 공정성과 사회적 안정성 확보, 시장실패 또는 불완전 시장에 대한 대안과 경기 부양에 있다고 보았다.

정부의 주거지원은 시장실패에 대한 대응으로 분석할 수도 있다. 대표적으로 미국의 경우를 생각해 보자. 민간 시장에서 저소득층에게 저렴한 주택이 공급되는 방식은 필터링(filtering)이다. 여기서 필터링이란 주택이 세월이 흘러가면서 노후화 되도록 내버려 두어 가격이 하락하면 저소득층이 이용할 수 있게 되거나 또는 거대 주택을 작은 부분으로 나누어 임대하는 것이다(Steuerle et al., 2000). 1994년 이후 경제 호황이 계속되자 양질의 주택에 대한 수요가 증가하여 필터링 속도가 느려지거나 오히려 그 과정이 역전되었다. 이에 따라 HUD(Department of Housing and Urban Development)와 의회는 주택법 섹션 8(Section 8)에 근거한 민간임대주택(project-based housing)과의 계약을 지속적으로 유지하기 위해 노력했다. 즉 저소득층을 위한 주택 재고확보에 힘쓰고 임차인에게는 바우처방식 보조금을 지급하기로 했던 것이다(Steuerle et al., 2000).[3]

정부의 주거 서비스 지원은 주거 복지의 차원에서 생각해 볼 수도 있다. 주거문제의 해결 또는 주거욕구의 충족이나 주거권을 보장하기 위한 차원에서 정부지원이 합리화된다(원석조, 2008). 한국주거학회(2007)에서는 주거복지를 "개별가구가 기존의 주거관련 제도를 통하여 자신들의 기본적인 주거욕구를 충족시키는데

---

3) 우리나라에서도 소득 격차가 점차로 심해지고 있어 이와 유사한 문제가 계속 나타날 것으로 예상되는 상황이다.

어려움을 겪고 있거나 어려움이 예상될 때 그 욕구를 충족시킬 수 있도록 도움을 제공하는 조직화된 활동의 총체"라고 정의하였다. 그 밖에 김영태(2008)는 "사회구성원이 자신의 주거욕구(housing needs)에 부합하는 적정수준 이상의 주택에 거주하되, 소외됨 없이 공동체 생활을 적극적으로 영위할 수 있는 상태"라고 정의함으로써 '주택과 거주자간의 관계'와 '거주자의 사회적 관계'를 강조하였다.[4] 이 영역은 시장기능에 의해 만들어지지 않으며, 정부나 공동체 차원의 개입을 요구한다.

2) 정부의 주거 지원 방식

정부의 주거 지원 방식은 크게 직접 공급 방식과 보조금 방식으로 나눌 수 있다. 직접 공급 방식은 우리나라의 국민임대 주택과 같이 정부 또는 정부의 위탁을 받은 공공기관 또는 민간이 저소득층을 위한 주택을 직접 건설하여 제공하는 것이다. 반면 보조금은 현금 또는 증서의 형태로 제공되며 기회비용을 낮추거나 잠정적 편익을 높임으로써 주택 공급자나 소비자의 인센티브를 자극하는 장려책이다(Hoek-Smit & Diamond, 2003). 여기서 보조금의 유형은 공급과 수요 측면의 보조금, 지역 특정 보조금과 가구 특정 보조금, 권리 보조금과 할당 보조금, 주택 금융에 연계된 보조금과 주택 금융에 연계되지 않은 보조금, 제한적 보조금과 비제한적 보조금 등 매우 다양하다. 여기서 논의되는 주택바우처는 수요 측면의 보조금으로서 제한적 보조금에 해당한다.[5]

---

4) 남원석(2008)은 주거복지 개념과 관련된 이 같은 논의의 흐름을 세 가지로 정리하였다. 첫째, 공공임대주택정책을 주거복지와 동일시하는 흐름이 있다는 것이다. 둘째, 저소득세대를 대상으로 하는 주택정책의 집합을 토대로 주거복지를 이해하는 경향이 있다는 것이다. 셋째, 주거복지를 물리적 측면과 사회적 측면의 통합적인 측면에서 이해하고자 한다는 것이다.

2. 주택바우처 도입의 목적

정부가 주거 서비스를 제공함에 있어서 사용될 수 있는 다양한 정책수단 가운데 바우처 방식이 선호되는 이유는 무엇인가? 바우처를 앞에서 논의한 바와 같이 보조금 중에서도 공급자 지원 보조금이 아닌 수요자 지원 보조금으로, 그리고 비제한적 현금 급여가 아닌 제한적 보조금 방식으로 분류해 볼 수 있을 것이다. 그렇다면 바우처 방식이 선호되는 이유를 공급자 지원 방식과 수요자 지원 방식의 비교와 비제한적 현금 급여와 제한적 보조금 방식의 비교를 통해 생각해 볼 수 있을 것이다.

1) 수요자 지원 보조금(바우처)과 공급자 지원 보조금

바우처, 즉 수요자 지원 보조금이 공급자 지원 보조금보다 나은 이유는 비용이 상대적으로 적게 든다는 것과 바우처 이용자들이 자신이 원하는 지역(neighborhood)을 선택할 수 있다는 점이다(Ellen et al., 2003). 그러나 공급자 지원 보조금이 더 나은 점도 있는데 이는 긍정적 파급효과(positive spillover)를 가져오고 지역경제를 활성화(neighborhood revitalization) 시키기 때문이다 (Ellen et al., 2003).

5) 주택바우처란 서민의 주거생활 안정을 위해 제공되는 일종의 주택상환증서로서 수혜대상자는 자기가 원하는 지역에서 자기가 원하는 주택을 임대 또는 매입하여 임대료 또는 매입대금으로 현금 대신 집주인이나 주택모기지 대출은행에 그 증서를 지불하는 제도이다(김중은, 2009). 여기서 바우처는 수혜대상자에게 직접 지불되는 경우 명시적 바우처의 형태이며, 집주인이나 주택모기지 대출은행에 지불되는 경우는 묵시적 바우처 형태라 볼 수 있다.

2) 제한적 보조금(restricted subsidy)과 비제한적 현금 급여 (cash grant)

비제한적 현금 급여는 제한적 보조금에 비해 여러 장점이 있다(Ellen et al., 2003). 우선 자유주의 국가에서는 비제한적 현금 급여가 소비자의 선택권을 확장시키기 때문이다. 또한 비제한적 현금 급여는 그 양이 얼마든지 주택 소비를 진작시킨다는 상당한 증거도 있다(Polinsky & Ellwood, 1979). 뿐만 아니라 대개 보조금은 정책목적에 맞게 그것이 사용되고 있는지 모니터링하는 행정비용도 막대하게 소모하는데, 현금지원은 이런 관리비용을 유발하지 않는다.

그러나 비제한적 현금 급여의 장점에도 불구하고 제한적 보조금 정책이 선호되는 이유가 있는데, 이를 살펴보면 다음과 같다(Ellen et al., 2003). 첫째, 소비자들은 적절한 주거(adequate housing)의 중요성과 혜택을 충분히 알지 못해(정보불완전성) 최저수준의 주거를 소비하기 전에 다른 재화와 서비스를 소비하는 경향이 있다. 이 때문에 정부가 가부장적 온정주의를 발휘해서 주택정책에 개입하게 된다. 둘째, 정부의 개입이 없다면 적절한 주거를 제공하지 않는 무책임한 부모가 있을 수 있다. 이 경우 이로부터 어린이들을 보호하기 위해 정부가 개입하게 된다. 셋째, 정부가 납세자에게 만족감을 주기 위해 개입할 수 있다. 자신의 세금이 다른 사람들의 주거수준 향상에 유용하게 사용될 경우 납세자는 이러한 이타적 정책에 대한 만족감을 얻을 수 있다. 물론 한편으로 정부의 주택정책이 잘못되어 세금이 낭비될 경우 오히려 불만을 살 수도 있다. 넷째, 정부가 개입하여 현재 살고 있는 곳을 적절하게 재생할 경우 인근 지역의 경제활성화나 범죄 감소 등 여러 긍정적 파급효과(spillover)를 낳기 때문이다.

3) 선택 기준

위에서 언급한 여러 가지 주택정책 수단은 각기 다른 장단점을 가지고 있다. 어떤 주택정책 수단을 선택할 것인가는 저소득층이 어떤 주거문제를 겪고 있는가에 대한 정부의 문제 인식에 따라 달라질 것이다(진미윤, 2009a). 즉 문제 해결의 초점을 어디에 둘 것인지, 이에 적합한 수단은 무엇인지에 관한 선택에 의해 결정되는 것이다.

대체로 가장 우선되는 판단 기준은 비용효과성이다. 즉, 저소득층의 주거 안정이라는 목적을 달성하는 데 드는 비용이 더 적은 쪽을 선택해야 하는 것이다. 이때의 비용은 기회비용으로 계산할 수 있다. Hoek-Smit과 Diamond(2003)는 주택 보조금의 기회비용을 생산자, 소비자, 정부의 세 입장에서 비용과 불확실성에 근거해서 살펴보고 있다. 주택금융업자는 정부주택 보조금 사업에 진출할 수 있는데, 이 경우 사업의 불확실성은 적지만 실현되는 이익이 작다는 문제가 있다. 반면 다른 고이율의 대출에는 높은 불확실성이 수반된다. 이 경우 은행을 비롯한 금융업계는 양자 사이에 발생하는 기회비용을 비교하면서 선택을 한다. 주택구매자의 기회비용은 현재 자신의 집에 투자함으로써 획득할 수 있는 자산가치일 것이다. 정부가 공공용지를 저소득 주택 개발업자에게 제공한 경우 기회비용은 토지의 현재 시장가치 혹은 만약 더 효율적인 방식으로 그 토지가 사용되었을 때의 가치이다. 만약 정부가 금융과 연계된 보조금 지급 사업을 할 경우의 기회비용은 그 재원을 어느 시장에서 끌어왔는지에 따라 달라진다.

그러나 대부분의 국가에서는 정책조합(policy mix) 방식으로 주택시장에 개입한다. Hoek-Smit과 Diamond(2003)는 보조금은 최후의 수단이어야 하며, 그것도 다른 정책수단들과 함께 쓰여야 한다고 주장한다. 그들은 여러 가지 수단들이 함께 고려될 때 각각의 수단들은 다음과 같은 순서에 따라 단계적으로 사용되어야 한다고 주장하였다.

첫째, 제도와 정책개발은 그 목적을 민간 및 비영리 영역의 대출업자와 개발업자가 중·저소득 수준의 주택 공급을 활발히 할 수 있도록 하는데 두어야 한다. 그리고 소비자와 생산자를 교육하고 훈련시킴으로써 주택 금융 산업이 원활이 작동할 수 있도록 하여야 한다. 둘째, 각각의 공급 시장(토지, 금융, 기반시설)에 맞는 정책을 개발하여 더 많은 가구들이 안정적이고 건전한 주거지를 확보할 수 있도록 한다. 이러한 요건들이 충족된 다음 마지막으로 명료하게 확정된 목표를 달성하기 위하여 보조금을 제공해야 한다.

Ⅱ 주택바우처 운용현황

1. 주거 서비스 전달 체계

정부의 주거 서비스 지원은 다양한 방식으로 이루어질 수 있다. 직접적으로 공공임대주택을 건설하여 제공할 수도 있고, 주거급여나 전세자금 지원 방식, 또는 바우처 방식으로 제공할 수도 있다. 본 장에서는 바우처 방식으로 주거 서비스 지원이 이루어지고 있는 대표적인 국가인 미국의 사례를 중심으로 바우처의 운용 방식을 살펴보고자 한다. 그 밖의 정책수단에 관해서는 우리나라의 주택정책 수단을 중심으로 살펴보기로 하겠다.

1) 바우처 방식: 미국의 주택바우처의 예

(1) 정책 목표

미국 바우처 방식의 정책목표는 저소득층을 위한 공공임대주택 공급으로 나타나는 문제인 빈곤의 집중(concentrations of poverty), 인종 분리(racial isolation) 등을 해결하는 것이다(Steuerle et al., 2000). 1970년대 중반 이후의 저소득층 주택문제는 주택의 질보다는 소득에 비해 임대료의 비율이 높다는 것이었다(김상희 · 박정아, 2009). 이 시기의 정책목표는 선택권 보장과 소득 보장을 동시에 추구하였다. 또한 바우처 프로그램에 참여하는 공급자들은 공공주택국(PHA)에게 주택의 질이 최저기준 이상임을 증명하여야 했다. 따라서 이러한 프로그램의 내용을 볼 때, 주택의 질 보장도 중요한 정책 목표라고 판단할 수 있다.

(2) 법적 근거

미국의 저소득층 임대주택 지원정책의 흐름을 1970년대 초까지 직접공급 방식인 '공공주택 중심 시대'와 1970년대 중반 이후의 '주택바우처 프로그램 중심 시대'로 구분된다(김상희 · 박정아, 2009). 각각의 시기에 대표적인 법들은 다음과 같이 정리해 볼 수 있다.

가. 공공주택 중심 시대

① 1937년 주택법

이때부터 공공임대주택을 건설하기 시작하였다. 연방정부가 건설비 전액을 보조하고 각 지역의 공공주택국(PHA: Public Housing Authority)이 건설 · 운영하는 공급자 지원 프로그램(진미윤 · 박재순, 2009)이었다.

② 1949년 주택법(the Housing Act of 1949)

'모든 미국인 가족들에게 품위 있는 주택과 적절한 생활환경

(a decent home and a suitable living environment)을 제공한다'는 목표를 명시하여 국민에게 단순한 '피난처' 아닌 '주택'을 제공토록 하였다(Orlebeke, 2000; 김상희 · 박정아, 2009 재인용). 1950년대 도시 재개발과 슬럼지역 정리사업의 논리를 제공(Quigley, 2000: 53)하였으며, 현재 미국의 주택과 도시정책은 이 법에 근거하고 있다(Quigley, 2000: 54).

③ 1965년 HUD법(the Housing and Urban Development Act)

'임대료 보충(rent supplement)' 조항을 포함하게 되었고,[6] '섹션 23(Section 23)' 프로그램[7]으로 제도화되었다(진미윤 · 박재순, 2009).

④ 1970년 HUD법

주택도시개발국은 '저소득층 가구가 현재의 표준주택 중 자신들의 자유의지에 따라 주택을 임대 · 취득하는 것을 돕고, 그 주택을 제공하는 정당성을 뒷받침하는 프로그램을 담당한다'고 명시하였다(HUD, 2000; 김상희 · 박정아, 2009에서 재인용).

나. 주택바우처 프로그램 중심 시대

① 1974년 '주택 및 커뮤니티 개발법(Housing and Community Development Act)'

주택법(1937)에 섹션 8(Section 8) 거주자 중심 임대료 보조

---

6) 이 조항을 통해 연방정부가 저소득층을 위해 임대인에게 직접 임대료를 지급할 수 있게 되었다. 예산상의 제약으로 연방정부로부터 모기지 지원을 받고 있던 주택에 살고 있는 극빈층 가구들만이 선별적으로 지원의 혜택을 받았다. 이는 현재 국내에서 실시하고 있는 국민임대주택 입주자에 대한 '소득수준에 따른 임대료 차등화'와 유사하다(진미윤 · 박재순, 2009).

7) 섹션 23(Section 23) 기존주택 임차 지원방식(Leased Housing Program)은 각 지역의 PHA가 민간차가주택을 임차하고, 이 주택을 다시 PHA가 다시 저소득층에게 재임대하는 방식이다(HUD, 2001a; 진미윤 · 박재순, 2009 재인용). 저소득 임차인이 기존주택을 그대로 이용할 수 있으며, 자신이 원하는 지역으로의 이동도 가능하여 주택바우처의 장점을 가지고 있었다. PHA는 임차인 선정, 임대료 징수, 때로는 당해 주택의 운영 및 관리까지도 담당하였다(진미윤 · 박재순, 2009).

(Tenant- Based Housing Assistance) 프로그램을 추가하였다. 공공주택의 대안으로서 임대료 보조제도에 대한 강한 신뢰를 나타낸 것으로 주택인증프로그램(Housing Certificate program)이라고 불렸다(김상희 · 박정아, 2009).

② 1983년 '주택 및 도시 · 농촌재생법(Housing and Urban-Rural Recovery Act)'

거주자 중심 임대료 보조제도를 좀 더 탄력적으로 사용할 수 있게 하여 주택바우처 프로그램 제도를 만들었다(김상희 · 박정아, 2009).

③ 1998년 양질의 주택 및 근로책임법(The Quality Housing and Work Responsibility Act)

주택인증프로그램과 주택바우처 프로그램을 통합하여 주택바우처 프로그램(Housing Choice Voucher)을 만들었다(김상희 · 박정아, 2009).

지금까지 논의된 미국 주택바우처 제도의 연혁과 특징을 다음과 같이 <표 6-1>에 정리하였다.

표 6-1 미국 주택바우처 제도의 연혁과 특징 비교

시기	공식 명칭	근거법	주요 특징
1970~1973년 시범 사업	주택 수당 (Housing Allowance)		정책 실험 프로그램(EHAP: Experimental Housing Allowance Program)을 통해 임대료 보조 효과 예측 및 사후평가 - 수요 실험, 공급 실험, 행정 실험으로 구분하여 2년~10년간 시행

1974년 본사업 시행	임대료 증서 (Rental Certificate Program) (일명 섹션 8로 통용됨)	주택 및 커뮤니티 개발법(The Housing and Community Development Act), Section 8 Exisiting Housing Program	- 소득대비 임대료 비율: 15~25% - 임대료 보조가 집주인에게 지급됨 - 임차주택의 임대료 상한 기준: 공정임대료(FMR) 이내 - 보조금은 소득의 25% 초과 부분과 공정임대료간 차액
1984년 이원적 운영	임대료 바우처 (Rental Voucher Program)이 새로 도입. 기존의 임대료 증서와 병행하여 운용됨.	주택 및 도시·농촌 재생법(The Housing and Urban-Rural Recovery Act) Section 504	- Rental Voucher는 지불기준(payment standard)과 가구소득 30% 초과분을 바우처로 지급 - 임대료 보조가 임차인에게 지급됨 - 공정임대료를 초과하는 주택도 선택가능(주거선택권 강화), 거주 지역에 상관없이 지원(portability 강화)
1998년 주택 바우처 통합	기존 두 제도를 통합하여 [The Housing Choice Voucher Program (HCVP)]로 일원화.	양질의 주택 및 근로책임법(The Quality Housing and Work Responsibility Act)	- 지방 공공주택청(PHA)의 지불기준(payment standard) 도입. 지불기준을 초과하는 주택의 경우 그 임대료는 월가구총소득의 40% 이상이 되어서는 안 됨 - 소득대비 총임대료 부담 비율: 40% - 지원에 대한 기한조건없이 대상 요건에 해당시 계속 지원 - 임차인 스크리닝 및 선정은 집주인이 책임짐 - 임차인에게 범죄이력 등의 하자가 있을 경우 임차기간 종료 명시

출처: 김상희·박정아(2009: 130)에서 재인용.

(3) 운영 기구

미국의 주택바우처 제도를 운영하는 기구로서 대표적인 것은 연방 차원의 기구로서 주택도시개발국(Department of Housing and Urban Development; HUD)과 지방 정부의 기구로서 공공주택국(Public Housing Authorities; PHA)이 있다. HUD의 주요 기능은 공공주택의 건설과 보조, 월세보조프로그램 운영, 노인층 주택보조, 무주택자 보호 프로그램 운영, 처음 주택을 구입하는 가구에 대한 보조 등이다(김선웅, 2006). 2005년 기준 HUD 1년 예산은 360억 달러인데 저소득층 주택문제에 할당된 부분은 약 240억 달러였다. 이 중에서 바우처 프로그램에 할당된 예산이 약 3분의 2이고 나머지는 공공주택 건설, 보수, 관리, 임대료보조 등 공급자에게 할당되었다(김선웅, 2006).

PHA는 공공주택의 건설과 운영, 주거비 보조 바우처 프로그램 운영이 대표적 기능이다(김선웅, 2006). HUD 프로그램 중 가장 중요한 프로그램인 섹션 8(Section 8) 프로그램에 해당하는 월세 보조금과 공공주택 프로그램은 주정부를 거치지 않고 직접 PHA에 일임하고 있다(김선웅, 2006: 19). PHA가 HUD로부터 바우처 예산[8]을 얻기 위해서는 PHA들끼리 경쟁해야 한다(김선웅, 2006: 26).

(4) 현행 「Section 8 Housing Choice Voucher Program」의 내용

가. 자격 조건

자격 조건은 중위소득 50%미만의 소득자이다. 어떤 PHA라도 중위소득 30%이하의 가구에 75%이상의 바우처를 발급해야 한다. 18세 이상의 개인 혹은 가족을 대상으로 하며, 다른 어떤

8) HUD와 PHD는 형식상 1년마다 바우처 예산 규모를 새롭게 계약하지만 사실상은 전년도의 예산에 의해 결정되는 경우가 많다(김선웅, 2006: 26).

주택기관에 금전적 지불의무를 가지고 있지 않아야 한다. 범죄기록 검사를 통과하여야 하고, 지난 5년간 임대주택의 집주인의 신용증명서를 제시하여야 한다(김상희 외, 2009). 프로그램 참여 신청을 하면 범죄, 마약기록, 소득 등의 검증을 하여야 하고, 이를 통과하면 대기자 명단에 등록된다.

나. 지원 과정과 현황

참여가구가 자신들이 거주할 주택을 찾아내면 공공주택국(PHA)은 이 집이 주택바우처 프로그램의 주택 품질 표준(HQS; Housing Quality Standards)에 적합한 지를 결정하고 그 후에 집주인에게 직접적으로 보조금을 지급하게 된다. 2008년 말 기준으로 HUD의 저소득층 지원 현황은 <표 6-2>에서 볼 수 있는 바와 같다.

표 6-2 미국 주택도시개발부(HUD)의 저소득층 주거지원 현황(2008년말 기준임)

구분	저소득층 주택바우처 지원 Housing Choice(Section 8) Voucher		민간 임대주택 재고수	공공 임대주택 재고수	농촌 주택 재고수 (2006)	HUD의 총 주거지원 대상호수 (단위: 호)	주거비 과부담을 겪고 있는 저소득 가구수 (2007)
	승인기준	지원기준					
지원 가구수	2,191,371	2,011,084	1,274,641	1,160,911	446,310	4,892,946	14,873,408
비중	-	(41.4%)	(26.1%)	(23.7%)	(9.1%)	(100.0%)	

주: 민간임대주택은 Project-Based Section 8 Housing Unit을 말함. 농촌주택은 Section 515 Rural Housing Units을 말함.

자료: Rice(2009); 진미윤・박재순(2009: 131)에서 재인용.

다. 바우처 금액

PHA가 지불할 수 있는 최대 바우처 금액은 지불기준(payment standard)에서 월 조정소득의 30%를 뺀 것 또는 총 임대료에서 월 조정소득의 30%를 뺀 것이다.[9] 참여가구는 소득의 30% 이상을 임대료에 지불하지 않는다. 그러나 거주자 중심 바우처의 경우, PHA와 참여가구가 합리적이라고 동의하는 한도 내에서 소득의 30% 이상의 월세와 시설사용료(유틸리티)를 지불할 수도 있다.

표준임대료(FMR: Fair Market Rents)는 지불 기준(payment standard)의 계산에 사용되며, 매년 회계연도의 시작인 10월 1일에 발표된다(HUD, 2007). HUD에서는 매년 530개의 메트로폴리탄 지역과 2,045개의 비 메트로폴리탄 카운티 지역의 월세와 유틸리티(수도, 전기, 가스 등 포함, 전화, 위성TV, 인터넷 서비스는 불포함)에 소비자물가지수를 반영하여 조정한다(김상희 · 박정아, 2009). 참여가구의 선택권을 높이기 위해서는 표준임대료를 높일 유인이 있으나, 저소득층이 참가하도록 하기 위해서는 낮출 유인도 있다. 현재는 40% 임대료 한도(limit)를 정하고 있는데, 지역의 임대료 분포를 백분율로 나타내었을 때, 최근 15개월 이내에 동질의 임대주택에 입주한 모든 가구의 임대료 분포에서 40% 이하에 해당되어야 한다. 미조리주 콜럼비아시 등 지역에 따라서 50% 한도를 사용하기도 한다(김상희 · 박정아, 2009).

라. 바우처 종류

바우처 형태의 주택정책 수단도 매우 다양하며 그 분류방식 역시 다양하다. 진미윤 · 박재순(2009)에 따르면 미국 주택바우처 유형을 다음과 같이 7가지로 분류하였다. 이를 정리해 보면, ①

---

9) http://www.disasterhousing.gov/offices/pih/programs/hcv/about/fact_heet.cfm#2.

주택철거로 인한 원거주민의 대체 주거확보를 지원하는 바우처(Tenant Based Vouchers), ② 적절한 주택이 없어 가족이 헤어져 살 경우 가족통합을 지원하기 위한 바우처(Family Unification Voucher), ③ 생애최초 주택구입자의 모기지 납부를 지원하는 바우처(Homeownership Voucher), ④ 저렴한 주택을 공급하는 주체에게 지원(일정 비율 저소득층 거주 의무 강제)되는 바우처(Project Based Voucher), ⑤ 저소득층 임차가구를 지원하는 주택바우처(Tenant Based Voucher), ⑥ 저소득층 장애인 가구를 지원하는 바우처, ⑦ 복지수당을 받는 가구의 자립을 지원하는 근로복지 연계 바우처(Welfare-to-work voucher)이다.

또 다른 분류 방식으로는 '인증(Certificate)'과 '바우처(voucher)', '사업단지 중심(Project-Based)'과 '거주자 중심(Tenant-Base)'의 두 가지 기준에 의하여 4가지 형태로 분류하는 것이다(김상희 외, 2009). 이들을 살펴보면 ① 사업단지 중심 인증은 그 사용이 섹션 8(Section 8)에 의해 개발된 구체적 아파트 단지에 한정되어 적용된다. ② 사업단지 중심 바우처는 구체적 아파트단지에서 1년 동안은 거주해야 하며, 그 뒤에는 거주자 중심 바우처로 전환하여 주거를 이동할 수 있다. ③ 거주자 중심 인증은 모두 주택바우처 프로그램으로 전환되었다. ④ 거주자 중심 바우처는 참여가구가 민간주택시장에서 자유롭게 선택을 할 수 있도록 했다.

2) 바우처 이외의 주거 지원 수단: 한국의 주거 서비스 전달 방식의 예

(1) 우리나라의 저소득층을 위한 공공주택정책

저소득층을 위한 우리나라의 공공주택정책 역시 다른 나라들과 마찬가지로 주택공급 지원제도와 주택수요가구 지원제도로 구분할 수 있다. 주택공급 지원프로그램으로는 영구임대주택과 장기임대주택, 공공임대주택(5년 임대, 50년 임대), 국민임대주택, 공공분양주택, 근로복지주택, 사원임대주택 등이 있다. 반면 주택수요가구 지원책에는 영세민 전세자금 지원, 근로자 및 서민의 전세자금 및 구입자금 지원 등이 있다. 또한 건설업자에게 대출된 국민주택기금의 자금이 주택분양시 입주자에게 대환되는 경우와 2000년 10월부터 시행해 오고 있는 국민기초생활보장법상의 수급권자에 대한 주거급여가 있다(김혜승, 2004). 따라서 앞으로 시행하고자 하는 주택바우처는 현행의 국민주택기금에 의한 전세자금 지원제도, 주거 급여 제도와 공공임대주택 지원제도 간의 조정이 필요하다고 볼 수 있다(진미윤, 2009a).

(2) 주거급여

가. 주거급여의 의의

조건이 있는 수요자 지원 보조라고 볼 수 있다. Oxley(1987)는 주거급여를 정부가 제공하는 보조금의 한 가지 유형으로 설명하고 있다. 즉, 주거급여는 정부가 제공하는 보조금 중 공급자 지원 보조금(object subsidy)이 아닌 대상자(subject)에 대한 보조, 즉 수요자지원 보조(demand-side subsidy)라는 것이다. 그런데 수요자 지원 보조에는 조건 없이 지원하는 보조(unconditional subject subsidy)와 조건을 달아서 지원하는 보조(conditional subject subsidy)가 있는데, 주거급여는 후자에 속한다. 전자는 대상자의 소득에 대한 보조(income supplement)로 소득을 공제하거나, 현금을 지불함으로써 대상자의 가처분 소득이 늘어나도록 하는 보조로 모기지 이자 소득공제(Mortgage Interest Tax Relief)가 대표적이다. 후자는 주거수준과 연계해서 지불되는 것으로 대표적인 유형이 주거급여이다. 양자의 공통점은 소득이 적을수록 더욱 많은 지원이 제공되며, 가계의 경제적 부담을 줄인다는 것이다. 차이점은 소득보조는 반드시 주거를 개선하는 것으로 활용되지 않을 수 있는 반면, 주거급여는 최소한도의 기준을 갖춘 주택에서의 거주와 연결된다. 그리고 그 상한선은 가구의 수입과 관련하여 산출한 지불가능액과 기준주택의 임대료와의 차액이다(박신영, 2001: 247-278).

나. 법적근거

현행 주거급여의 법적 근거는 국민기초생활보장법 제7조와 제11조, 국민기초생활보장법 시행규칙 제8조, 제9조, 제10조 등이라고 볼 수 있다. 종래의 생활보호법(1961년에 제정)에서는 생계급여에 주거비를 포함하였으나, 1999년 9월에 제정된 국민기초생활보장법에서는 주거급여를 분리하여 신설하였다. 이는 비주거부문의 소비에 전용되어 주거상태의 개선이 이루어지지 않는 결과를 방지하기 위함이다(김혜승, 2004). 그러나 생계급여와 동일한 방법으로 매월 수급자의 계좌로 입금하는 형식을 취하고 있다. 이로 인해 해당 수급자가 주거현금 급여액을 주거문제 해결에 직접적으로 사용하는지를 파악하기 어려운 한계가 있다(김혜승, 2004). 주거급여와 관련된 자세한 규정은 아래와 같다.

국민기초생활보장법

제7조(급여의 종류) ① 이 법에 의한 급여의 종류는 다음과 같다.

1. 생계급여
2. 주거급여
3. 의료급여
4. 교육급여
5. 해산급여
6. 장제급여
7. 자활급여

② 수급권자에 대한 급여는 제1항 제1호의 생계급여와 수급자의 필요에 따라 동항 제2호 내지 제7호의 급여를 함께 행하는 것으로 한다. 이 경우 급여의 수준은 제1항 제1호 내지 제4호 및 제7호의 급여와 수급자의 소득인정액을 포함하여 최저생계비 이상이 되도록 하여야 한다.<개정 2006.12.28>

③ 차상위계층에 속하는 자(이하 "차상위자"라 한다)에 대한 급여는 보장기관이 차상위자의 가구별 생활여건을 고려하여 예산의 범위 안에서 제1항 제2호 내지 제4호·제6호 및 제7호의 규정에 따른 급여의 전부 또는 일부를 행할 수 있다. 이 경우 차상위자에 대한 급여의 기준 및 절차 등에 관하여 필요한 사항은 대통령령으로 정한다.<신설 2006.12.28>

④ 제1항 제3호의 의료급여는 따로 법률이 정하는 바에 의한다.

제11조(주거급여) ① 주거급여는 수급자에게 주거안정에 필요한 임차료, 유지수선비 기타 대통령령이 정하는 수급품을 지급하는 것으로 한다.

② 주거급여의 기준 및 지급절차 등에 관하여 필요한 사항은 보건복지부령으로 정한다.<개정 2008.2.29, 2010.1.18>

국민기초생활보장법 시행규칙

제8조(임차료의 구분) 법 제11조 제1항의 규정에 의한 임차료는 월세임차료를 지급하거나 전세자금(임차보증금을 포함한다. 이하 같다)을 대여하는 것으로 한다.

제9조(월세임차료의 지급) ① 제8조의 규정에 의한 월세임차료는 주택을 소유하지 아니한 수급자로서 타인의 주택을 유료로 임차하여 거주하는 수급자(제10조에 따라 전세자금 또는 월세보증금을 대여 받은 자를 포함한다)에게 지급한다.<개정 2007.6.29, 2008.3.3>

② 제1항에 따라 지급하는 월세임차료는 법 제6조 제2항에 따라 보건복지부장관이 매년 공표하는 최저생계비 중 주거비의 비중과 수급자 가구의 소득인정액 등을 고려하여 정하는 금액으로 한다.<개정 2007.6.29, 2008.3.3, 2010.3.19>

③ 삭제<2007.12.28>

④ 제1항의 규정에 의한 월세임차료의 지급방법에 관하여는 생계급여의 지급방법을 준용한다.

제10조(전세자금의 대여) ① 제8조의 규정에 의한 전세자금의 대여를 받고자 하는 자는 관할 시장·군수·구청장에게 문서(전자문서를 포함한다)로 신청하여야 한다.<개정 2007.6.29>

② 시장·군수·구청장은 제1항의 규정에 의한 신청에 따라 전세자금의 대여를 결정한 때에는 이를 수급자에게 문서(전자문서를 포함한다)로 통지하여야 한다.<개정 2007.6.29>

③ 전세자금 대여대상자의 선정기준 및 대여조건 기타 전세자금의 대여에 관하여 필요한 사항은 「주택법」 제60조의 규정에 의한 국민주택기금의 운용에 관한 계획이 정하는 바에 따른다.<개정 2003.12.15, 2007.6.29>

제11조(유지수선비의 지급기준 및 방법) ① 법 제11조 제1항의 규정에 의한 유지수선비는 주택을 소유하고 그 주택에서 거주하는 수급자와 타인 소유의 주택에 무료로 거주하는 수급자에게 지급한다.

② 제1항의 규정에 의한 유지수선비의 지급은 수급자가 거주하는 주택의 유지에 필요한 점검 또는 수선을 실시하는 것으로 한다. 다만, 점검 또는 수선을 실시할 수 없거나 실시하는 것이 적당하지 아니하다고 인정하는 경우에는 점검 또는 수선에 필요한 금품을 지급할 수 있다.

③ 제2항 본문의 규정에 의한 점검은 3월마다 실시하되, 주택의 상태 등에 따라 점검주기를 달리 할 수 있다.

④ 제2항 본문의 규정에 의한 수선은 제3항의 규정에 의한 점검결과에 따라 제1항의 규정에 해당하는 자의 신청을 받아 실시한다. 이 경우 수선의 범위 및 신청방법 등에 관하여 필요한 사항은 보건복지부장관이 정한다.<개정 2008.3.3, 2010.3.19>

⑤ 시장·군수·구청장은 제2항의 규정에 의한 점검 및 수선을 공공 또는 민간기관·단체에 의뢰하여 실시할 수 있다. 이 경우 법 제16조에 따른 지역자활센터(이하 "지역자활센터"라 한다) 또는 자활공동체에 우선적으로 의뢰할 수 있다.<개정 2007.6.29>

다. 주거급여의 유형

국민기초생활보장법상 주거 급여는 임차료, 유지 수선비, 저소득 전세자금의 명목으로 제공되고 있다. 임차료는 무주택자로 전세자금을 대여 받은 자를 제외한 전용면적 20평 이하 세입자를 대상으로 한다. 2003년부터 임대료 상한선과 하한선의 범위에서 지출하는 주거비의 50%를 지급기준으로 하고 있다. 유지수선비는 15평 이상 소유자가 아닌 자 중에서 주택소유자 또는 자신의 주택이 아닌 곳에 무료로 거주하는 자를 지급 대상자로 한다. 유

표 6-3 국민기초생활보장법상 주거급여의 유형

	지급대상	지급기준
임차료	무주택자로 전용면적 20평 이하 세입자(전세자금 대여받은 자 제외)	- 2002년 현재 1~2인 가구는 2만원, 3~4인 가구는 32천원, 5~6인 가구는 44천원 - 2003년부터 임대료 상한선과 하한선의 범위에서 지출하는 주거비의 50% (전세의 경우 월세환산)
유지 수선비	주택소유자 또는 자신의 주택이 아닌 곳에 무료로 거주하는 자(15평 이상 소유자 제외)	- 자활사업의 "집수리도우미 사업단"을 활용할 수 있는 시·군·구는 점검과 유지수선 서비스를 현물로 제공 - 그렇지 않은 지역은 현금으로 지급
저소득 전세 자금[10)]	보증금 2,000만원(특별시: 3,000만원, 광역시: 2,000만원)이하 전세거주자	- 호당 1,000만원(금리 3.0%, 2년 만기 정기상환)융자 - 전세재계약시 1회 한하여 연장가능, 대상자선정기준은 지자체장 선정

출처: 박신영(2001: 260).

지수선비의 경우, 자활사업의 "집수리도우미 사업단"을 활용할 수 있는 시·군·구는 점검과 유지수선 서비스를 현물로 제공하며 그렇지 않은 지역은 현금으로 지급한다. 저소득 전세자금은 보증금 2,000만원(특별시: 3,000만원, 광역시: 2,000만원)이하 전세거주자를 대상으로 하며 호당 1,000만원(금리 3.0%, 2년 만기 정기상환)을 융자해 준다. 전세재계약시 1회 한하여 연장이 가능하며, 대상자 선정기준은 지자체장이 선정하게 된다. 이는 위의 <표 6-3>에 정리되어 있다.

라. 현행 주거급여와 시행예정인 주택바우처와의 비교

주거급여는 2001년 이후부터 이미 시행되고 있으나 주택바우처는 2010년 현재 도입이 불확실하다. 주거급여는 최저생계비 이

10) 전세금융자는 가구의 상환능력을 파악하는 심사를 거치는 금융대출이므로 복지성격의 주거급여로 보기에는 무리가 있다(박신영, 2001).

하인 기초생활수급자를 대상으로 한다. 반면 주택바우처는 임대료 상한기준 등의 요건을 충족한 경우에 소득 1~2분위에 해당하는 민간전월세 거주 저소득 임차가구를 대상으로 한다. 주거급여는 현금 지원을 함으로써 최저생활 보장과 생계유지를 목적으로 한다. 그러나 주택바우처는 임대료 지불에만 전용되도록 하는 보조금으로서 최저주거기준 확보와 임대료 과부담에 대한 지원을 목적으로 한다. 수혜자의 생계유지 지원과 교육, 의료 등 여타의 활동 지원이 기대되는 주거급여의 정책 효과라 할 수 있다. 반면 수혜가구의 월임대료 부담 완화, 최저주거기준 확보에 따른 국가 주거수준의 향상 등이 주택바우처의 기대되는 정책효과이다.

주거급여는 한계로서 지적되고 있는 점은 수급자로 선정되어야만 지원받을 수 있다는 점과 수급권 상실시 교육, 의료비 지원 등 여타 복지 지원도 동반 상실한다는 점, 그리고 최저주거기준 확보 등 주거권 보장에는 한계가 있다는 점 등이다. 반면 주택바우처는 양질의 저렴주택이 충분치 않은 시장상황에서는 임대료 상승에 대한 우려가 존재한다는 점, 저개발, 뉴타운 사업 등 도시 재정비 활성화에 따라 안정적 주택 확보상의 난관이 우려된다는 점, 전달체계 구축 및 소득·임대료 자료 등 실무적으로 적용 가능한 자료가 부재하다는 점 등을 한계로 들 수 있다. 이상의 내용과 그 밖의 특성들을 다음과 같이 <표 6-4>에 정리하였다.

현행 주거급여제도의 대표적인 문제점은 가구가 기본적으로 향유하여야 할 최저주거기준을 감안한 최저주거비와 연계되어 있지 않다는 점이다(김혜승, 2004). 앞으로 시행 예정인 주택바우처는 주택급여의 설계와 유사한 부분이 있다. 이 점을 감안한다면 주택급여의 문제점 중 일부는 주택바우처의 문제점이 될 것이므로 이에 대하여 더욱 철저한 분석이 요구된다.

표 6-4 주거급여와 주택바우처 특성 비교

구분	주거급여	주택바우처
시행 시점	2001년	2010년 이후 시행 예정
지원 대상자	기초생활수급자[11] (최저생계비 이하)	민간전월세 거주 저소득 임차가구 (소득 10분위 가구 중 소득 1~2분위) - 임대료 상한기준 충족 등 요건 부가
지원 목적	최저생활 보장과 생계유지 (현금 지원)	최저주거기준 확보와 임대료 과부담 지원 (바우처 지원-임대료 지불에만 전용)
한도액	가구원 수에 따라 배분 (1인 7.9만원, 2인 13.5만원, 3인 17.7만원, 4인 21.8만원, 5인 25.7만원, 6인 29.5만원)	미정 (가구특성에 따라 월 8~10만원 지급 예정)
수혜 가구의 거주 특성	· 수급자수('08): 85.4만 가구 (152.3만명) - 민간 자가가구: 15.5% - 민간 전월세 거주: 21.7% - 영구임대주택 중 공공임대주택 입주: 31.3%(가정위탁, 보장기관 제공거주자, 그룹홈 거주자 포함) -거주 확인 부재 등 기타: 31.5%	· 소득 2분위 이하 무주택 임차가구는 '08년 전국 94.1만 가구로 추산, 이들의 최저주거기준 미달가구 비율은 26%임. - 우선 지원대상은 최저주거기준 미달가구면서 생계급여·주거급여 미수령자(예정)
소득 대비 임대료 부담률	· 민간 전월세 거주자 40~52% · 영구임대주택 거주자 RIR 10%, 다가구매입임대주택 거주자 RIR 11.7%, 전세임대주택 거주자 RIR 14.1%, 국민임대주택 거주자 31.5%	· 일반 민간 전월세 저소득 임차가구 - 2005년 소득 1분위 50.7%, 소득 2분위 28.2% - 2006년 소득 1분위 51.8%, 소득 2분위 40.0%
정책 효과	· 수혜자의 생계유지 지원, 여타활동지원(교육·의료·자활병행지원)	· 수혜가구의 월임대료 부담 완화 · 최저주거기준 확보에 따른 국가 주거수준 향상 · 주거복지의 선택 수단 다양화와 시장참여 제고 · 민간 전월세 주택 재고의 유지관리 기능 제고
한계	· 수급자로 선정되어야만 지원받을 수 있음. 수급권 상실시 교육·의료비 지원 등 여타 복지 지원도 동반 상실 · 최저주거기준 확보 등 주거권 보장에는 한계	· 양질의 저가주택이 충분치 않은 시장 상황에서는 임대료 상승에 대한 우려 · 재개발·주거환경개선·뉴타운 사업 등 도시 재정비 활성화에 따라 안정적 주택 확보상의 난관 우려 · 전달체계 구축 및 소득·임대료 자료 등 실무적으로 적용 가능한 자료 부재

자료: 진미윤(2009b: 14).

마. 주거비 보조 방식 선택시 고려 사항

주거비 보조 방식 선택 시 주거수요행태를 고려할 필요가 있다. 최빈층 임차가구의 경우 주택수요에 대한 가격탄력성은 상당히 높으나 소득탄력성은 아주 낮게 나타났으며 최빈층 자가가구의 경우에는 가격탄력성 및 소득탄력성이 모두 높게 나타났다(김혜승, 2004b). 이는 최빈층 자가가구에 대해서는 소득보조 정책과 가격보조정책 모두 주거서비스수준의 향상효과를 가져올 수 있으나 최빈층 임차가구에 대해서는 소득보조 정책보다는 가격보조정책의 효과가 더 크다는 것을 의미한다.

(3) 공공임대주택

가. 공공임대주택(public housing)의 의의

공공임대주택은 흔히 사회주택(social housing)이라고 불린다. 국가의 책임, 특히 재정지원으로 시장가격보다 저렴한 임대료로 영구히 임대되는 주택으로 입주자격이 유지되는 한 영구히 거주할 수 있는 주택이다. 미국에서는 공공주택(public housing), 영국은 시영주택(council housing), 일본은 공영주택(公營住宅)으로 불린다(박윤영, 2009).

나. 공공임대주택 정책의 전개와 현황[12)]

우리나라의 공공임대주택 정책은 다음과 같이 다섯 시기로 구분할 수 있다.

---

11) 기초생활수급자란 부양의무자가 없거나 부양의무자가 있어도 부양능력이 없거나 또는 부양을 받을 수 없는 자로서, 소득인정액이 최저생계비 이하인 자이다(국민기초생활보장법 제5조). 소득인정액은 소득평가액(=실제소득-가구특성별 지출비용-근로소득공제)과 재산의 소득환산액((재산-기초공제액-부채)×(소득환산율))의 합이다(보건복지부, 2008). 최저생계비는 국민의 소득·지출수준과 수급자의 생활실태, 물가상승률 등을 고려하여 결정하도록 되어 있으며 매 5년마다 새로이 계측된다. 단, 비계측연도에는 계측연도의 최저생계비를 기준으로 물가상승률과 생활실태 변화 등을 감안하여 매년 중앙생활보장위원회에서 결정한다(김혜승, 2004).

12) 이 부분은 박윤영(2009)을 내용을 주로 참고하여 작성하였다.

① 영구임대주택

노태우 정부시기인 1989년에 처음 도입되었으며, 모두 19만 호가 공급되었다(박윤영, 2009).

② 50년 기한 공공임대주택 정책

김영삼 정부시기에 도입되었으나 얼마 지나지 않아 재정지원이 중단되었다(박윤영, 2009).

③ 국민임대주택

김대중 정부시기로, 김대중 대통령은 후보시절, 영구임대주택의 재공급을 공약으로 내세웠다. 그러나 집권이후, 국민임대주택으로 명칭을 변경하고 재정지원 비율도 이전의 영구임대주택과는 상이하게 책정하였다(박윤영, 2009).

표 6-5 보금자리 주택계획

유형		호수	프로그램 내용
분양주택		70만	· 중소형 저가주택 공급
임대주택	공공 임대 (10년 임대)	20만	· 10년간 임대 후 분양 전환 · '지분형 임대주택' 위주로 공급하여 서민들의 점진적 자가소유 촉진(능동적 복지 구현)
	장기 전세 (10~20년 임대)	10만	· 월임대료 부담이 없는 '장기 전세형'으로 공급하여 수요자들에게 다양한 선택 기회 부여(도심위주로 공급)
	장기 임대 (30년 이상)	50만	· 국민임대 40만: 시중가의 60~70%로 공급 (소득에 따른 차등임대료제, 전세·월세 선택제) · 영구임대 10만: 최저소득층을 위해 공급재개(재정지원으로 시중가의 30%로 공급)

주: 계획기간은 2009~2018년임(인용자 주).
자료: 국토해양부(2008: 13).
출처: 박윤영(2009: 230).

④ 다양한 유형의 임대주택 출현

노무현 정부시기로, 김대중 정부의 주거복지정책을 계승하여 국민임대주택의 공급을 지속하였다. 도심지에 매입임대주택 및 전세임대주택 공급으로 주택 유형을 다양화하였다(박윤영, 2009).

⑤ 이명박 정부의 공공임대주택 정책

영구임대주택의 공급재개(10만호 예정)와 국민임대주택의 계속 공급을 포함한 공공임대주택을 계획하였다(박윤영, 2009). 앞의 <표 6-5>는 이명박 정부의 공공임대주택 계획의 내용을 정리한 것이다.

(4) 국민주택기금에 의한 전세자금 지원 제도[13)]

가. 국민주택의 의의

국민주택은 주택구입능력이 취약한 일반 서민을 대상으로 저렴한 가격으로 임대·분양하기 위해 정부가 정책적으로 건설하는 주택을 말한다. 1981년 4월 「주택법」(주택건설촉진법)을 개정하여 국민주택기금을 별도로 설치하면서 국민주택 공급을 위한 국가적 주택금융체제가 갖추어졌다. 국민주택 공급을 위한 재원조달과 원활한 주택공급을 위해 국민주택청약제도를 실시하기 시작하였다. 주택공사나 시에서 시공하는 국민주택의 경우 전용면적이 85㎡이하이고, 주택기금(住宅基金)의 지원을 받는 민간업자가 시공하는 국민주택의 전용면적은 이보다 더욱 작은 60㎡ 이하이다. 한편 국민주택을 시공하는 사업주체는 국가·지방자치단체·대한주택공사·한국토지주택공사 등이며, 정부의 주택건설종합계획에는 국민주택의 건설이 최우선적으로 고려된다. 용도별로는 공공임대주택·공공분양주택·근로자주택·농촌주택으로 구분된다. 국민주택은 주로 독립세대주인 무주택자에게 분양되지만, 국

13) 국가기록원 나라기록포털 출처임.
(http://contents.archives.go.kr/next/content/listSubjectDescription.do?id=005612)

민주택청약저축에 가입해야만 분양시 우선순위를 확보할 수 있다.

나. 법적 근거

국민주택기금의 법적 근거는 「주택법」 제60조이다. 제60조 1항에는 '정부는 주택종합계획을 효율적으로 실시하기 위하여 필요한 자금을 확보하고, 이를 원활히 공급하기 위하여 국민주택기금을 설치한다.'라고 명시되어 있다.

다. 도입 배경

무주택 서민의 내집마련지원을 위한 자금의 원활한 조달과 공급을 위하여 1981년 7월 국민주택기금을 설치하였다. 「주택건설촉진법」(현 주택법) 제10조 및 제10조 제6항에 근거해 1973년 1월 국민주택자금계정이라는 이름으로 한국주택은행에 설치하였다. 1981년 7월 현재의 기금으로 이름을 고치고 한국주택은행에 업무를 위탁하였고, 2000년 11월 한국주택은행이 국민은행(주)과 합병된 뒤에는 국민은행이 전담 관리하고 있다. 2003년부터는 관리체계에 경쟁요소를 도입할 수 있도록 관리기관의 다변화를 추진해 현재 수탁관리는 국민은행이, 재위탁은 농업협동조합중앙회와 우리은행이 맡고 있다. 국토해양부장관이 운용·관리(국민은행장에게 위탁)를 맡고 있는데, 국토해양부장관은 국민주택기금의 부담으로 기금수탁자에게 위탁수수료를 지급하고, 기금 수탁자는 선량한 관리자의 주의로 수탁사무처리(주택법 제62조)하며, 기금의 조성 및 운용현황을 국토해양부장관에게 보고해야 한다. 기금의 회계연도는 정부의 회계연도를 따르며, 운용계획·결산 등에 관하여는 기금관리기본법 및 주택법을 적용하도록 하고 있다.

라. 내 용

국민주택기금의 재원조달 수단은 정부재정, 자본시장(국채관리기금예수금), 저축시장(청약저축), 기타재원(제1종, 제2종 및 제3종 국민주택채권, 주택복권)의 네 가지로 구분할 수 있다. 이 중에서 주택은행 점포망을 통해 조달되는 청약저축, 주택복권, 국민주택채권 등의 비중이 거의 대부분을 차지하고 있다. 중점 운용 방향은 국민 주거안정의 토대로서 국민주택기금의 건전한 경영기반 확립, 무주택 서민들의 주거안정 및 주택시장 안정을 위한 실속 있고 효과적인 지원 추진 등이다. 이를 위해 분양주택[14)]·임대주택 등 국민주택의 건설 지원, 주택 구입과 전세에 필요한 자금 지원,[15)] 국민주택 건설을 위한 대지 조성 및 주거환경 개선 등의 사업[16)]을 전개한다. 2005년의 대출금 잔액은 총 498,315백만원 중 분양주택 102,311백만원, 임대주택 250,723백만원, 수요자융자지원 123,436백만원, 주택개량사업 18,613백만원 등의 임대주택 건설자금을 지원하였다.

국민주택기금은 공공주택건설자 및 공공택지조성자에게 대출되었다가 주택이 준공된 후 입주시에 취득자에게 승계되고 있다. 따라서 국민주택기금의 대출은 대출시점에서 보면 주택공급자에 대한 대출이지만, 자금의 최종적인 수요자가 누구인가라는 귀착시점에서 보면 주택취득자에 대한 대출이다.

2. 주택바우처 운용의 특성

1) 바우처 지급 대상

(1) 대상자 양적 범위의 문제

바우처 수급이 권리가 아니고 미국처럼 예산 제한(budget

14) 분양주택의 경우에는 공공분양, 다세대주택, 다가구주택, 후분양주택을 포함하며 이에 대한 건설 지원과 재해주택복구 및 구입자금을 지원한다.

15) 저소득 영세민 전세자금, 근로자 서민주택 전세자금, 개발이주자 전세자금, 근로자 서민주택구입자금, 최초주택구입자금, 매입임대 주택자금 등을 지원한다.

16) 주거환경개선을 위한 자금, 농어촌주택개량자금 등을 지원한다.

ceiling)이 있는 경우에는 동일한 자격 조건을 가진 자들 중에서도 바우처를 받지 못하는 일이 발생하게 되므로 수평적 평등 문제가 발생하게 된다. 수평적 형평성이란 동일한 소득 또는 부의 수준을 가진 사람들은 동일한 대우를 받아야 한다는 의미이다. 이러한 경우 일정한 기준에 따른 배분(rationing)이 요구된다.[17] 수평적 형평성을 증진시키는 방법은 보조금을 법적 권리(entitlement)로 만들거나 그렇지 못하다면 적어도 자격조건이 적합한 많은 가구들에게 보조금을 주는 것이다(Hoek-Smit & Diamond, 2003). 미국에서는 자격조건의 제한, 각 지방정부의 선호, 줄세우기(queuing) 등의 방식을 활용하고 있다(Steuerle et al., 2000).

(2) 대상자 성격의 문제

임차인에게만 적용하여야 하는가 아니면 자가소유자도 포함하여야 하는가도 고려 대상이 된다. 자가소유자라도 극빈층에 속한 경우라면 지원대상에 포함되는 것이 바람직하다고 볼 수 있기 때문이다.

(3) 집행 방식의 문제

임차인에게 줄 것인가 임대인에게 줄 것인가도 고려하여야 한다. 많은 경우 집행의 편의를 위하여 임대인에게 직접 제공된다.

2) 바우처 비용 산출

(1) 주택수당 산출

바우처의 비용을 산출할 때에는 주거비를 임대료만으로 볼 것인지 또는 주거비로 지출되는 모든 비용을 포함할 것인지, 급

17) 바우처 수령에 기한 제한이 없기 때문에 바우처 예산 중 계약 갱신부분이 90~97%에 이르며, 주택바우처 대기자의 대기기간은 평균 28개월에 이른다. 대도시인 뉴욕이나 워싱턴은 8년, 로스앤젤레스는 10년이 소요된다. 시카고에서만 대기자는 6만 가구를 넘어서고 있다(HUD, 2000; 진미윤·박재순, 2009에서 재인용).

여의 상한선이 필요한지, 만약 있다면 어떻게 결정하는가 등의 문제를 고려해야 한다. 이를 잘못 산정할 경우 수직적 형평성(vertical equity)을 해칠 수도 있다. 보조금이 너무 많아서 자격조건에 해당하지 않는 고소득 가구들이 누리는 주거 수준보다 더 높게 산정될 경우이다(Hoek-Smit & Diamond, 2003). 한편 소득이나 주택 가격이 어떤 경계선보다 높으면 보조금이 급격하게 줄어들도록 설계되어 있을 경우에도 형평성 문제가 발생한다(Hoek-Smit & Diamond, 2003). 소득이나 주택 가격이 경계선보다 조금 높은 가구나 조금 낮은 가구는 실제로는 거의 차이가 없음에도 주택보조금에 있어 큰 차이를 보이기 때문이다. 이러한 경계영역이 존재할 때 절벽 효과(cliff effect)가 나타난다. 이는 더 많은 보조금을 받기 위하여 자신의 소득이나 주택 가격을 경계선보다 낮게 보고하려는 현상으로 도덕적 해이에 속한다(Hoek-Smit & Diamond, 2003).

(2) 지원빈도와 권리 기간

바우처를 제공할 때에는 얼마의 기간 동안 수급 자격을 유지하게 할 것인가와 얼마의 기간 간격으로 줄 것인가를 고려할 필요가 있다(정광호, 2005).

3) 집행체제의 문제

바우처의 운용에 있어서 집권적인 운영이 좋을지, 분권적인 운영이 좋을지에 관한 지배구조 문제와 예산과 권리 배분양식도 고려해야 한다(정광호, 2005).

4) 바우처 지급의 목적

바우처 지급의 목적은 다양하다. 그러나 대표적으로는 사회보장성 급여인 소득보조의 수단인지 아니면 주거생활 향상 목적의 주택정책 수단인지로 나누어 볼 수 있다.

5) 바우처 지급의 부작용

(1) 임대료 상승 문제: 시장이 형성되어 있지 않은 경우

바우처가 효과적인 정책수단으로 인식되고 있는 이유는 시장의 작동방식을 따르기 때문에 경쟁이 활성화되면 공급측면에서 좀 더 다양하고 양질의 주택이 제공된다는 것이다. 이에 따라 주택이용자의 선택범위가 넓어져 주거만족도가 상승할 것이라는 믿음 때문이다. 그러나 시장이 원활히 작동되지 않는 상황에서는 오히려 초과 수요로 인한 가격 상승이 나타날 수 있다. 특히 주택바우처의 경우 초과 수요로 인해 전월세 임대료가 급격히 상승할 수 있고, 주거수준 개선에 대한 장치가 없다면 오히려 비효율적인 서비스 공급자(임대인)의 보호수단이 될 여지가 있다(진미윤, 2009a). 다시 말해 주택바우처 보조금 때문에 주택수요가 늘어나지만, 공급이 부족해 임대료가 상승할 수 있는데, 이 경우 기존 주택품질은 여전히 동일하기 때문이다. 결국 주택바우처 도입으로 임대료만 상승하고 이 상승분만큼 주택소유자에게 보조금이 지급되는 결과를 초래한다. 따라서 충분한 공공임대주택 확보와 이와 비슷한 민간주택물량이 존재한다는 전제가 충족될 경우에 주택바우처를 시행해야 한다.

(2) 절벽 효과(cliff effect)

위에서 언급한 것처럼 절벽효과란 더 많은 보조금을 받기 위하여 자신의 소득이나 주택 가격을 경계선보다 낮게 보고하려는 현상을 의미한다. 이는 소득이나 주택 가격이 어떤 경계선보다 높으면 보조금이 급격하게 작아지도록 보조금을 설계할 때 나타난다(Hoek-Smit & Diamond, 2003).

Ⅲ 주택바우처의 성과

1. 주택바우처의 성과

주택바우처 제도의 성과는 저소득 임차가구 측면, 주택시장 측면, 행정효율성 측면에서 평가할 수 있다(진미윤 · 박재순, 2009). 여기서는 40여년의 경험이 축적된 미국의 주택바우처를 중심으로 그 성과를 정리해 보고자 한다.

1) 저소득 임차가구 측면: 임대료 부담완화와 근린환경 개선으로 인한 주거안정 효과

주택바우처를 지원받은 저소득 임차가구는 임대료 부담을 줄일 수 있다. 그러나 저소득 임차가구 모두가 바우처 수혜를 받는 것은 아니므로 바우처 수혜 여부에 따라 임대료 부담비율이 달라진다는 수평적 형평성의 문제가 발생할 수 있다. 만약 적격 대상자이면서도 적합한 주택을 찾지 못해 바우처 수령에 실패한 가구가 있다면 바우처 성공 여부에 따라서도 수평적 형평성이 문제가 될 수 있다(진미윤 · 박재순, 2009). 주택의 질적 수준 향상은 미미하게 있다고 볼 수 있으나 대체로는 수준 저하가 발생되지 않는다는 관점이 지배적이다. 주택바우처 지원자의 근린환경 개선 효과도 어느 정도 향상된 것으로 평가할 수 있다. Newman과 Schnare(1997: 726-727)은 1990년 센서스 데이터를 이용하여 사업단지 중심 지원(project-based assistance) 프로그램이 수급자의 이웃 환경의 질을 향상시키는 데에 거의 도움이 되지 않았다고 결론 내렸다. 그러나 공공 주택(public housing)의 경우에는 상황을 더 악화시킨 반면 인증 프로그램(certificate program)과 바우처 프로그램(voucher program)은 수급자가 사회 경제적으로 열악한 지역에 거주할 확률을 낮췄음을 보였다.

2) 주택시장 측면: 임대료 상승 효과

바우처의 도입은 임대료 상승 등 주택시장에 일정한 파급 효과를 미칠 수 있다. 1984년 임대료 바우처 시범사업시에는 임대료 상승이 뚜렷이 나타나기 시작하였는데 주택바우처 지원으로 저소득층의 주거소비가 늘어났기 때문이다. 이는 저소득층의 주택수요에 대한 탄력성이 커짐을 의미한다(진미윤 · 박재순, 2009). 임대료 상승은 집주인의 편익 증대, 정부의 재정부담을 야기한다. 임대료 상승은 반드시 발생하는 현상이 아니며 저가주택의 재고량에 따라 달라질 수 있다. 그러나 다음의 뉴욕시 사례에서는 주택 건설 보조금이 긍정적인 파급효과를 가져왔음을 보여주고 있다.

사례 주택 건설 보조금과 지역 경제활성화 효과: 뉴욕시 사례

□ **분석 목적**

- 공급자 지원 보조금은 긍정적 파급효과(spillover effect)와 지역 경제 활성화를 가져온다는 이론적 주장은 있으나 이를 뒷받침하는 실증 결과는 거의 없다. 이에 본 연구를 통해 뉴욕시 공급자 지원 프로그램 대상으로 이 효과를 실증적으로 검증하고자 했다.

□ **분석 대상**

- 뉴욕시의 주택 지원 10년 계획(Ten-Year Capital Plan For Housing): 1985년 뉴욕 시장인 Koch가 발표하였으며, 그 당시 이미

시행중이었지만 활성화되어 있지 않던 여러 프로그램들을 포함한 계획으로서, 51억 달러의 자금을 조성하여 252,000채의 주택을 재정비 또는 신축하기 위함이었다.

- 66,147채의 신축 주택 대상: 현재 거주하고 있는 주택을 재정비하는 경우는 제외되고, 새로 건축하거나 비어 있는 건물을 재건축하는 방법으로 새로이 거주의 대상이 된 주택들을 대상으로 했다.

표 6-6 프로그램 종류에 따른 신축 주택 분포

프로그램 종류	수(채)	비율(%)
자가소유 프로그램		
비어 있던 건물의 재건축	2,801	4.2
신축	16,813	25.4
부분합계	19,614	29.7
임대 프로그램		
비어 있던 건물의 재건축	41,484	62.7
신축	5,049	7.6
부분합계	46,533	70.3
총합계	66,147	100,0

주: 뉴욕시 주택보전개발부의 데이터베이스에서 뉴욕시 10년 주택 지원 계획의 모든 신축 주택 수치를 포함함.
출처: Ellen et al.(2003).

□ **분석 방법**

- 데이터

세 개의 행정 데이터를 합하여 분석. ① 건설된 주택의 위치에 관한 상세 데이터, ② 1980년대와 1990년대의 모든 아파트와 단독 주택의 거래 가격(뉴욕시의 재무부로부터 얻음), ③ 재산세를 부과하기 위한 목적으로 수집된 건물 특성에 관한 데이터를 사용하였다.

- 모형

① DID(difference in difference method) 모형

지원 대상 지역에서 500피트 이내의 지역의 거래 가격과 500피트 밖의 지역이나 동일한 센서스 구역 안에 있는 지역의 거래 가격을 지원 계획에 의한 건설이 완료되기 이전 시점과 이후 시점에서 각각 비교했다.

② 고정 효과 헤도닉 가격 모형

lnPict = α +βXit +γZit +ΣρctIct+εit / i: 주택, c: 센서스 구역, t: 분기(시점)

P는 주택판매가격(ln=자연로그), X는 주택의 특성(연한, 크기, 주차공간 등), Z는 위치 속성(500피트 이내인지, 건설이 완료되었는지, 되었다면 몇 채나 완료되었는지), I는 센서스 트랙과 분기(시점)를 나타내는 더미(dummy) 변수이다.

□ **분석 결과**

- 아래의 [그림 6-1]은 자가소유 주택만을 포함하였을 때 지원 대상 지역의 500피트 내 구역의 거래 가격과 그 밖의 센서스 구역 내의 거래 가격의 차를 비율로 나타낸다. 10채의 주택을 지원하는 경우 지원 대상이 되는 지역으로부터 500피트 이내의 지역의 거래 가격은 그 밖의 지역의 거래 가격에 비해 건설이 완료되기 이전에는 6.8% 정도 더 낮은 것으로 나타나고 났다. 그러나 건설이 완료된 이후에는 그 격차가 줄어들어 재생정책이 효과가 있었음을 보여준다. 이와 같은 결과는 지원 대상 규모가 클수록 더욱 크게 나타났다. 임대 주택만을 포함한 경우에도 그 결과는 크게 다르지 않았다([그림 6-2] 참조).

그림 6-1 500피트 내 구역과 주변 가격 격차 비율(자가소유 주택만 포함)

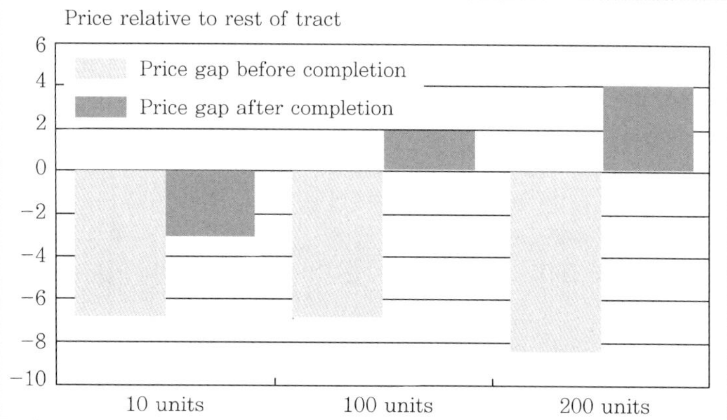

주: 10년 계획에 의한 주택 건설 이전과 이후의 가격 격차 비교

출처: Ellen et al.(2003: 77).

□ **결론**

- 위의 분석 결과를 토대로 뉴욕시의 주택 지원 10년 계획은 긍정적이고 지속적인 일출 효과가 있다고 보여진다. 그러나 본 연구는 다음과 같은 한계를 가진다. 첫째, 공급자 지원 프로그램에 의한 일출효과를 주택바우처에 의한 효과와 직접적으로 비교하지 않았다. 둘째, 뉴욕시에서의 성공이 다른 곳에서도 재현될지는 의문이다. 셋째, 뉴욕시에서의 프로그램은 운영비용이 많이 드는데 이러한 비용을 능가한 이익이 있는지에 대해서는 아직 연구되지 않았다.

그림 6-2 500피트 내 구역과 주변 가격 격차 비율(임대주택만 포함)

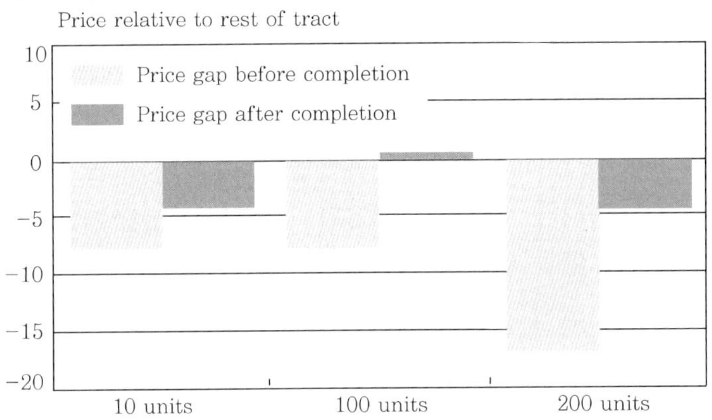

주: 10년 계획에 의한 주택 건설 이전과 이후의 가격 격차 비교
출처: Ellen et al.(2003: 78).

3) 행정 효율성 측면: 행정비용과 비용효과성

현재의 시스템에서는 불용 바우처가 공공주택국(PHA)간에 양도되지 않는다(진미윤 · 박재순, 2009). 이로 인해서 행정비용이 높아지게 된다. 우선, 바우처 수급 가구는 적합한 주택을 찾기 위하여 여러 지역의 공공주택국에 동시에 신청서를 내게 된다. 신청서를 받은 공공주택국에서는 각각 모두 적합한 자격조건인지를 심사하게 된다. 행정비용의 중복지출 문제가 발생하고 있는 것이다. 또한 바우처를 발급받은 가구가 적정한 주택 찾기에 실패하면 그 바우처는 불용 바우처가 되고 결국 발급기관은 예산을 배정받고도 지원하지 못하게 된다. 수많은 대기자들을 생각한다면 이는 자원 배분의 비효율성을 보이는 일이 된다. 더욱이 주택바우처는 건설비가 많이 드는 공공임대주택에 비해 수평적 형평성과 재원절감 차원에서는 유리하였으나 지속적인 임대료 상승으로 비용효과성이 높지 않다고 볼 수 있다. 장기적으로 공공임대주택 재고 구축 효과를 감안하게 되면 비용효과성은 더 낮아질 것으로 예상할 수 있다.

그러나 실증연구에 따르면 주택 건설 프로그램의 비용보다 주택바우처의 비용이 낮은 것을 확인할 수 있었다. U.S. General Accounting Office(GAO)의 2001년 연구에서는 지난 30년간의 주택바우처 비용과 저소득 주택 세금 면제, HOPE VI 프로그램, Section 202, Section 811, Section 515를 이용한 주택 건설비용을 주택 한 단위당 총비용으로 비교하였다. 그 분석 결과, 주택 건설 프로그램 비용이 주택바우처 비용보다 12%에서 27%까지 높았기 때문이다(GAO, 2001: 2; Ellen et al., 2003에서 재인용).

2. 공급자 지원 방식의 우월성 주장

공급자 지원 방식의 우월성을 주장하는 자들은 가난한 사람들은 교체가 필요한 나쁜 주거에서 살며, 바우처는 탄력성이 낮은 시장에서는 잘 작동되지 않는다는 점을 대표적인 근거로 내세우고 있다(Weicher, 1990). 또한 Ellen과 그의 동료들(2003)도 다음의 세 가지 경우에는 바우처보다 공급 측면 지원정책이 더 낫다고 평가하였다.

첫째, 수요와 공급이 불일치인 경우(adjustment lag), 갑작스럽게 수요가 증가하였으나 공급이 즉각적으로 따라 주지 못하는 경직된 주택 시장(tight housing market)에서는 바우처보다 공급 측면의 지원이 저소득 가구에게 더 유리하다. 이 때 정부에 의한 직접 공급은 관료들의 지체나 이웃 주민들의 반대, 정치적 압력 등에 의해서 지연되므로 주택 시장에서의 자율적인 공급이 원활하도록 규제를 제거하는 것이 더 나은 방안이다.

둘째, 주택 시장에서 차별(discrimination)이 존재하는 경우, 바우처 소지자에 대하여 시장에서의 차별이 있으면 수급자는 탐색비용이 높아지고, 최적의 장소를 선택하는 데 어려움을 겪게 된다. 이때에는 정부에 의한 직접 공급이 부분적인 해결책이 된다.

셋째, 지역 개발을 목적으로 하는 경우, 양질의 주택을 공급하면 그 지역의 가치가 높아지게 되고 새로운 사람들이 모이고 이로써 추가적으로 양질의 주택이 공급되는 긍정적 외부효과가 발생하게 된다. 이러한 외부효과가 있는 경우에는 시장에서 과소공급이 발생하게 되므로 정부개입이 정당화된다.

공급자 지원 방식과 수요자 지원 방식의 우월성 논쟁의 시발점이 되었던 Apgar(1990)의 주장을 눈여겨 볼 필요도 있다. 그에 따르면, 수요측면의 접근방식이 재원 측면에서는 우위를 보이는 것으로 여겨졌으나 최근의 연구들은 주택 급여와 바우처의 시장적 효과에 관하여 기존의 연구 결과들이 타당한 것인지에 관하여 의구심을 갖고 있다.[18)]

이 연구들은 저소득층 임차가구가 늘어가는 주택시장 상황에

---

18) 그러나 Struyk(1990), Weicher(1990)는 이와 같은 Apgar의 주장에 대하여 반박하고 있다.

서 수요 측면의 주거지원에 의존하는 것이 과연 효율적인가에 대해서 의문을 품는다. 1981년 이후 미국 주택 시장에서의 임대료는 일반적인 인플레이션율보다 더 빠르게 증가하였고 그와 동시에 저가의 임대주택이 줄어들었다. 1974년에서 1985년 사이에 300달러(1988년 달러 가치 기준) 이하의 민간 소유, 미지원 임대주택의 수가 2백 90만개가 줄었다. 이러한 추세는 지원을 받는 저가의 임대주택이 늘어나면서 누그러지긴 하였지만 완전히 상쇄할 수 있는 수준은 아니었다. 300달러 이하의 임대주택이 줄어든다는 것은 수요자 입장에서는 "적정한(affordable)" 주택이 줄어든다는 것을 의미한다. 반면 공급자에게 300달러 이하의 임대료는 주택을 유지할 수 있는 최소비용도 되지 않는다. 따라서 주택소유자 입장에서는 이보다 더 높은 임대료를 받지 않는다면, 그 주택은 유지보수되지 않은 채 사라진다는 것을 의미한다. 이와 같은 분석에 따르면 불안정한 시장 상황에 의존한 수요자 지원 방식보다는 공급자 지원 방식이 저소득층을 위한 안정적인 주택공급에 더욱 유리하다는 것이다.

반면 Glaster(1997)나 Oxely(1997)는 정책수단을 평가하는 데에 있어 공급자-수요자 접근 방식에 대하여 비판하면서 다른 기준을 제시하고 있다. Glaster(1997)는 다양한 차원의 공간 관련요소를 제시하였고, Oxely(1997)는 어떤 방식이 더 우월한지는 정책목표, 수단 그리고 시장상황에 따라 달라질 것이라고 하였다. 즉, 저소득층을 대상으로 한 정책목표는 주택에 대한 접근성을 높이는지, 주택소비의 질을 높이는 것인지, 아니면 주거지출 후의 임금을 높이는 것이 더 중요하다고 본다.

Ⅳ 향후 전망

지금까지 미국 주택바우처 제도를 중심으로 여러 나라들의 경험을 바탕으로 한 논의들을 분석하였다. 주택바우처 제도는 장점뿐만 아니라 한계점에 대한 논란들도 많은데 이를 바탕으로 우리나라 주택바우처 설계시 고려해야 할 사항들을 생각해 볼 수 있다.

우선 주택바우처의 긍정적 효과를 다음과 같이 정리해 볼 수 있다.

첫째, 주택바우처를 제공받은 가구들은 자신이 선호하는 지역에 거주하게 되므로 여러 지역에 분산된다. 이는 기존의 공공주택 거주의 한계점으로 지적되고 있는 저소득층 집단 거주 지역 거주자라는 부정적 이미지를 탈피할 수 있다는 장점으로 작용할 수 있다. 대표적인 다인종 사회인 미국에서 나타났던 인종 통합의 효과가 우리나라에서도 긍정적으로 작용할 수 있다.

둘째, 주택바우처는 수급자들에게 선택권을 부여함으로써 민간주택시장으로 하여금 주택의 질을 향상하는 계기를 마련할 수 있다. 수요자의 선택권에 대응하는 공급자간 경쟁을 통해서 이러한 효과가 나타나기도 하겠지만 직접적으로는 주택바우처 프로그램에 참여하기 위해서는 주택의 질에 대한 검사를 받아야 하기 때문이다.

그러나 이러한 긍정적 효과에도 불구하고 미국의 경우 예산의 부족으로 인해 수많은 대기자들을 수용하지 못하여 진정으로 보조가 필요한 절대 극빈층 가구의 참여가 제한되기도 하였다.

이는 자격을 갖춘 모든 사람들에게 바우처가 지급되는 방식이 아니라 일정한 예산 제약 하에서 자격을 갖춘 사람들 중 일부에게 배분하는 방식으로 운용되고 있기 때문이다. 이와 같은 경험을 바탕으로 할 때, 우리나라의 주택바우처 제도에서는 재정의 안정성을 우선시할 것인지, 보조금 지원을 권리로서 보장할 것인지에 대하여 논의해 볼 필요가 있을 것이다.

우리의 경우 지금까지는 대표적인 저소득층 주거지원 방식으로 공공임대주택이었으나 앞서 논의한 바와 같은 한계점으로 인해 다양한 정책수단이 필요한 시점이다. 그러나 주택바우처 제도의 도입을 위해서는 효율적인 전달체계의 구축과 정확한 소득파악과 전월세금 파악을 위한 데이터베이스 구축 등 선행되어야 할 과제도 많다(진미윤 · 박재순, 2009). 또한 어떠한 정책이든 아무리 제도 설계가 잘 되었다고 해도 완벽할 수 없는 한계가 있다는 점을 고려한다면 지금까지 살펴본 다른 나라들의 역사적 경험들과 논의들은 미래를 준비하는 우리에게 유용한 정책적 함의를 제공할 수 있을 것이라 본다.

장기적으로 주택소유나 주거에 대한 인식 전환도 필요하다. 현재 우리의 경우 주택을 소유개념으로 접근하기 때문에 임대주택이 설 자리가 없다. 그런데 모든 가구가 주택을 소유하고자 할 경우 이를 충족시키는데 상당한 한계가 있다. 또한 주택소유는 임대에 비해 엄청난 재원이 필요하기 때문에 저소득층의 경우 이러한 주택시장에서 늘 배제되기 쉽다. 주택을 소유하려는 주택문화가 뿌리 깊게 존재하는 한 저소득층에 대한 주거지원은 아무리 많은 주택바우처를 제공한다고 해도 이들의 주거문제 해결에 한계가 있을 것이다.

참고문헌

김상희 · 박정아, (2009), 미국 주택바우처 프로그램의 현황과 특성: 미조리주 콜럼비아시 사례를 중심으로, 『주택 연구』, 17(3): 5-34.

김선웅, (2006), 미국의 저소득층을 위한 주거정책 현황 개괄: 정부간의 역할 분담과 정책 사례를 중심으로(https://pantherfile.uwm.edu/kim/www/papers/American%20Low%20Income%20Housing%20Policy.pdf).

김영태, (2008), 주거정책 및 제도, 『2008 주거복지학교 교육자료집』, 주거복지중앙센터.

김중은, (2009), 용어풀이 128: 주택바우처프로그램, 『국토』, 2009년 4월호(통권 330호). p.68.

김혜승, (2004a), 주거급여제도의 현황 및 개선방안, 『국토』, 270: 23-31.

______, (2004b), 『주거비지불능력 개념에 기초한 주거비보조에 관한 연구』, 경희대학교 대학원 박사학위논문.

남원석, (2008), 주거복지 개념정립을 위한 시론, 『도시와 빈곤』, 84: 93-108.

박신영, (2001), 한국 주거급여제도의 발전방향: 선진국과의 비교를 중심으로, 『주택연구』, 9(1): 245-267.

박윤영, (2009), 우리나라 공공임대주택정책의 전개와 사회복지계의 과제, 『사회복지정책』, 36(4): 215-240.

원석조, (2008), 『사회복지정책론』, 고양시: 공동체.

정광호, (2005), 주택수당과 주택바우처: 유럽사례를 중심으로, 한국정책지식센터.

진미윤, (2009a), 주거빈곤 실태와 주택바우처 제도의 도입방안, 『국회도서관보』, 46(9): 11-22.

______, (2009b), 주거급여와 주택바우처-지원의 효율성과 효과성, 『복지동향』, 2009.10.

진미윤 · 박재순, (2009), 미국 주택바우처 제도의 역사적 경험과 정책적 함의, 『주택 연구』, 17(4): 115-151.

보건복지부, (2008), 『2008년도 국민기초생활보장사업 안내』.
하성규, (1991), 『주택정책론』, 서울: 박영사.
한국주거학회, (2007), 『주거복지론』, 서울: 교문사.

Apgar, W. (1990), Which housing policy is best? *Housing Policy Debate*, 1(1): 1-32.

Barton, S. (1996), Social housing versus housing allowances: Choosing between two forms of housing subsidy at the local level. *Journal of the American Planning Association*, 62(1): 108-119.

Daniels R. J., and Trebilcock, M. J. (2005), *Rethinking the Welfare State: The Prospects for government by voucher.* 장승옥 · 지은구 · 김은정 역, (2009), 『복지국가와 바우처』, 서울: 학지사.

Ellen, I. G., Schill, M. H., Schwartz, A. E., and Voicu L. (2003), Housing Production Subsidies and Neighborhood Revitalization: New York City's Ten-Year Capital Plan For Housing. *FRBNY Economic Policy Review*, June 2003.

Galster, G. (1997), Comparing demand-side and supply-side housing policies: sub-market and spatial perspectives. *Housing Studies*, 12(4): 561-577.

General Accounting Office (GAO). (2001), *Federal Housing Programs: What They Cost and What They Provide.* GAO-01-901R, July 18. Washington, D.C.: U.S. Government Printing Office.

Hoek-Smit, M. C. & Diamond, D. B. (2003), *The Design and Implementation of Subsidies for Housing for Housing Finance*. Prepared for the World Bank Senimar on Housing Finance March 10-13, 2003.

HUD. (2000), *Section 8 Tenant-Based Housing Assistant; A Look Back After 30 Years.*

HUD, Office of Policy Development and Research. (2007), *Fair Market Rents For The Section 8 Housing Assistance*

Payments Program.

______, (2001a), *Housing Choice Voucher Program Guidebook.*

______, (2001b), *Study on Section 8 Voucher Rate.*

Hulse, Kath (2002), *Demand Subsidies for Private Renters: A Comparative Review.* Australian Housing and Urban Research Institute.

Koebel, C. T. (1997), Housing Conditions of Low-income Families in the Private Unassisted Housing Market in the United States. *Housing Studies*, 12(2): 201-213.

Murry, M. (1983), Subsidized and Unsubsidized Housing Starts: 1961-1977. *Review of Economics and Statistics*, 64: 590-597.

Newman, S. J., and Schnare, A. B. (1997), And a Suitable Living Environment: The Failure of Housing Programs to Deliver on Neighborhood Quality. *Housing Policy Debate*, 8(4): 703-41.

Orlebeke, C. J. (2000), The Evolution of Low-Income Housing Policy, 1949 to 1999. *Housing Policy Debate*, 11(2): 489-518.

Oxley, M. J. (2007), Social housing versus housing allowances: what determines. *European Journal of Housing Policy*, 5(1): 59-75.

______, (1987), The aims and effects of housing allowance in Western Europe. In Van Vliet, W. (ed.). *Housing Markets and Policy under Fiscal Austerity* (pp.165-178). Westport: Greenwood.

Peterson, G. (2000), Housing Vouchers: The U.S. Experience. In Steuerle, C. E., Ooms, Van Doorm, Peterson, G., and Reischauer, R. D. (eds.). *Vouchers and the Provision of Public Services.* Washington D.C.: Brookings Institution Press.

Polinsky, M. A., and Ellwood, T. D. (1979), An Empirical Reconciliation of Micro and Grouped Estimates of the

Demand for Housing. *Review of Economics and Statistics*, 61(2): 199-205.

Preimus, H., Kemp, P. A., and Varady, D. P. (2004), Housing Vouchers in the United States, Great Britain, and the Netherlands: Current Issues and Future Perspectives. *Housing Policy Debate*, 15(3/4): 575-609.

Quigley, J. M. (2000), A Decent Home: Comments Housing Policy in Perspective. *Brookings-Wharton Papers on Urban Affairs*. pp.53-88.

Rice, Douglas (2009), What to look for in HUD's 2010 budget for low-income housing. Center on Budget and Policy Priorities.

Steurele, C. E., Ooms, V. D, Peterson, G. E., and Reischauer, R. D. (eds.). (2000), *Vouchers and the Provision of Public Services*. Washington, D.C.: Brookings Institution Press.

Struyk, R. (1990), Comment on William Apgar's, "Which housing policy is best?" *Housing Policy Debate*, 1(1): 41-51.

Weicher, J. (1990), Comment on William Apgar's "Which housing policy is best?" *Housing Policy Debate*, 1(1): 33-39.

Wilson, W. J. (1987), *The Truly Disadvantaged: The Inner City, the Underclass, and Public Policy*. University of Chicago. Press

Yates, J. and Whitehead, C. (1998), In Defence of Greater Agnosticism: A Response to Galster's 'Comparing Demand-side and Supply-side Housing Policies.' *Housing Studies*, 13(3): 415-423.

건설타임즈, 2010년 6월 21일자, 서울시, '주택바우처' 저소득층 주거비 지원.

세계일보, 2009년 9월 23일자, '주택바우처' 시행 또 연기?

국가기록원 나라기록포털(contents.archives.go.kr).

07 직업훈련바우처

개 관

직업훈련은 그 자체가 외부효과를 갖고 있어 기업이 직접 투자할 유인이 없다. 어떤 기업이 투자한 직업훈련의 효과가 인력이동이나 유출로 다른 기업이나 사회로 이전될 수 있기 때문이다. 사회 전체적으로는 바람직하지만 직업훈련을 시행하는 기업 입장에서는 이러한 외부효과 때문에 사회적으로 바람직한 수준까지 직업훈련을 제공하지 않을 수 있다. 한편 구직자가 자부담으로도 충분한 직업훈련을 받는 데도 한계가 있다. 빈곤층과 같은 취약계층에 대한 직업훈련 기회를 시장에 맡길 경우 이들은 양질의 직업훈련에 수반되는 비용을 감당하기 어려워 결국 직업훈련을 포기할 가능성이 크다. 이러한 시장원리의 한계를 고려할 때 양질의 충분한 직업훈련 기회를 취약계층에게 제공하기 위해서는 시장기제가 아닌 정부의 지원이 필요한 것이다.

수요자 중심의 직업훈련바우처는 노동시장에 진입하려는 잠재적 구직자에게 자신이 원하는 직업훈련프로그램을 선택하고 이를 토대로 취업에 도움을 주기 위한 것이다. 이전의 위탁방식 직업훈련프로그램은 구직자의 선호를 반영한 다양한 형태의 직업훈련프로그램을 제공하는 데 한계가 있다. 반면 바우처 방식은 이용자의 선택권을 보장하고 직업훈련기관간 경쟁을 통해 양질의 다양한 직업훈련프로그램 생성과 혁신을 유도할 수 있다.

이처럼 직업훈련바우처는 분명 취업준비생에게 다양한 형태의 제공기관을 선택할 수 있게 해주는 장점을 가진다. 기존에 지정된 기관에서만 직업훈련을 받을 때와 비교할 때 본인이 원하는 프로그램을 선택할 수 있어 대부분 직업훈련바우처의 만족도 수준은 높게 나타난다. 하지만 경우에 따라서 만족스런 직업훈련기관이 부족할 경우 이런 바우처 효과는 구현되지 못하고 여러 부작용이 나타날 수도 있다.

무엇보다 직업훈련바우처가 제대로 작동되기 위해서는 다음과 같은 세 가지 요건이 충족되어야 한다. 첫째, 이용자의 수요를 반영할 수 있는 양질의 다양한 직업훈련프로그램을 제공하는 기관들이 존재해야 한다. 그러나 직업훈련기관들이 제공하는 프로그램들 모두 문제가 있다면 더 나은 프로그램을 선택하도록 해주겠다는 본래의 바우처 취지는 훼손될 수밖에 없다. 둘째, 구직자가 원하는 직업훈련에 관한 정보와 직업훈련기관이 제공하는 프로그램에 대한 정보가 서로 만나서 정보비대칭 문제가 해소되어야 한다. 또한 직업훈련바우처 사용 후에 구직에 실제 도움을 줄 수 있는 정보인프라를 구축해야 하며, 특히 구직자와 고용자를 연계해주는 중간매개역할을 하는 상담사가 필수적이다. 셋째, 바우처 이용자의 도덕적 해이를 억제할 수 있어야 한다. 원래 취업의지는 없지만 단순히 바우처에 수반되는 혜택을 받기 위해 직업훈련바우처를 신청할 수 있다. 또한 정규직장이 아니라 부업이나 각종 취미생활에 필요한 직업훈련을 받기 위해 바우처를 신청하는 경우도 많이 있다. 따라서 정규직장을 구하기 위한 직업훈련바우처와 각종 취미나 자영업에 필요한 직업훈련을 구분하여 운영할 필요가 있다.

결국 양질의 직업훈련기관을 얼마나 많이 확보하느냐가 직업훈련바우처 성과의 관건이 될 것이다. 최근 독일과 미국에서 시행된 직업훈련바우처의 사례를 보면, 오히려 바우처가 기존 정부위탁(공급자) 방식에서 존재해 왔던 제공기관들 사이의 네트워크와 조정기제를 파괴하는 부작용을 가져왔다. 그 이유는 바우처로 인해 제공기관간 협력이 아닌 경쟁이 발생하면서 상호 호혜적 규범들이 파괴되었기 때문이다. 또한 바우처 이용자들도 자신이 원하는 직업훈련기관을 자유롭게 선택하는데 상당한 제한을 받은 것으로 나타났다(Hipp & Warner, 2008). 결국 바우처 때문에 기존에 공공기관과 민간영역의 직업훈련기관들 사이에 존재하는 네트워크가 훼손되고 개별 직업훈련기관 사이의 긍정적 상호작용과 조정에 따른 장점이 사라졌다.

직업훈련바우처의 효과추정은 쉽지 않다. 바우처 사용 후 취업이 되었다면 이것이 진정 바우처에 따른 효과인지를 식별하기 어렵기 때문이다. 취업에 이르기까지는 경제환경의 변화, 노동시장의 특성, 본인의 구직 노력 등 여러 요인들이 함께 얽혀 있기 때문이다. 그렇다고 무작위로 두 개의 집단, 즉 바우처방식과 위탁방식으로 운영되는 직업훈련프로그램으로 구분한 후 이를 정책적으로 실험하는 것도 힘들다. 왜냐하면 이 실험을 시행하기 위해서는 상당한 비용과 시간이 소요되고 윤리적인 문제도 있기 때문이다. 이처럼 직업훈련바우처의 성과측정은 어려운 과제이다.

그러나 취약계층을 대상으로 본인들이 원하는 다양한 직업훈련 프로그램을 선택할 수 있도록 해 주는 것은 취업에도 도움이 된다. 구직자에게 도움이 되는 직업훈련이 무엇인지는 본인이 제일 잘 알기 때문이다. 이런 측면에서 바우처는 위탁방식보다 우월하다 할 것이다.

I 직업훈련 바우처의 도입 배경

1. 직업훈련에 대한 정부개입의 정당성

직업훈련의 경우 시장에 맡겨두면 시장실패 때문에 사회적으로 바람직한 방식으로 작동되지 않는다.[1] 이런 이유를 직업훈련에 대한 정부지원이나 개입이 필요한 근거로 삼고 있다(Zabalza, 1996; Daniels & Trebilcock, 2005). 특히 사회적으로 소망스런 수준보다 낮게 투자되기 쉬운 직업훈련 문제를 해결할 필요가 있다. 이를 정부개입의 강력한 근거로 볼 수 있으며, 이외에도 대체로 다음과 같은 것을 들 수 있다(Zabalza, 1996: 4-8).[2]

첫째, 외부성(Externality)이다. 직업훈련으로 발생하는 비가시

1) 직업훈련시장은 민간에 맡겨두면 자원배분의 효율성이 달성되지 못하는 시장실패가 발생한다. 외부성(externality)이 존재하여 일반훈련(general training)에 대한 과소투자가 나타나며, 공공재 성격으로 사회적 편익이 크게 발생하지만 무임승차(free-ride) 문제가 발생한다. 또한 비대칭적 정보나 노사관계와 같은 제도적 요인으로 저숙련균형(low-skill equilibrium) 문제가 발생하기 쉬운 특성이 있다(강순희 · 홍성호, 1998; 박용웅, 1998).

2) 한편 Daniels & Trebilcock(2005)은 직업훈련시장에 대한 정부개입의 근거로, 훈련 편익과 훈련비용 부담에 관한 '협상실패', 개인들이 훈련프로그램에 정당한 투자비용을 감당할 수 없는 '인적자본 시장에서의 실패', 직업훈련으로 인한 실업감소의 긍정적 부수효과를 의미하는 '외부효과'를 들고 있다(Daniels & Trebilcock, 2005: 198-202).

적인 외부효과로 인해 고용주와 개별 근로자들 간의 개인적 편익과 사회적 편익이 일치하지 않게 된다. 또한 엄밀한 의미의 외부성은 아니지만 거시경제적 목표달성, 경제구조의 유연성 증대 혹은 성장산업의 인력부족 방지와 같은 다른 효과들도 발생시키고 있다.

둘째, 시장의 불완전성(Market Imperfection)을 들 수 있다. 최저임금법의 존재는 고용주로 하여금 훈련비 부담분만큼 근로자의 임금을 삭감하는 것을 어렵게 만들고, 이 때문에 직업훈련을 단념하도록 만든다. 이러한 왜곡을 제거할 필요성 때문에 정부개입이 정당화될 수 있다. 많은 나라에서 기술진보로 인해 숙련근로자에 비해 비숙련근로자의 수요가 상대적으로 크게 감소해 왔다. 그 때문에 노동시장에 비숙련근로자의 초과공급이 발생하게 되었다. 만약 최저임금법 때문에 상대임금이 초과공급을 수용하기 위해 필요한 것만큼 충분히 하락하지 못한다면 만성적인 실업이 발생하게 된다. 이러한 구조적 실업을 방지하기 위해 정부개입이 필요한 것이다.

셋째, 취약한 기업훈련능력(Weak Enterprise Training Capacity) 때문이다. 직업훈련에서 규모의 경제를 실현할 수 없는 중소기업은 일방적으로 부담해야 하는 고비용(high unitary cost) 때문에 선뜻 직업훈련을 하기 어렵다. 한편 직업훈련이 개별기업 입장에서는 특수한(specific) 것이지만 해당 산업전체 입장에서는 일반적인(general) 성격을 갖는 경우가 있다. 이 경우 그 산업 내 기업들간의 협조적인 합의가 원활히 이루어지면 훈련비용을 감소시키는 조직적 장치가 마련될 수 있다. 그러나 이 경우 비대칭적인 정보로 인해 시장실패가 발생할 위험이 있는데, 정보획득을 용이하게 하고 협조적인 해결방안을 마련하기 위해 정부개입이 요구된다.

넷째, 형평성(equity)이다. 대기업과 중소기업 간, 숙련노동자와 비숙련노동자 간의 형평성 때문에 정부개입이 정당화되기도 한다. 하지만 노동시장이 훈련과 자본의 대체탄력성이 낮은 상황이라면 다른 문제를 파생시킨다. 즉 훈련받은 근로자들이 가지고 일할 자본(ex. 기계)이 부족한데 훈련받은 사람들을 노동시장으로 더 많이 배출하는 것은 생산성 향상으로 연결되지 않기 때문에 매우 비효율적일 수도 있다. 따라서 직업훈련 시장에의 정부개입의 근거로 형평성을 주장하는 것은 설득력이 떨어진다는 주장도 제기되고 있다.

2. 직업훈련 바우처의 도입배경

직업훈련 시장에 정부가 개입하는 경우에도 여러 가지 정책수단을 활용할 수 있다. 정부의 직접공급에서부터 위탁계약, 보조금, 바우처 등의 간접적인 방식까지 다양한 전달체계를 활용할 수 있다. 전통적인 직업훈련에 대한 정부의 직접제공방식이 정부실패로 인해 간접적인 수단으로 바뀌고 있다. 최근에는 효율성이 강조되면서 (준)시장기제가 각광을 받고 있다.

이러한 직업훈련에 대한 정부지원 유형은 크게 공급자 방식과 수요자 방식으로 나눌 수 있다. 전자는 공공이나 민간의 직업훈련기관에 위탁을 하는 방식이며, 후자는 구직자에게 정부가 직접 직업훈련바우처를 제공하는 것이다.[3] 그럼 아래에서 바우처

3) 바우처 방식도 구직자에게 직접 보조금을 주는 명시적 방법과 구직자가 직업훈련을 받았다는 사실을 확인한 후 제공기관에 정부가 보조금을 주는 묵시적 방법이 있다. 특히 미국의 경우 취약집단을 고용할 경우 이들에 대한 세제공제(Targeted Jobs Tax Credit: TJTC)를 통해 취업을 돕고자 하는데, 이는 묵시적 바우처의 형태이다. TJTC는 어느 정도 효과를 거둔 것으로 보인다. 실

방식에 내재된 경쟁이나 선택의 원리, 그리고 바우처 효과를 중심으로 그 도입배경을 살펴보자.

1) 직업훈련에서의 준시장 기제의 활용

직업훈련에 대한 정부개입은 다른 영역에서와 마찬가지로 정부실패를 경험하게 되었다. 즉 직업훈련 성과의 조작적 정의 및 측정의 어려움에 기인한 내부성(internality)과 공급독점에 따른 경쟁 부재로 인한 비효율 등을 경험하게 되었다. 이러한 경험은 국민들로 하여금 정부 주도 직업훈련에 대한 개혁을 요구하도록 만들었다(나영선 외, 2007). 한편 직업훈련 시장에서도 직업능력의 수요 주체인 민간기업과 공급 주체인 민간 훈련기관의 역량이 커지면서 정부 및 공공부문의 역할은 과거에 비해 점점 더 축소되고 있다. 이러한 시대적 변화에 부응하는 대안으로 훈련수요자에 대한 현금지급(cash payment)과 준시장(quasi-market) 기제를 활용하는 민간위탁 및 바우처 방식이 떠오르고 있다(Bruttel, 2005a).

우선 현금지급 방식은 개인의 효용을 가장 크게 만들지만, 불완전 정보의 문제로 자신의 선호를 제대로 표출할 수 없는 한계가 있다. 즉 제공되는 모든 직업훈련에 대해 알 수 없으며, 심지어 편향된(biased) 정보에 의해 의사결정이 이루어질 수밖에 없어 아주 제한적이다. 또한 신속한 구직이나 취업가능성을 높이는데 사용하지 않을 누출(leakage) 위험도 내포하고 있다.

다음 민간직업훈련기관에 대한 위탁(contracting-out)은 효율성이나 효과성 측면에서 기존 방식보다 우월하여 바우처가 소개되

제 지난 1989년 위 프로그램이 변경되어 당시 23세~24세의 연령대가 대상에서 제외되었는데, 그 결과 이들 연령층의 고용이 7% 감소한 것으로 나타났다(Katz, 1998).

기 전에 주로 활용되어 왔다. 최근 민간위탁은 경쟁입찰에 따른 조사와 승인절차 준수, 정부의 계약관리능력, 성과기반 보상과 프로그램평가 등의 개선이 이루어지고 있다. 하지만 적절한 민간수탁기관을 찾기 위한 정보수집과 탐색비용, 계약체결비용, 계약의 성실한 이행에 대한 감시감독비용 등의 새로운 비용을 발생시킨다. 또한 정부와 공급자 간의 책임배분 문제 등을 유발하고 있다.

한편 바우처(voucher) 방식은 직업훈련 성과의 질(outcome quality)이나 투명성(transparency) 측면에서 우월한 것으로 평가받고 있다. 그리고 직업훈련 서비스의 운영책임이나 정치적 책임(political accountability)을 민간 직업훈련기관으로 넘겨주고 있어 책임성 측면에서도 우월하다.

직업훈련 분야는 준시장적 기제가 다양하게 존재한다. 하지만 위에서 본 바와 같이 바우처 방식이 여러 국가의 공공서비스 개혁에 의해 도입된 민간위탁에 비해 몇 가지 장점이 있다. 직업훈련 분야에서의 민간위탁과 바우처 방식을 비교해 보면, 다음과 같은 이유들 때문에 민간위탁이 반드시 고용서비스의 효과성과 효율성을 보장하지는 않는다(Bartlett & Le Grand, 1993; Bruttel, 2005b; Plantinga et al., 2008; 유길상, 2010: 93).

첫째, 민간위탁시장은 사적 이윤이 아닌 공익을 추구하는 비영리기관 및 준공공기관도 존재하는 준시장의 특성을 띤다. 완전경쟁시장처럼 이윤을 추구하는 민간영리기업만 존재하는 것이 아니기 때문에 공급자들 간의 경쟁은 제한적이다. 따라서 민간위탁시장은 완전경쟁시장과 같은 경쟁이 없기 때문에 효율성이 보장되지 않을 수 있다.

둘째, 민간위탁시장에서는 이용자와 비용 부담자가 다르다. 즉 이용자가 직접 서비스 비용을 지불하는 것이 아니라 정부나 공공기관이 이용자를 대신하여 비용을 지불한다. 이용자가 목적함수인 효용극대화를 추구하더라도 예산제약인 서비스 가격에 민감하게 반응을 하지 않을 수 있다. 이 경우 소비자 선택은 최적선택이 아닐 수 있다.

셋째, 민간위탁시장에서는 서로 목적함수가 다른 주체들 간의 정보의 비대칭(information asymmetry) 문제도 존재한다. 즉 위탁자인 정부는 주인(principal)으로서 취업 취약계층에게 직업훈련이 집중되기를 바라는 목적함수를 가지고 있다. 하지만 수탁기관이 민간직업훈련기관은 대리인(agent)으로서 이들을 외면하고 가장 취업확률이 높은 구직자를 선발하여 훈련시키려고 한다. 이들 간에 역선택(adverse selection)과 도덕적 해이(moral hazard)가 발생하여 효과성과 효율성은 달성될 수 없게 된다.

이와 같이 민간위탁시장은 자연적으로 효과성과 효율성이 달성되는 것이 아니다. Bartlett과 Le Grand(1993)는 공공고용서비스의 민간위탁이 효과적이고 효율적으로 작동하기 위해서는 일정한 조건이 필요하다고 보았다.[4)]

한편 경쟁의 확보라는 측면에서 민간위탁보다는 바우처 방식이 우월하다. 직업훈련 바우처는 공급자간의 경쟁을 유도하여 소비자의 선택권을 보장하는 방식이다(Bruttel, 2005a). 민간위탁은

4) 그들은 다음과 같은 다섯 가지 조건이 충족되어야 한다고 주장한다(유길상, 2010에서 재인용). 첫째, 다수의 제공기관이 존재하여 경쟁적 시장구조가 형성되어야 한다. 둘째, 취업하기 쉬운 구직자만을 선택하여 서비스를 제공하는 '선별(creaming or cherry picking)'과 취업이 어려운 구직자를 외면하는 '파킹(parking)'을 방지할 수 있는 제도적 장치를 갖추어야 한다. 셋째, 민간제공기관의 참여를 유도하고, 양질의 서비스 제공을 지속적으로 담보할 수 있는 유인기제(incentive mechanism)를 갖추어야 한다. 넷째, 위탁자와 수탁자 모두가 적은 정보수집비용으로 정확한 정보를 획득할 수 있어야 한다. 다섯째, 민간제공기관의 선정과 모니터링 및 성과평가 등 민간위탁의 거래비용(transaction cost)이 너무 높지 않아야 한다는 것 등을 제시하고 있다.

정부가 민간 제공기관을 선택하는 반면, 바우처 방식은 구직자가 민간 제공기관을 선택한다. 따라서 제공기관의 입장에서 보면, 민간위탁의 경우 직업훈련시장에의 접근이 정부 계약에 의해 제한되지만, 바우처 방식의 경우 이러한 제한 없이 자유롭게 선택할 수 있다(Bruttel, 2005a: 393). 직업훈련시장에 대한 접근성이 높다는 것은 진입과 탈퇴의 장벽이 낮다는 것이다. 특히 직업훈련시장의 경우 차별적인 품질을 가진 다양한 직업훈련기관이 존재하고 있다. 즉 잠재적인 경쟁자들이 거의 비용을 들이지 않고 진입과 탈퇴할 수 있는 경쟁적 시장(contestable market)이 조성되어 있다. 이러한 특성들이 충족된다면 직업훈련 분야는 바우처가 작동하기 좋은 여건이라 볼 수 있다.

2) 직업훈련 바우처의 기대효과

일반적으로 바우처는 소비자의 선택권을 보장하고 공급자간의 경쟁을 유도하여 서비스제공의 효율성을 보장할 수 있는 방식이다(Steuerle et al., 2000, Bruttel, 2005a). 바우처는 수요자의 선호에 따른 선택권의 행사를 가능하게 하여 소비자 주권을 실현시켜 준다. 즉 불만족스러운 서비스제공에 대해 구직자는 기존 직업훈련기관에서 다른 기관으로 변경(exit option)함으로써 공급자를 위협할 수 있다(Bruttel, 2005a). 또한 바우처는 최소한의 품질기준을 만족하는 모든 기관의 시장참여를 보장하기 때문에 공급자간의 경쟁을 유도할 수 있다.

최근에는 산업구조의 변화와 함께 실업자 훈련에 대한 관심 증대, 직업훈련 소비자 주권 인식과 상시 직업훈련체제에 대한 요구 급증 등으로 직업훈련 바우처가 적극적으로 활용되고 있다(Hipp & Wanner, 2006). 미국과 독일은 공급자 위주의 시스템에서 수요자 중심의 바우처 방식으로 전환하여 소비자의 선택권과 취업성과를 개선하고 직업훈련 재정의 효율성 및 투명성을 증대시키기 위해 노력하고 있다(나영선 외, 2007: 89).

II 직업훈련 바우처의 운용 현황

1. 미국의 개인훈련계좌제

1998년 인력투자법(WIA: Workforce Investment Act) 제정[5] 이후 연방정부의 재정을 지원받는 모든 훈련은 개인훈련계좌(ITA: Individual Training Account) 방식으로만 실시하고 있다.

원스톱센터(One-Stop Career Center)에서는 주 정부 및 지방정부가 제시한 일정한 조건에 부합하면 구직자에게 개인훈련계좌를 발급한다. 개인훈련계좌를 발급 받은 구직자는 자신이 원하는 훈련기관의 훈련과정에 참여할 수 있어 구직자의 훈련선택권이 강화되고 있다. 선택권 행사가 적절히 이루어지도록 훈련 상담을 받도록 하며, 승인된 적합훈련기관 목록 안에서만 훈련과정을 선택하도록 한다. 그리고 훈련정보시스템을 통해 그 결과 및 각종 정보를 수집·생산·제공하고 있다(나영선 외, 2009: 56).

원스톱센터의 구체적인 운영 및 사업 시행은 주정부와 지방정부 수준에서 이루어지며 인력투자위원회(Workforce Investment Board)가 핵심역할을 한다.[6] 인력투자위원회는 주정부 인력투자

5) 인력투자법은 한시법으로 제정되어 2003년 9월까지만 유효하였으며, 그 후 매년 사업비는 예산으로 결정되어 추진되고 있어 법적 안정성을 위해 조속한 의회의 재승인이 필요한 상황이다. 2011년 직업훈련 및 전국 3,000개의 원스톱센터 사업비지원 예산으로 노동부에 약 60억 달러, 교육부에 40억 달러 등 총 100억 달러를 편성하였다.

위원회(State Workforce Investment Board)와 지역 인력투자위원회(Local Workforce Investment Board)로 나뉜다.

우선 주정부 인력투자위원회에서는 주 전반에 걸친 인력투자의 방향을 결정한다. 그리고 원스톱센터에 대한 5개년 계획의 개발, 지역 인력투자구역(local workforce investment area)의 지정, 지역 인력투자구역에 대한 자금 배분, 지역 인력투자구역의 프로그램에 대한 검토, 주지사에 대한 자문 역할 등을 수행한다.

그림 7-1 WIA 자금의 흐름

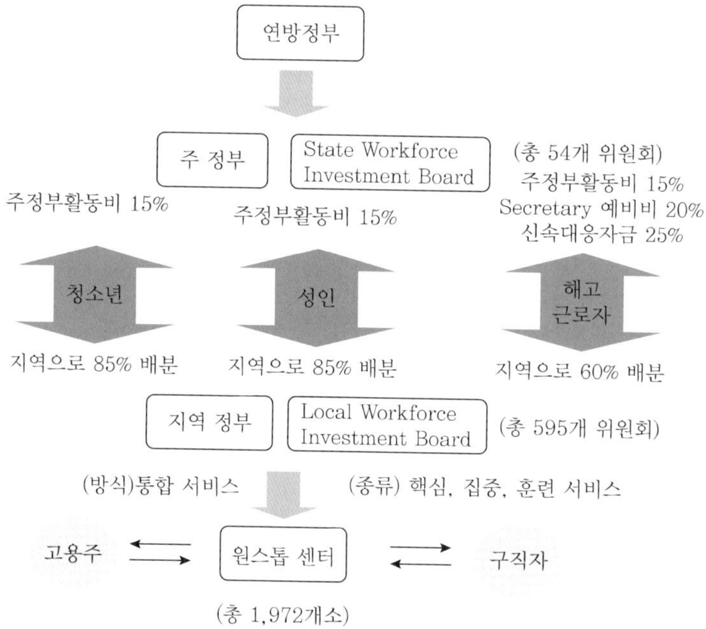

출처: 나영선(2004: 46)의 [그림 Ⅲ-2].

6) 이하의 원스톱센터의 운영체계와 서비스에 관한 내용은 전명숙(2005)을 주로 참고함.

지역 인력투자위원회에서는 보다 직접적으로 원스톱센터의 운영과 관련된 업무를 담당한다. 즉 원스톱센터 프로그램의 관리감독, 원스톱센터 운영자 선정, 인력투자의 성취도 측정, 지역의 경제발전 전략과 사용자조직의 연계, 참여촉진 등을 수행하고 있다.

WIA의 자금배정은 우선 연방정부에서 주정부로 배분된다. 이후 전국 54개의 주정부인력투자 위원회를 통해 각 주에서 청소년, 성인, 해직근로자 등 목표집단별로 배분된다. 다음으로 주에서 전국 595개 지역정부 인력투자위원회를 통해 또다시 전국 1,972개소의 원스톱센터로 배분되는 과정을 거치게 된다. 이 과정을 그림으로 표현하면 <그림 7-1>과 같다.

모든 원스톱센터는 기본적으로 핵심서비스(core services), 집중서비스(intensive services), 훈련서비스(training services)를 포함하는 3단계의 서비스를 제공하고 있다(Patel & Savner, 2001: 2).

우선 1단계인 핵심서비스는 자격제한 없이 누구나 보편적으로 접근가능한(universally accessible) 서비스이다. 이는 구직자가 직접 이용하거나 원스톱센터 직원의 도움을 받아 이용할 수 있다. 서비스의 구체적인 내용은 개별 원스톱센터마다 차이가 있다. 하지만 일반적으로 기본적인 구직활동(ex. 이력서 작성, 인터뷰 요령 등)에 대한 지원, 각종 훈련 정보, 지원서비스에 대한 정보 및 경력상담을 받을 수 있다(전명숙, 2005: 38).

다음 2단계인 집중서비스는 구직자에게 보다 광범위한 서비스를 제공한다. 집중서비스는 인력투자법의 적용을 받기 위해 등록한 구직자만이 이용할 수 있다. 이 서비스는 개인별 취업계획개발, 경력설계, 직업개발 및 배치, 단기간 직업전 또는 직업준비서비스(short-term prevocative or job readiness service) 등으로 구성되어 있다.

마지막 3단계로 핵심 및 집중서비스를 받고도 취업을 하지 못하는 경우에는 훈련서비스를 받게 된다. 이 서비스는 주로 개인훈련계좌(ITA: Individual Training Account)를 통해 이루어진다. ITA는 훈련이 필요한 구직자가 스스로 자신에게 적합한 훈련기관을 선택할 수 있도록 허용한다. 이 점에서 기존의 고용 및 훈련 시스템과는 근본적으로 다른 접근방식이라고 할 수 있다(DOL, 2005). 1회 이상의 집중서비스를 받고도 취업을 하지 못한 성인 및 해고근로자는 지역 인력투자위원회의 정책 검토 및 사례관리자(case manager)와의 상담을 받게 된다. 이 과정을 거친 구직자는 주정부가 관리하는 여러 기관 중에서 적합한 훈련기관을 스스로 선택하게 된다(전명숙, 2005: 38). 현재 공공 및 민간의 훈련센터, 2년제 지역사회대학(community colleges), 4년제 대학이 훈련서비스를 제공하고 있다.

일반적으로 지역 인력투자위원회는 ITA 사용에 대한 시간 및 비용의 한계를 설정하고 있다(전명숙, 2005: 38). 훈련 프로그램 비용의 일부 또는 전부를 개인훈련계좌제를 통해 지급할 수 있다. 청소년에게는 개인훈련계좌제가 적용되지 않지만, 18세 이상의 성인은 개인훈련계좌제를 받을 수 있는 자격이 있다(Greenberg & Patel, 2006).

표 7-1 미국 WIA 참여자(2007)의 서비스단계별 취업성과

구분	해고근로자(dislocated worker)		성인(adult)	
	훈련서비스	핵심 · 집중서비스	훈련서비스	핵심 · 집중서비스
취업률	86.6%	67.2%	81.5%	68.3%
고용유지율	91.0%	84.9%	87.8%	82.7%
평균임금	$ 15,034	$ 15,281	$ 14,650	$ 13,289

자료: WIA Annual Report(2007).

WIA 프로그램 참여자수는 2000년의 80만 명 수준에서 2003년 117만 명, 2005년 160만 명, 2006년 240만 명, 2007년 344만 명으로 지속적인 증가세를 보이고 있다. 취업성과도 훈련서비스를 받은 경우 취업률이 10% 포인트 이상 높았고, 6개월 이상 고용유지율도 80~90%에 이르고 있어 효과가 지속적임을 알 수 있다(나영선 외, 2009: 57).

2. 독일의 훈련바우처[7)]

독일의 훈련바우처는 2000년대 초반 하르츠(Hartz)개혁[8)]이라는 적극적 노동시장정책(Active Labor Market Policy: ALMP)의 개편과정에서 도입되었다(나영선 외, 2009: 66). 2002년 봄 독일 연방감사청이 공공고용서비스국(PES: Public Employment Services)의 직업소개 통계가 부풀려져 작성되었다는 사실을 적발한 '직업소개 스캔들'(placement scandal)이 발생하였다. 그 결과 하르츠 위원회(Hartz Commission)가 출범하여 개혁을 단행했다(Bruttel, 2005a). 그 이전에는 고용사무소가 훈련기관에 직접 훈련비용을 지급하는 사실상 민간위탁의 형태로 운영하였다. 그러나 2003년 이후 훈련바우처(Bildungsgutschein)를 구직자에게 지급하여 스스로 훈련과정 및 기관을 선택하는 방식으로 전환했다.

현재 독일은 사회복지법전(Sozialgesetzbuch, 이하 SGB) Ⅲ에

7) 이하의 내용은 주독일 대한민국대사관 본 분관 홈페이지의 독일의 노동·사회동향: 독일의 실업자 직업훈련제도(http://www.koreabn.de/cgi-bin/ikoreabn/read.cgi?board=b05&y_number=7&nnew=1)를 참조함.

8) 하르츠 개혁의 골자는 ① 고용보장제(EPL) 완화를 통한 노동시장 유연화, ② 국가 고용서비스의 지원기능 강화, ③ 실업급여 등 사회보장혜택을 구직자 개인의 적극적 구직활동 의무와 연계함으로써 모든 근로가능자의 조기 활성화(early activation)를 촉진하는 것으로 요약된다.

따라 연방고용청(Bundesagentur für Arbeit: BA)에서 사회보장보험기금으로 재정지원하고 있다. 주요 대상집단은 실업보험 피보험자로서 실업자 및 실업위험근로자로 제한되어 있다. 이들 근로자는 반드시 고용사무소의 상담을 거친 후 훈련에 참가할 수 있다. 승인받은 훈련기관의 승인받은 훈련과정에 참가할 경우에만 지원을 받을 수 있다.

일정한 요건을 충족시킬 경우 BA 예산에서 훈련비 전액을 지원하며 훈련생 부담은 없다. 또한 지원 조건을 충족할 경우 훈련비용(Weiterbildungskosten) 및 생계비(Unterhaltsgeld)도 지원하고 있다(SGB Ⅲ 제6장/직업훈련 지원 제79조~83조). 훈련비용은 수업료(수업료, 교재비, 작업복, 시험재료비, 시험응시료, 필수적인 적성검사료 등 포함), 교통비, 숙박비, 식비, 탁아비 등 훈련에 필요한 모든 비용을 포함한다. 각 비용은 정액지급이 원칙이다. 즉, 숙박비(훈련장소가 거주지로부터 멀리 떨어진 경우)는 하루 31유로(월 최고 340유로), 식비는 하루 18유로(월 최고 136유로), 탁아비는 자녀당 월 130유로를 지급 받을 수 있다. 실업급여(Arbeitslosengeld)와 실업부조(Arbeitslosenhilfe)를 생계비로 지급 받는다.

직업훈련 지원금 지급의 전제 조건(SGB Ⅲ 제6장 제77조 제1항)은 다음과 같다. 최소 취업기간(Vorbeschaetigungszeit)을 충족시킨 때, 혹은 실업상태에서 벗어나거나 재취업하기 위해 또는 부족한 과정을 수료하기 위해 직업훈련이 필요하다고 인정될 때이다. 즉, 훈련 시작 전 3년 동안 최소 12개월간 사회보장세 납부의무가 있는 취업상태에 있었거나 실업급여나 실업부조금 청구권을 가지게 된 때이다(SGB Ⅲ 제6장 제78조). 당해 조건을 충족시키지 못하는 자는 훈련비용만을 지원받게 되고, 직업훈련 시작 전에 고용사무소(Arbeitsamt)로부터 상담을 받는다. 승인된 훈련기관들에 의한 승인된 훈련과정에 참가해야 한다. 출석률이 너무 낮은 훈련생들의 경우 중도 탈락시키고 수당 지급을 중단한다. 단, 훈련시행기관의 알선으로 조기취업이 된 자의 경우 훈련종료 시까지 계속 수업료가 지원된다(SGB Ⅲ 제6장 제80조).

고용사무소는 매년 10월 말까지 다음 연도의 훈련목표계획(Bildungszielplannung: BZP)[9]을 수립해야 한다. 해당 지역의 노동시장이 필요로 하는 훈련수요와 재원의 중점사용분야(특히 각 훈련목표별 훈련바우처의 숫자) 등을 명시하고 있다(나영선 외, 2007: 56). 여기에는 재원의 사용가능성과 개별 산업, 기업 및 지역 노동시장의 단기적인 수요를 반영해야 한다. 한편 노동시장의 중장기적 전망과 특히 숙련구조의 장기적 전망은 부차적으로만 고려하고 있다. 이 훈련목표계획은 훈련기관들의 훈련계획의 준거가 되며, 훈련바우처 발급의 근거가 된다.

훈련바우처의 유효기간은 통상 3개월이며, 훈련바우처는 고용사무소의 예산 범위 내에서, 훈련 후 취업률이 70% 이상일 것으로 판단되는 근로자에게만 발급한다. 개인별 취업가능성을 현실적으로 객관화할 수 없기 때문에 참가자의 조건(참가자의 이력 정보에 근거), 노동시장의 여건 및 훈련의 종류 등을 고려하여 상담자가 주관적으로 판단한다(나영선 외, 2007: 56).

연방고용청(BA)은 직접 직업훈련을 시행하지 않으며 민간기관이나 기업에 위탁을 시행하고 있다. 상대적으로 단기과정이지만, 일반 직업학교의 직업훈련과 같은 방식으로 훈련이 이루어진다. 훈련시행기관들의 인가 조건(SGB Ⅲ 제6장 제84조)은 다음과 같다. 첫째, 훈련 시행기관은 필수적인 훈련시행 능력을 가지고

9) 훈련바우처가 2003년부터 도입된 것과는 달리, 훈련목표계획은 그보다 늦은 2004년부터 도입되었다.

있어야 한다. 둘째, 훈련생에게 취업알선을 할 수 있는 지원능력을 가지고 있어야 한다. 셋째, 훈련 교사들의 교육 및 직업적 경험이 있어야 한다. 넷째, 훈련 시행기관이 품질 보장을 위한 체계를 갖추고 있어야 한다.

한편 훈련과정의 인가조건(SGB Ⅲ 제6장 제85조 제3항)은 다음과 같다. 첫째, 훈련이 직업적 지식·능력·숙련도를 유지 및 확대하고 기술수준의 발전에 적응하도록 하여 재취업을 가능하게 해야 한다. 둘째, 직업상 필수적인 과정의 수료(Abschluss)를 가능하게 해야 한다. 셋째, 직종 변경에 적응하는 능력을 제고해야 한다. 단, 대학교육과 같이 이론적인 지식만을 전달해 주거나 직업과 연관성 없는 교육을 할 경우는 허가하지 않는다(SGB Ⅲ 6장 85조 (4)항).

실업자들은 훈련 수당의 전제조건을 충족하면 훈련수강권(Bildungsgutschein)을 BA로부터 교부받아 BA 지정기관들 중 자유롭게 선택하여 훈련을 받게된다. 훈련기관은 훈련 시작전에 훈련수강권을 고용사무소에 제출하여야 한다(SGB Ⅲ 6장 77조 3항).

고용사무소(Arbeitsamt)는 훈련시행기관에서 훈련이 목적에 맞게 제대로 이루어지고 있는지 훈련의 질을 감사하고, 필요시 시정요구를 할 권한이 있다(SGB Ⅲ 6장 86조).

훈련 위탁기관들의 훈련비용은 BA가 그 비용이 적당한지 평가를 거친 후 지원한다. 이 때 BA는 훈련참가자 수와 훈련시간을 기초로 하여 평균비용의 원칙(Durchschnittskostensatz)이 정하는 범위 내에서 지원한다.

훈련바우처의 등장으로 인해 민간훈련기관 승인을 규제하기 위해 새로운 2단계 품질관리시스템이 도입되었다. 첫 번째 단계에서 연방고용청의 승인기관에 의해 전문기관 인정이 이루어지고, 두 번째 단계에서 인정된 전문기관들이 훈련기관 및 훈련과정을 승인한다(나영선 외, 2007: 59).

독일은 훈련바우처 도입 이후 20여개 전문연구기관에 의뢰하여 중간평가를 실시하였으며, 다음과 같은 성과와 한계가 지적되었다(BMAS, 2006; 나영선 외, 2009 재인용). 2000년 523,000명이었던 신규 훈련참가자가 2005년에는 75% 감소한 132,000명으로 나타났다. 연평균 훈련잔류자 숫자도 감소하여 2005년 114,000여명이었는데, 이는 2000년에 비해 68%나 감소한 것이다. 독일정부는 통독 이후 훈련재정 수요가 급증할 것으로 우려하였는데, 이런 측면에서 어느 정도 재정효율성을 달성했다고 할 수 있다. 또한 훈련참가자들의 만족도도 높은 것으로 알려져 있다(나영선 외, 2009: 67).

그러나 훈련바우처 발급에 있어서 다음과 같은 문제점이 지적되고 있다(나영선 외, 2009: 67).

첫째, 현실적으로 상담자가 바우처를 발급하는 과정에서 훈련목표계획(BZP)을 준수하기가 쉽지 않다는 점이다. 훈련 성공률을 높이기 위하여 훈련을 받지 않아도 취업가능성이 큰 실업자에게 훈련바우처를 우선 발급하고, 취업가능성이 작은 사람들을 배제하는 선택편향성을 초래할 수 있다.

둘째, 근로자의 선택권 강화 이면에는 선택과정에서 발생하는 과중한 부담도 수반된다. 승인된 훈련기관과 승인된 훈련과정 중에 어느 것이 자신에게 적합한지를 근로자가 스스로 정보를 탐색하고 선택하여야 한다. 그리고 선택의 책임은 고스란히 근로자의 몫으로 돌아간다.

셋째, 적은 수의 훈련참가자가 지원한 훈련과정은 수강인원부족을 이유로 개설되지 못할 수 있으므로 특정 훈련의 공급이 부족해진다. 이런 문제를 해결하기 위해 대상자에게 훈련기관 탐색 정보(온라인 탐색(KURS), 리스트 제공, 구체적 권고 등)를 제공하지만 아직 충분하지는 않은 것 같다.10)

고용사무소는 훈련목표계획을 인터넷을 통해서만 공표하고 있다. 과거와 같이 정보교환을 위해 상호접촉하지 않기 때문에 훈련기관은 정보가 부족하여 어려움을 겪고있다. 그러나 전반적으로 훈련바우처 제도는 고용사무소와 훈련기관의 유착을 해소하는 목적을 어느 정도 달성한 것으로 평가되고 있다(나영선 외, 2009: 67).

3. 스코틀랜드의 개인학습계좌제

유럽에서 최초로 도입된 잉글랜드의 개인학습계좌제는 1년 만에 실패로 끝났다. 그러나 스코틀랜드에서는 교육훈련기관 관리를 강화한 2단계 개인학습계좌제가 성공을 거두었다(나영선 외, 2009: 70). 잉글랜드는 빠른 시간 내에 백만 계좌라는 목표를 달성하였으나, 사기 및 불법계좌 등이 문제가 되어 1년 만에 중단되었다.

---

10) 이러한 직업훈련바우처 프로그램의 한계를 보완하기 위해 구직알선과정을 중개해 주는 바우처(job placement voucher)도 시행하고 있다(Winter, Heinze, and Spermann, 2006). 독일은 2002년 4월부터 정부가 독점했던 직업알선프로그램에 민간도 참여할 수 있도록 구직알선바우처(job placement voucher)를 도입하였다. 지난 1994년까지 직업알선은 공공부문이 독점했었고, 그 뒤 규제를 완화했지만 여전히 영국이나 네덜란드에 비해 정부규제가 많았다. 그렇지만 지난 2002년 4월 전격적으로 민간업체도 세 달 이상 실업상태에 있는 구직자를 대상으로 알선업무를 할 수 있도록 허용했다. 이 바우처 프로그램을 통해 직업알선에 있어 공공과 민간사이의 경쟁을 유도하여 실업자의 구직가능성을 높이고자 했던 것이다. 실제 과거 서독지역의 경우 이 바우처를 통해 실업자의 구직정도(employment probability)는 6.5% 포인트 증가했다. 이는 바우처를 사용한 집단(실험집단)과 사용하지 않는 집단(비교집단)을 비교분석해서 나온 지표이다.

잉글랜드의 개인학습계좌제가 실패로 끝난 요인으로는 다음과 같은 것들이 지적되고 있다(나영선 외, 2007: 181-182). 첫째, 행정처리의 문제로 부정사용의 가능성이 높았다. 제일 많은 사기행위는 개인들이 모르는 청구가 이루어지거나 가공의 계좌가 만들어졌다는 것이다. 2001년 가을 5,732명이 자신들도 모르는 사이에 금액이 청구되어 교육훈련기관에 대한 불만이 늘어나기 시작했다. 결국에는 80개 교육훈련기관이 경찰 수사를 받았다. 둘째, 데이터베이스 및 보안성의 문제도 큰 원인이었다. 한번 등록하면 교육훈련기관은 모든 이용자들의 계좌와 지원금 잔액에 쉽게 접근할 수 있었다. 또한 교육훈련기관은 계좌번호도 허위 개설하기도 하였으며, 교육의 질에는 관심 없이 학습비를 최대한 인상시키는 데에만 열중하였다.

이러한 시범사업의 문제점을 개선하여 스코틀랜드에서는 2004년 2단계 사업이 진행되었다. ILA(Individual Learning Account) Scotland는 학습자에게 연간 200파운드 한도 내에서 교육훈련프로그램 수강료를 지불하는 국가프로그램이다. ILA Scotland는 저소득층의 학습에 초점을 두고 실시되었으나, 2005년 4월부터는 18세 이상의 모든 스코틀랜드 거주자가 신청할 수 있도록 하여 보편적인 접근을 보장하고 있다(나영선 외, 2007: 185).

자격요건은 자신의 소득수준에 따라 정해진다. 그 지원내용도 소득에 따라 연간 100파운드~200파운드의 개인학습계좌를 차등적으로 발급받을 수 있다. 연간소득이 15,000파운드 미만이면 200파운드(ILA 200)를, 15,000파운드 이상이면 100파운드(ILA 100)를 지원받는다. 고용상의 지위 및 연금수혜 여부와 관계없이 지원을 받을 수 있다(나영선 외, 2007: 185).

표 7-2 ILA Scotland의 신청자격 및 조건

소득수준	지원가능 금액	최소 개인 기여금	소득증명 제출여부	가능한 교육훈련코스	시행 시기
연간소득 15,000 파운드 미만	연간 200 파운드	1회당 10파운드	필요	특별한 자격요건이 명시되지 않은 모든 코스	2004년 여름
연간소득 15,000 파운드 이상	연간 100 파운드	1회당 10파운드	불필요	SCQF level 5 및 동등자격 이상	2004년 4월

출처: 나영선 외(2007: 156), p. 186의 <표>.

교육훈련 프로그램은 직업과 관련된 것으로서 등록된 기관에서 선택할 수 있다. 개인훈련계좌에 대한 개인의 기여금은 최소 10파운드 이상이며, 강좌의 총비용 및 자신 계좌의 잔액에 따라 달리 정해진다. 개인훈련계좌(카드형태)를 분실한 경우 대체 발급해 준다. 하지만 신청후 실제 수강을 하지 않는다면 반드시 철회해야 하며, 이미 프로그램이 시작된 경우는 교육훈련기관의 판단에 따라 환불가능하다(나영선 외, 2007: 185).

ILA Scotland의 교육훈련기관 운영과 등록방법은 교육훈련기관 운영규정 및 지침과 스코틀랜드정부와 교육훈련기관(SUfI) 간 두 개의 협약에 의해 정해져 있다(나영선 외, 2007: 99). 우선 교육훈련기관 운영규정 및 지침(Operational Rules and Supplementary Guidance for Learning Providers)으로, 이 규정은 ILA Scotland 보조금을 지급받도록 승인받은 모든 교육훈련기관(Scottish University for Industry, SUfI)에 적용된다. 여기에는 교육훈련기관의 의무로서 등록, 개인기여금, 할인규정, Learning Token, 감사요건 등과 금지행위를 정하고 있다. 이러한 규정을 위반할 경우의 벌칙도 명시하고 있다.

다음으로 교육훈련기관 등록협약(Learning Provider Registration Agreement)에는 사전등록, 질 관리(Qualification), 등록, 보고 및 검토, 중지 및 취소, 비밀유지, 책임의 한계, 폐지, 정보보안 등에 관한 규정을 두고 있다. 교육훈련기관 비용지급협약(Learning Provider Payment Agreement)에는 발효시기 및 기간, 은행계좌 및 그 세부사항, 지급신청과 조건, 감사 및 모니터링, 취소, 비밀유지 등에 관한 규정을 명시하고 있다.

ILA Scotland는 스코틀랜드의 가장 효과적인 학습지원제도로서 저소득층, 여성, 고령학습자의 학습기회를 증진시키는 데 기여하였다고 평가받고 있다(Rutherford, 2009; 나영선 외, 2009에서 재인용).

그 성공은 다음과 같은 3가지 요인에서 비롯되었다고 할 수 있다. 첫째, ILA Scotland의 엄격한 교육훈련기관 관리제도(PROMT: Provider Opportunity Management Tool)이다. 모든 교육훈련기관은 품질기준을 통과해야 하며 ILA Scotland에 의해 인증되어야 한다. 교육훈련기관이 학습프로그램을 온라인 방식으로 등록하고, 교육훈련기관은 ILA Scotland 콜센터와 이메일로 접촉한다. 1단계에서 교육훈련기관은 온라인에 프로그램을 탑재하고 갱신하되 필요한 경우 탄력적으로 코스시작 및 종료시기를 입력할 수 있다. 2009년 현재 ILA Scotland에 의한 교육훈련기관 현황을 보면, 약 300개소가 등록된 상태로서, 16개 대학교, 46개 대학, 67개 지역사회학습기관, 167개 민간훈련기관 등 650개소의 학습장에서 16,000개의 프로그램을 개설하고 있다. 수많은 교육훈련기관에서 각양각색의 프로그램이 제공되어 학습자의 선택권이 확대되었다(나영선 외, 2009: 70).

둘째, 수강자 선별이 소득심사(income assessment procedure)

에 의해 결정된다. 연간소득 심사를 위해 지원자는 최근 3개월간의 소득명세표(payslip)를 제출[11]해야 한다. 학습자의 도덕적 해이를 방지하고 책임성을 높이기 위한 자기부담(10파운드)은 지원자 입장에서 큰 무리가 가지 않는 것으로 받아들여지고 있다.

셋째, 중개조직의 활용이다. ILA Scotland제도의 확산에는 정부와 교육훈련기관의 소통이 핵심 요인으로 작용하였다. 통상 학습자의 인식변화는 매우 느리게 진전된다. 이 때문에 중개조직을 활용하여 충분한 정보를 제공하고 잠재적 학습자(실업자 및 저소득층)를 유인하여야 한다.

최근의 UKCES(2009)는 영국의 웨일즈 및 스코틀랜드의 개인학습계좌제가 취약계층의 학습동기를 촉진하는데 기여하였다고 평가하였다(나영선 외, 2009: 72).

4. 호주의 직업기술바우처(Work Skills Vouchers) 제도

2006년 10월 12일 호주 정부는 성인의 능력향상을 목표로 하는 "Skills for the Future" 정책을 제안했다. 이에 따라 2007년부터 25세 이상의 근로자 또는 구직자를 대상으로 직업기술바우처(Work Skills Vouchers)를 실시했다. 매년 1인당 최고 3,000달러까지 지원하되, 최대인원 3만명까지 바우처를 발급했다. 그 지원의 목표는 고졸에 상응하는 자격보유로 설정하였으며, Year

11) 소득명세표를 제출하게 하는 경우 저소득층은 소득공개를 기피하여 학습참여를 방해하는 요인으로 작용하는 문제점이 있다. 또한 영세자영업자의 소득 등 개인의 전반적인 소득심사가 쉽지 않으며, 초과소득은 어떻게 처리할지도 논란이 있다. 소득상한선(15,000파운드)이 적절한지도 논쟁거리이다. 10파운드의 자기기여금 제도가 저소득 잠재적 학습자의 유인을 어렵게 하는 요인이 될 수도 있다(The Scottish Government, 모니터링 및 평가보고서 2007; 나영선 외, 2009에서 재인용).

12 또는 level Ⅱ의 자격수준에 해당하는 훈련과정이나 동 과정의 이수를 위한 기초 문해·수리 과정을 지원하였다.

직업기술바우처는 자격획득을 원하는 비숙련근로자, 직장이 있지만 2년 이내에 구직활동을 할 것 같은 소득보조 수혜자, 소득보조 수혜자이면서 구직활동을 위해 Job Network에 참가한 실업자, 자격을 취득한 후 구직활동을 시작할 의사가 있는 노동인구에 포함되지 않은 사람에게 우선순위를 두고 선발한다.[12)]

한편 자영업자나 영세사업자를 대상으로 500달러 한도의 경영기술바우처(Business Skills Vouchers)도 함께 실시했다. 즉 경영기술훈련을 위해 'Business Skills Voucher' 6,300개를 발급하였다. 경영기술바우처의 자격요건은 국가 도제(Australian Apprenticeship) 교육의 2년 과정을 마친 사람이거나 도제교육의 3~4학년생, 2년 이내에 도제교육을 마치고 신규 자격을 획득한 상인(a newly qualified tradesperson)이다. 경영기술바우처는 경영서비스 훈련을 제공하는 기관에서 사용할 수 있다. 그러나 도제 교육프로그램에서 제공되었던 훈련에는 사용할 수 없다.

교육과학훈련부(DEST)는 훈련실시기관을 승인하고, 바우처 관리정보시스템을 통해 훈련성과 관리·분석, 모니터링 등을 담당하고 있다(노동부·한국직업능력개발원, 2009: 17).

5. 우리나라의 직업능력개발계좌제[13)]

1) 추진배경과 기본 방향

지식기반경제로의 이행과 기술진보에 따른 산업인력 및 숙련

12) 호주 교육과학훈련부 홈페이지(www.skillsvouchers.dest.gov.au) 참조.

13) 그간의 추진경과를 보면, 2007년 근로자능력개발카드제 실시와 함께 실업자훈련에도 바우처제를 도입하는 방안이 논의되었고, 새정부 국정과제인 '평생학습

기술의 수요 변화로 노동이동이 증가하고 고용형태도 다양화되고 있다. 개인의 고용가능성 제고 및 원활한 노동이동을 지원하고 기업의 경쟁력을 제고하기 위해서는 평생직업능력개발이 중요하다. 그간 직업능력개발훈련은 공급자 중심의 전달체계, 대기업·정규직 위주의 재정지원 등으로 낮은 훈련참여율과 참여기회의 양극화, 현장과의 괴리, 취업률 미흡 등의 문제를 초래하였다. 즉, 개인지원훈련(실업자훈련, 수강지원금 등)은 공급자 중심의 전달체계이며, 사업주 지원훈련은 대기업·정규직 중심으로 운영되어 왔다. 직업능력개발의 참여율을 비교해 보면, '대기업>중소기업', '정규직>비정규직', '고학력>저학력', '저연령>고연령', '남성>여성'인 것으로 나타나고 있다. 따라서 직업능력개발의 격차를 완화하고 성과를 제고하기 위해서는 사업주 지원방식의 개선이 필요하다. 아울러 개인의 필요에 의해 자기 주도적으로 참여하는 훈련시스템으로의 전환이 시급한 시점이다.

이러한 상황을 고려하여 직업능력개발계좌제(내일배움카드제) 추진의 기본방향을 다음과 같이 설정하고 있다.[14] 우선, '훈련기관 지원'에서 '훈련생 지원'으로 방식을 전환하며, 자기주도적 훈련선택권을 확대하고 있다. 둘째, 훈련시장의 진입장벽 및 규제를 완화하여 훈련과정의 다양화 및 경쟁을 통한 훈련의 질을 제고하려 한다. 셋째, 상담, 정보제공 등 고용지원서비스와 연계를 강화하여 훈련성과 및 자원배분의 효율성을 제고하고 있다. 넷째,

계좌제' 및 '수요자 중심의 직업능력개발체제 구축'의 주요 내용으로 직업능력개발계좌제 추진이 포함되었다. 직업능력개발계좌제는 2008년 9월 대구·광주 지역 시범실시를 시작으로, 2009년 3월 전국적으로 시범 실시되었고, 2010년 1월 5일, 「직업능력개발계좌제 실시 규정」이 제정·시행되면서 본격적으로 시행되고 있다. 2010년 10월 3일 명칭이 어렵고 딱딱하다는 의견에 따라 '내일배움카드제'로 이름을 변경하였다.

14) 이하의 내용은 노동부 직업능력개발종합정보망(HRD Net)과 HRD 홈페이지(http://hrd-net.co.kr)의 직업능력개발계좌제 소개를 참조하였다.

시장가격 지원방식으로 전환하여 훈련시장 활성화를 통한 국가경쟁력을 강화하고 있다.

2) 수혜대상

내일배움카드제는 구직자에게 일정한 금액을 지원하여 그 범위 내에서 자기 주도적으로 직업능력개발훈련에 참여할 수 있도록 하고, 훈련이력 등을 개인별로 통합관리하는 훈련서비스 전달체계이다. 계좌발급 신청대상자는 현재 구직 중에 있는 전직실업자(고용보험가입이력이 있는 자) 및 신규실업자(고용보험가입이력이 없는 자)이다.[15]

훈련상담을 통해 취업능력이 부족하고 훈련을 희망하는 구직자(신규실업자·전직실업자) 중 훈련필요성이 인정되는 자가 지급대상이다. 상담시 훈련필요성을 판단하고 본인이 동의하는 훈련분야, 훈련생의 권리·의무 등에 대한 개인별 훈련계획서(Individual Training Plan) 수립에 동의하는 자가 직업능력개발계좌를 발급받을 수 있다.

3) 지원내용 및 지원절차

지원한도는 다음과 같이 설정하고 있다. 1인당 계좌한도는 200만원, 유효기간은 발급일로부터 1년, 발급횟수는 취업 전 1회를 원칙하고 있다. 훈련생의 책무성을 강화하기 위해 자부담을 의무화하였다. 훈련비의 80%는 정부가 지원하고, 20%는 훈련생이 자부담(matching-funding)하여야 한다. 만약 지원한도 200만원을 초과하면, 그 초과분은 훈련생 본인이 부담한다.

2010년 7월 15일부터 직업훈련 수요가 지나치게 많은 분야인

15) http://hrd-net.co.kr 참조.

이·미용, 주방장, 조리사, 식당서비스, 제과·제빵, 떡 제조, 식품가공 관련 기능 등은 본인 부담 비율을 40%로 상향조정되었다. 이는 지난 2008년 10월 7일 노동부 국정감사에서 국회 환경노동위원회 소속 의원의 "직업능력개발계좌제가 본래 목적인 실업자 훈련이 아니라 '저가의 자기계발 수단'으로 전락했다"는 비판[16)]에 대한 대책이라 할 수 있다. 특정분야에서 필요로 하는 인력수요에 비해 훈련수요가 지나치게 높은 경우 국가 전체적인 입장에서 조정이 필요하다. 즉 한정된 예산으로 인력공급이 필요한 다양한 분야의 노동인력을 양성하기 위해서는 특정분야의 자부담을 높여 국가 재정지출을 줄이고 절감된 예산을 다른 분야에 투입해야 한다.

한편 본인 부담비율을 높임으로써 저소득층의 훈련기회가 제약되지 않도록 제도적 보완책도 마련하였다. 차차상위(최저생계비의 150% 이하, 4인 가구 기준 월 204만원) 이하 계층인 실업자가 취업성공패키지 프로그램에 참여해 직업훈련을 받으면 자부담을 면제해 준다. 취업성공패키지는 '진로·경로설정 단계'(심층상담, 직업심리검사, 취업지원계획수립 등, 1개월 내외) → '의욕·능력 증진 단계'(집단상담프로그램, 직업훈련, 경과적 일자리 제공, 창업지원 등 2~8개월 내외) → '집중 취업알선 단계'(3개월 내외)로 진행된다. 차차상위 이하 계층의 실업자가 취업성공패키지 지원사업에 참여하지 않을 때는 훈련비의 20%만 내도록 하였다.

교통비, 식비에 대한 지원도 포함하고 있는데, 교통비는 모든 훈련과정, 식비는 1일 5시간 이상 훈련과정을 수강하는 경우 출석한 일수만큼 지급한다.

---

16) 조선일보, 2009년 10월 7일자, "직업능력개발계좌제 저가 자기계발로 오용" 참조.

그림 7-2 **내일배움카드 지원절차**

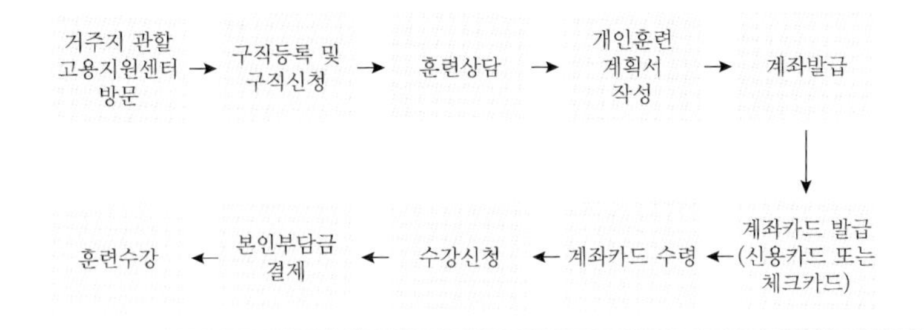

출처: HRD-net 홈페이지(http://hrd-net.co.kr).

노동부가 인정한 적합훈련과정(ETPL: Eligible Training Program List) 중에서 선택하여 수강 가능하다. 그 지원절차는 <그림 7-2>와 같다.

4) 적합훈련과정(ETPL) 신청자격

다음 사항 중 하나에 해당되는 기관으로 HRD-net(직업능력개발훈련 정보망)에 회원으로 가입 완료한 이후에 신청할 수 있다. 직업능력개발훈련시설, 직업능력개발훈련법인, 직업능력개발단체, '고등교육법'에 따른 학교, '평생교육법'에 따른 평생교육시설, '학원의 설립 운영 및 과외교습에 관한 법률'에 의한 학원, 사업주(직업능력개발사업을 주된 사업으로 하는 사업주는 제외) 또는 근로자 직업능력개발법 제22조 규정에 의한 사업주단체 등이 소속 근로자 등의 직업능력개발훈련을 위하여 설치한 시설이다.

5) 훈련기관의 훈련비 지급방법

직업능력개발계좌제의 훈련비는 자동정산시스템에 의해 산정되므로, 별도로 훈련비 지급신청을 할 필요 없다. 단, 훈련기관은 별도로 안내되는 기간에 과정별 훈련비 정산금액을 확인하는 것으로 훈련비 신청을 갈음하고 있다. 훈련비 정산금액 확인기간은 HRD-Net 및 ETPL 신청시 입력한 담당자 e-mail로 안내한다.

훈련비 지급시기는 다음과 같다. 단위기간 훈련시작일이 속한 달의 다음달 20일까지이다. 훈련시작일이 매월 6일 이후인 경우에는 단위기간 훈련시작일이 속한 달의 다음다음달 20일까지 훈련기관 계좌로 지급된다.

6) 적합훈련과정(ETPL) 운영시 유의사항

훈련생 모집·등록시 유의사항으로, 계좌카드를 소지하지 않은 사람은 수강생 등록할 수 없다. 정상적인 경우 계좌카드 발급에는 약 2주 정도의 기간이 소요되나, 제휴카드사의 카드발급과정에서 훈련생의 전화 미수신, 전화번호 오류 등으로 카드발급자 본인확인이 이루어지지 않을 경우 발급기간이 늘어날 수 있다.

자부담 결제관련 유의사항으로, 훈련생의 자부담 결제는 반드시 계좌카드로 하며, 자부담 미결제시 수강생 등록이 되지 않는다. 해당 월의 훈련생 자부담분을 결제하지 않은 경우 해당 훈련생의 훈련비가 지급되지 않을 수 있다. 자부담 결제를 계좌카드가 아닌 방법으로 결제하거나 편법적으로 훈련생에게 환급해주는 경우에 ETPL 승인취소, 환급금만큼 훈련비 삭감 등의 불이익을 받을 수 있다는 점을 유의해야 한다.

7) 부정행위 방지방안

출결관리는 계좌카드에 출결관리용 칩을 내장하고 훈련기관 단말기와 통합관리시스템간 연계를 통해 실시간으로 관리한다. RF(Radio Frequency)칩을 내장한 계좌카드의 경우 신용카드 기능이 있어 현행 출결관리카드보다 대리출석 등 부정사용 가능성이 낮아질 것으로 기대된다.[17] 지방노동관서의 훈련기관 지도·점검 및 훈련상황 모니터링을 강화하고 부정발생시 현행 인정제한(최대 3년), 수강제한(최대 3년) 등 제재처분을 엄격히 적용하고 있다.

부정행위[18] 신고포상금제를 활성화하여 훈련생에 의한 훈련 모니터링 시스템을 강화하는 방안을 강구하고 있다. 2010년 9월 1일 시행된 개정 「근로자직업능력개발법」시행령·시행규칙에 의하면, 시설·장비·교사 등을 거짓으로 신고하여 훈련을 위탁받거나 과정인정을 받은 것을 신고하여 사실로 밝혀질 경우 포상금 지급액을 훈련과정당 50만원에서 100만원으로 높였다. 또한 대리출석, 훈련인원 조작을 통한 지원금 과다수령 등의 부정수급에 대하여는 종전과 같이 부정수급액의 30퍼센트를 포상하되, 종전에는 300만원이었던 포상금 상한액을 3,000만원까지 높이는 등

---

17) 교육생 개인이 가지고 다녀야 하는 출결관리카드를 편의상 학원에서 일괄관리하여, 교육훈련을 하지 않고도 출석체크만 하면 정부지원금을 받을 수 있는 허점을 가지고 있었다. 이러한 허점을 이용한 부정사용 사례로는 충남 예산군 지역의 고용훈련촉진사업의 위탁계약을 체결한 사설학원의 정부지원금 부당청구 사례를 들 수 있다(오마이뉴스, 2006년 11월 13일, "정부지원 직업훈련 부정적발" 참조).

18) 감사원은 노동부 산하 서울남부노동지청 고용지원센터 책임 상담원 이모씨가 사내 직업능력개발 훈련을 한 사업주에 대한 훈련비용 지급업무를 담당하면서, 2004년 7월부터 2005년 8월까지 고용보험기금에서 9억 7000여만원을 가로챈 혐의로 수사의뢰했다. 이씨는 훈련비용 지급 대상업체 중 장기간 신청하지 않은 업체를 골라 해당업체의 명의를 도용해 신청서를 위조하거나 실제 비용 신청한 업체의 지급액수를 부풀려 차액을 빼돌렸다. 이씨는 폭주하는 훈련비용 신청업무 때문에 허술해진 관리감독을 틈타 업무 책임자인 과장의 비밀번호를 도용, 전산시스템에 접속해서 폰뱅킹을 통해 자신의 계좌에 입금시켰다(세계일보 2006년 12월 12일자 9면, "고용지원센터 직원 10억 횡령" 참조).

또한 2007년 10월 노동부의 국회 환경노동위원회 국정감사 서면답변서에 따르면, 2007년 1월부터 9월까지 직업능력개발사업에서 총63건의 부정사용이 발생하였으며, 그중 부적격자수강이 60.2%, 수료자 허위조작이 17.5%로 나타났다. 이러한 부정사용의 대책으로 훈련바우처 제도의 도입과 지문인식 출결관리시스템 확대를 제시한 바 있다.

지급액을 상향조정하였다.

8) 직업능력개발계좌제의 기대효과

훈련생 입장에서, 훈련시장의 서비스구매자인 훈련생에 대한 직접 지원을 통해 훈련선택권을 확대하고 만족도를 제고한다.[19] 훈련상담, 정보제공 등을 강화하여 훈련생의 합리적인 선택을 지원하고 있다.

훈련기관의 입장에서, 정부지원훈련의 진입장벽 및 규제를 완화하여 훈련시장의 확대 및 경쟁을 강화했다. 정해진 물량에 따라 훈련을 실시할 필요 없이 경쟁력 있는 기관은 자체 실정에 맞게 자유롭게 운영할 수 있다.

정부의 입장에서는, 훈련비 일부 자부담, 지원한도 제한 등을 통해 꼭 필요한 훈련을 선별하여 참여하도록 유도하고 예산배분의 효율성을 제고하고 있다. 신용카드를 활용한 훈련비용 지급프로세스를 통해 지방 관서의 훈련비 신청·지급업무의 부담을 완화했다.

아래 한국정부가 시행하고 있는 고용지원센터 계좌제 사례는 정부보조금이 자칫 본래 정책목적과 달리 오용될 수 있음을 잘 보여준다. 직업훈련계좌제와 같은 직업훈련바우처 프로그램은 구직에 어려움을 겪는 실업자를 대상으로 각종 직업을 알선하는데 그 목적이 있지만, 가정주부의 취미생활과 같은 분야에 보조금이 악용될 수 있음을 잘 보여준다. 정책설계 단계에서 고용지원센터 계좌제의 자격유형을 구체적으로 명시해서 취미차원에서 이를 남용하는 사례를 방지할 필요가 있다. 다만 미용과 같이 수요가 많

19) 노동부가 최근 조사한 훈련생의 만족도(5점 척도)는 기존 직업훈련 당시 3.96에서 계좌제 시행 이후 4.12로 올라갔다. 한국경제신문, 2009년 8월 17일자, "'스펙' 늘리기…정부 프로그램으로 부담 없이 해결" 참조.

은 분야의 경우 고용지원센터 계좌제와 달리 이에 맞는 정부지원 프로그램을 만들어 이를 창업이나 구직에 연결하는 방안을 검토해야 할 것이다.

사례 고용지원센터 '계좌제'에 사람 몰리는 이유

"구직자를 위한 지원 프로그램이라고 아무리 설명해도 '당신 돈 나가는 거냐, 상관 말고 해 달라'며 막무가내인 사람도 있죠. 실랑이를 하다 하는 수없이 계좌카드를 발급해 주는 경우도 있습니다." 경기도 부천 고용지원센터에서 직업능력개발 계좌제(이하 계좌제) 상담업무를 맡고 있는 한 직원의 푸념이다. 구직자(실업자) 훈련을 위한 예산이 다른 데로 새어 나가도 막을 수 있는 방안이 없어 민원인의 억지에 속수무책이라는 말이다.

계좌제는 구직자를 위해 정부가 운영하는 훈련지원 제도다. 구직자는 훈련과정을 직접 선택, 필요한 시기에 훈련을 받을 수 있다. 훈련생이 훈련비의 20%를 부담하면 정부가 연간 200만 원 한도에서 나머지를 지원한다. 전국의 2,500개 이상의 학원, 직업훈련기관에서 어학, 컴퓨터, 중장비 운전, 요리, 미용 등 다양한 분야의 교육이 이뤄지고 있다.

기관별 훈련인원이 배정되면 일괄적으로 모집하는 기존의 직업훈련과 판이한 방식이다. 정부는 2008년부터 2년간 계좌제를 시범실시한 후 올해 본격 도입했다. 예산도 지난해 698억 원에서 1,874억 원으로 2.7배 늘었다.

노동부 관계자는 "계좌제 상담창구는 미리 경험한 이들의 입소문과 정부 홍보 덕택에 센터에서 가장 많이 사람들이 몰리는 곳이 됐다"며 "특히 월요일이면 창구가 문을 열기 전부터 사람들이 장사진을 친다"고 설명했다.

그러나 계좌제를 신청하러 온 사람의 상당수가 구직자가 아닌 것으로 추산된다. 부천 고용지원센터의 한 상담원은 "일자리가 절박한 사람이 아니라 취미삼아 요리나 미용 등 기술을 배우려는 사람들이 학원 수강료를 아끼려고 계좌카드를 발급받으려 하기 때문"이라고 설명했다.

관악 고용지원센터의 경우 최근 센터 소장실로 들어와 막무가내로 발급을 요구한 민원인 때문에 골머리를 앓았다. 센터 관계자는 "취업의사가 없는 게 확실했기 때문에 발급을 거부했다"며 "이 정도까지는 아니어도 상담직원에게 언성을 높이는 사례가 종종 있다"고 말했다.

> 이처럼 갈등이 발생하는 이유는 계좌제 발급 대상이 연령, 학력, 기존 경력 등에 관계없이 구직의사가 있는 실업자 전부로 돼 있기 때문이다. 범위가 넓다보니 상담하는 과정에서 취미 차원에서 기술을 배우려는 사람이란 강한 심증이 있어도 신청인이 우기면 물러설 수밖에 없다.
>
> 노동부는 이런 문제를 해결하기 위해 오는 5월부터 담당 상담직원, 계좌카드 신청인 사이에 갈등이 발생하면 고용지원센터장이 참여하는 심의위원회를 통해 카드 발급여부를 결정토록 할 예정이다. 노동부 관계자는 "발급 요건을 너무 엄격하게 제한하면 지원이 꼭 필요한 사람까지 거르는 역효과가 날 수 있다"며 "일부 문제가 있는 것은 알지만 신중히 접근할 사항"이라고 말했다.
>
> 전반적으로 계좌제는 긍정적 효과를 보이며 정착하고 있다는 평가다. 전보다 훈련생의 선택권이 넓어졌고 개설된 훈련과정 수나 훈련의 질도 높아졌다.
>
> 부천 고용지원센터에서 만난 김민정씨(29)는 "6년간 반도체 공장에서 일하다 지난달 그만뒀다"며 "일반 사무직으로 전직하는 데 세무회계를 공부하면 좋을 것 같아 동네 학원을 찾았다가 '구직자에게 직업훈련 비용의 80%를 대주는 제도가 있다'고 해서 센터를 찾았다"고 말했다. 김씨는 "2주 내에 계좌카드를 발급받을 예정"이라며 "정부나 지자체가 정해준 직업훈련 기관이 아니라 집에서 가까운 학원을 다니면서 공부할 수 있어 좋다"고 말했다.
>
> 머니투데이, 2010년 4월 20일, 5면

6. 우리나라의 제대군인 직업교육훈련 바우처

1) 추진배경

국가보훈처에서 2009년 1월 1일부터 도입한 제도로서, 정부가 인정하는 교육훈련기관의 모든 취업과정 교육훈련의 수료자 본인에게 직접 교육비를 지급하고 있다.[20] 그동안 제대군인[21]이 공공

---

20) 이하의 내용은 제대군인지원센터(http://www.vnet.go.kr)의 직업훈련비바우처 제도 소개와 2010년 12월 국가보훈처 제대군인취업과의 '제대군인 직업교육훈련 바우처 지원지침'을 참조하였다.

21) 제대군인이란 5년 이상 현역으로 복무하고 장교·준사관 또는 부사관으로 전

및 사설학원에서 자격증 취득 과정을 수강할 경우 1인당 100만원 범위 내에서 교육비를 지원하였다. 그러나 지원대상 교육과정이 공공 및 사설학원 개설과정으로 한정되어 있고 본인이 먼저 교육비 납부·수료 후 '교육기관을 통하여 환불' 받음으로써 지급절차가 다소 불편하였다. 2009년부터는 본인이 교육기관에 미리 교육비를 납부하고 인정 교육훈련 기관에서 시행하는 취업에 필요한 유료 교육(훈련)과정을 수료할 경우 1인당 100만원 범위 내에서 '본인에게 직접 지급'하고 있다.

이 제도의 목적은 제대군인 개인이 스스로 특기와 적성에 맞는 다양한 교육훈련과정을 선택할 수 있도록 함으로써 수요자의 선택 기회 확대와 실질적 맞춤식 전문교육으로 취업률을 제고하기 위한 것이다. 즉 교육훈련과 취업의 연계성을 높이기 위함이다.

2) 지원대상과 지원 교육훈련 과정

「제대군인지원에 관한 법률」 제4조에 따라 지원 대상으로 결정된 사람으로서 직업훈련비 신청일 현재 전역 후 3년이 지나지 아니한 사람을 대상으로 한다. 단, 취업자는 제외되는데, 취업자는 6월 이상 계속 고용될 것이 확실하다고 인정되는 사람을 말한다. 취업여부 확인은 브이넷(www.vnet.go.kr) 고객관리 전산카드, 본인 진술 등에 의하여 이루어진다.

지원 교육훈련과정은 교육훈련기관[22]에서 개설한 교육과정으로서 제대군인지원센터의[23] 담당 상담사가 취업에 직접적으로

역한 사람을 말하며, 2006년 5월 1일부터 5년 이상 10년 미만 중기복무자도 제대군인에 포함시키고 있다.

22) 「학원의 설립·운영 및 과외교습에 관한 법률」 제6조 제1항에 따라 설립된 학원, 「근로자직업능력 개발법」 제2조 제3호에 따른 직업능력개발훈련시설, 「평생교육법」 제33조부터 제38조까지의 규정에 따른 평생교육시설을 말한다.

23) 제대군인지원센터 회원수가 '04년도 1,013명, '05년도 3,187명, '06년도 7,632명,

필요하다고 인정하는 과정이다. 온라인 교육과정은 제외하되, 국가보훈처 사이버 연수원에 개설되지 않은 교육 과목은 지원하고 있다. 외국어 관련 모든 과정은 제외하되, 공무원 채용시험 등의 종합과정에 포함된 외국어 과목은 지원한다. 하지만 학점 취득을 위한 교육과정은 제외된다.

그리고 지원대상 교육훈련기관에서 개설한 교육과정은 아니나, 국가 및 지방자치단체에서 인증한 교육과정도 지원가능하다.

3) 지원 금액과 직업교육훈련비 지급

직업훈련비는 1인당 100만원 범위 내에서 지급하되, 개인별로 처음 50만원까지는 전액 지원하고, 50만원 초과시 초과금액의 50%를 지급한다. 초과금액(50만원 이내)에 대한 지원은 신청 횟수에 관계없이 개인별 누적금액(최대 100만원 이내)을 적용하여 지급한다. 예를 들면, 첫 번째 사안으로 기 지원 금액 50만원, 금회 신청금액 50만원인 경우는 25만원을 지급한다. 이미 지급된 금액이 50만원이므로 신청금액(50만원)의 50%인 25만원을 지급하게 된다. 두 번째 사안에서 기 지원금액 30만원, 금회 신청금액 50만원인 경우는 35만원을 지급한다. 기 지원금액(30만원)과 50만원의 차액인 20만원까지는 전액 지급하고, 나머지 차액인 30만원에 대하여는 50%인 15만원을 지급하게 된다.

교육과정 시작 후 교육과정 종료 전에 직업교육훈련비지원신청서를 제출한 경우에는 신청일이 속한 달부터 월할 계산하여 지급한다. 교육과정 종료 후에는 직업교육훈련비지원신청서를 접수하거나 훈련비를 지급할 수 없다.

교육과정 수강 중 브이넷 고객관리 전산카드, 본인 진술 등에

'07년도 12,412명, '08년도 20,403명, '09년도 26,926명으로 증가하는 추세이다.

의하여 취업이 확인된 경우에는 취업일이 속한 달까지의 직업훈련비를 월할 계산하여 지급한다.

지원 절차는 ① 신청인의 '신청 및 접수' → ② 제대군인지원센터의 '결정 및 안내' → ③ 신청인의 '교육과정 이수' → ④ 제대군인지원센터의 '직업훈련비 지급' 순으로 이루어진다.

신청시의 구비서류는 직업교육훈련비 지원 신청서, 교육비 납부를 확인할 수 있는 서류(교육비 납부 영수증 원본 등), 수강증 사본 또는 수강을 확인할 수 있는 서류 등이다. 그리고 '결정 및 안내' 단계에서 주소지 관할 제대군인지원센터 담당 상담사와 교육훈련 과정 및 교육훈련기관의 직업훈련비 지원 대상 여부 등에 대한 상담이 이루어진다.

신청 시기는 교육과정 시작일로부터 7일 이내이다. 이 기간 내에 요구 서류를 구비하여 주소지 관할 제대군인지원센터에 신청서를 제출하여야 한다. 단, 교육과정 시작일로부터 7일 이내에 신청서를 제출하지 못한 경우에는 교육과정 종료일까지 신청서 제출이 가능하나, 직업훈련비는 위의 지원금액 계산 방법에 의하여 지급한다.

교육훈련기간이 2개 년도에 걸쳐 있는 경우에는 교육과정 시작 전에 지원 신청서를 접수하여 교육수료 후 교육수료 연도의 예산으로 지원한다. 반드시 연도별 직업훈련비 예산 범위 내에서 신청서를 접수한다. 교육과정 종료 후에는 신청서를 접수할 수 없다.

청구 시기는 해당 교육훈련 과정을 수료한 날로부터 14일 이내이다. 구비서류는 교육수료 확인서 또는 수료증이다. 지급 시기 및 방법은 제대군인지원센터장은 불가피한 사유가 있는 경우를 제외하고, 교육수료 확인 서류를 접수한 날로부터 10일 이내에 수강자의 금융기관 계좌에 입금 조치하고 수강자에게 안내하고 있다.

Ⅲ 직업훈련 바우처의 성과와 한계

1. 직업훈련 바우처의 성과

직업훈련바우처 도입의 성과를 판단하는 기준에는 여러 가지가 있을 것이다. 이러한 판단기준으로는 제도도입의 취지가 주요 잣대가 될 것이다. 직업훈련바우처 도입으로 구직자에게 적합한 직업훈련을 제공하여 취업가능성을 향상시켰는지, 경쟁과 선택권 보장으로 효율성과 형평성이 개선되었는지 등이 중요한 기준일 것이다. 아래에서는 직업훈련바우처가 이러한 측면에서 성과가 있었는지를 살펴볼 것이다.

1) 취업률 및 임금 상승

미국의 인력투자법 프로그램이 노동시장에 미친 성과[24)]를 분석한 연구에 따르면 취업률과 임금 상승의 효과가 있는 것으로 나타났다. Hollenbeck(2004)은 6년 동안 워싱턴 주의 연방정부 인력개발프로그램(JTPA, WIA)의 행정통계를 활용하였다. 그는 인력개발프로그램의 재취업 및 임금성과를 비교하기 위해 고용서비스(ES)를 받은 사람을 비교집단으로 구성하였다.

24) Hollenbeck(2004), Some Reflections on the Use of Administrative Data to Estimate the Net Impacts of Workforce Programs in Washington State. Upjohn Institute Staff Working Paper No. 04-109. 나영선 외(2009)에서 재인용.

표 7-3 미국 WIA 프로그램서비스 등록의 취업 및 임금 효과

실험집단	비교집단	효과	
		취업률	임금
WIA 참여 성인 (00년도) n = 866	ES services 참여 성인 (00년도) n = 164,477	5.9***	$489***
WIA (핵심 · 집중) 참여 성인 여성 (00년도) 75% random sample n = 391	ES services 참여 여성 (00년도) 50% random sample n = 28,733	10.9***~ 15.5***	$391~ $604***
WIA (핵심 · 집중) 참여 성인 남성 (00년도) 75% random sample n = 292	ES services 참여 남성 (00년도) 50% random sample n = 39,241	6.8~ 8.0**	$227~ $551
WIA (핵심 · 집중) 참여 성인 여성 (00년-01년도) n = 1,076	ES services 참여 여성 (00년-01년도) n = 133,884	10.0***~ 10.2***	$402***~ $455***
WIA (핵심 · 집중) 참여 성인 남성 (00년-01년도) n = 2,062	ES services 참여 남성 (00년-01년도) n = 190,715	11.9***~ 12.7***	$203***~ $294***

주: $는 2000년 불변 달러. *** 0.01 수준의 유의수준; ** 0.05 수준의 유의수준.
n= 조사대상자 수.
자료: Hollenbeck(2004)의 Table 1에서 발췌.

WIA 인력개발프로그램이 이전의 프로그램(JTPA)에 비해 취업률과 임금이 증가하여 효율적이라는 것이 증명되었다. 즉 성인(비해고) 근로자의 경우 취업률과 임금이 약 20% 정도 증가하였다. 남성의 경우 취업률과 임금이 비슷하게 증가하였으나, 여성의 경우 임금상승률이 더 큰 것으로 나타났다(Hollenbeck, 2004: 4-5). 그리고 해직 근로자의 경우 남녀 모두에게 취업률과 임금에서 정(+)의 유의미한 영향을 나타냈다. 취업률 증가가 임금 증가보다 큰 것으로 나타났다(Hollenbeck, 2004: 5).

그런데 연방정부 프로그램은 경기에 민감하기 때문에 증거자료로서 불충분하다는 비판이 제기되었다. 그에 따라 경기와 훈련 프로그램의 효과 간의 연관성을 통제하기 위해 워싱턴과 다른 주(州)에서 상당기간에 걸쳐 연구가 진행되었다. 그 연구들에서도 효과가 있는 것으로 나타나고 있다(나영선 외, 2009: 58).

한편 독일의 훈련바우처도 취업가능성에 긍정적 효과를 나타내는 것으로 조사되었다. Rinne과 그의 동료들(2007)은 성향지수매칭(Propensity Score Matching)기법을 활용하여 훈련바우처 프로그램이 취업가능성에 미치는 성과를 평가하였다.[25] 먼저 훈련 프로그램은 다음과 같은 4가지 유형으로 구분하였다. 여기에는 가장 보편적인 직업관련 일반훈련(Type 1), 특정분야 실제훈련(Type 2), 실습기업(Type 3), 자격증훈련(Type 4) 등이 있다.

훈련바우처 도입의 순효과를 추출하기 어렵기 때문에 훈련바우처 도입을 기준으로 '이전 훈련프로그램의 참여자'의 취업효과와 '바우처 프로그램 참여자'의 취업효과를 비교했다. 같은 기간 동안의 '프로그램 비참여자'를 비교집단으로 설정하였다. 취업효과(취업가능성)는 프로그램시작으로부터 6개월, 12개월, 18개월, 최장 24개월까지 측정하였으며 행정데이터를 활용하여 2.2%를 표본 조사하였다. 다음으로는 훈련바우처 도입에 따른 효과를 바우처 프로그램효과(voucher effect)와 바우처 이외 다른 요인들 때문에 발생하는 선택효과(selection effect)로 구분하였다.

훈련바우처의 궁극적인 목표는 취업가능성을 제고하는 것으로 이를 바우처 효과로 보았다. 한편 바우처 발급에 있어서 사례관리자는 가장 취업 잠재력이 높은 구직자를 선발하여 계좌를 발

25) Rinne et al.(2007). A Tale of Vouchers and Caseworkers in Public Training Programs. IZA Conference. 나영선 외(2009)에서 재인용.

급할 위험이 있는데, 이러한 선택효과를 훈련바우처의 부정적 측면으로 보았다.

이들의 연구결과, 우선 Type 1, 3에서 12개월 이후부터 바우처의 긍정적 효과가 나타났는데, 바우처 효과는 컸으나 선택효과는 미미하게 나타났다. Type 4와 같은 비교적 장기프로그램에서는 선택효과가 중요한 것으로 나타났으며, 총 효과성의 증가분에서 바우처 효과가 50% 정도를 차지하였다.

2002년 개혁 이전 참여자에게는 모든 유형에서 취업가능성이 작아지는 고착효과(lock-in)가 발견되었다. 한편 훈련바우처 참여자는 Type 4를 제외한 모든 유형에서 취업가능성이 커졌다. 이런 결과를 종합해 볼 때, 훈련바우처는 훈련프로그램의 질을 높여 효과성(취업가능성 제고)을 높였다고 할 수 있다(나영선 외, 2009: 68-69).

2) 효율성 제고

Savas(2002)에 의해 수행된 뉴욕시 실업자 재취업훈련 프로그램의 평가는 위탁계약방식에 비해 바우처 방식의 직업훈련이 더 효율적임을 보여주고 있다. 1998년 '경제적 실업과 근로자 조정지원법(EDWAA: the Economic Dislocation and Worker Adjustment Assistance Act)'은 뉴욕시 고용부(DOE: the Department of Employment)가 실업자에게 재취업훈련(retraining)을 의무적으로 제공하도록 규정하였다. 이 법의 수혜 대상자는 매년 약 64,000명의 청소년 및 성인 실업자였다. 이들은 법에서 허용한 바우처를 활용하여 민간기업을 택하거나 뉴욕시가 경쟁입찰을 통해 선정한 위탁계약자를 택할 수 있었다.

Savas(2002)는 바우처 방식이 실제 비용절감 효과가 있었는

표 7-4 재취업훈련 바우처와 계약방식의 비교

비교항목	바우처 방식 (A)	계약 방식 (B)	A/B 비율
참여자 수	1,942	1,772	1.10
참여자 일인당 비용	$ 3,445	$ 6,130	0.56
총 프로그램 비용	$ 6,690,198	$ 10,862,290	0.62
프로그램 이수 후 채용률	82%	74%	1.11
직장에서의 시간당 평균임금	$ 13.59	$ 11.18	1.22

출처: Savas(2002)의 <표 7>에서 발췌. 정광호(2007: 89)의 <표 9> 재인용.

지 연구하였다. 이를 위해 뉴욕시 실업자 중 재취업훈련을 받는 자들을 대상으로, 바우처 방식을 택한 집단과 위탁계약자 방식을 택한 집단 간의 비용(cost) 차이를 비교하였다.[26] 그의 연구결과는 <표 7-4>와 같이 비용과 산출 면에서 바우처가 계약보다 더 우월한 성과를 보여준다.

참가자 일인당 비용은 바우처가 더 저렴했는데, 바우처의 경우 3,445달러인 반면, 위탁계약은 6,130달러였다. 한편 훈련 후 채용률도 바우처의 경우 82%로 위탁계약의 경우 74%보다 높다. 시간당 평균임금의 경우도 바우처가 13.59달러로 위탁계약의 11.18달러보다 높았다.

3) 형평성 제고

앞에서 살펴본 것처럼, 미국의 WIA 프로그램의 영향을 분석한 Hollenbeck의 연구는 워싱턴 등 7개 주에서 수집한 관리

26) 두 개의 서로 다른 프로그램 이용자 집단의 구성원들이 무작위로 배정되지 않아 두 집단간 비교에 선택편향성(selection bias)문제가 발생할 여지가 있다. Savas도 무작위로 배정하지 않았다는 점을 한계로 인정하고 있다. 바우처를 이용하는 취업준비생들이 위탁방식 직업훈련프로그램에 속한 집단에 비해 취업에 대한 열의가 높거나 상대적으로 취업경쟁력이 높은 집단일 수도 있다. 앞으로 무작위실험방법을 이용한 집단간 비교설계에 바탕을 둔 추가 연구를 통해 바우처 방식과 위탁방식의 차이를 검증할 필요가 있다.

및 임금 기록 데이터를 활용하여 비실험 방법인 통계적 매칭(matching)을 사용하였다. 이 방법을 이용하여 취업률 증가 및 고소득 창출에 연방직업훈련 프로그램이 효율적이라는 사실을 뒷받침했다. 그 연구결과, 해고근로자의 취업 영향률은 10~15%, 소득 영향률은 남녀 모두 5~10%로 나타났다(나영선 외, 2007: 80).

이와 같이 직업훈련 바우처가 사회적 약자인 해고근로자와 여성의 취업률과 소득에 유의미한 정(+)의 영향을 미친 것은 형평성을 제고하는 데도 기여하는 것으로 해석할 수 있다.

2. 직업훈련 바우처의 한계

직업훈련 바우처의 장점은 복잡한 직업훈련 현장에서의 여러 이유 때문에 잘 발휘되지 못하는 경우가 있다. 다음과 같은 이유를 들어 직업훈련 바우처의 한계를 지적하는 견해가 있다(Hipp & Wanner, 2006).

우선, 선호일치 문제(preference alignment problem)가 존재한다. 구직자와 정부기관이라는 두 개의 수요자가 직업훈련기관이 제공하는 서비스에 대해 선호를 표출하는데, 구직자는 손쉽게 접근할 수 있는 저수요의 저임금 훈련을 선호하나 정부는 장기적인 관점에서 취업가능성이나 사회적 편익을 고려한다. 이들 간의 선호가 일치하지 않기 때문에 구직자들이 원하는 직업훈련서비스가 제공되지 않을 위험이 존재한다.

둘째, 정보의 비대칭성(information asymmetry) 문제이다. 직업훈련기관에서 제공하는 서비스의 품질이나, 유자격자에 의한 서비스 수혜 등에 대한 정보가 부족하다. 이러한 비대칭적인 정보는 목적함수가 다른 행위자들 간의 역선택이나 도덕적 해이를 초래하게 된다.

셋째, 시장형성의 문제(problem with market formation)이다. 직업훈련서비스가 일반적인 특성을 가진 경우는 별다른 문제가 없어 보인다. 그러나 특정 개별기업의 특정 직무에 전속적인 성격을 띠고 그 일자리가 드문 경우, 혹은 고도의 숙련된 첨단기술을 요구하는 경우 직업훈련시장에서 이러한 서비스가 제공될 수 없다면 시장은 형성되지 못할 것이다.

바우처의 장점이 시장에서의 경쟁을 통해 소비자의 선택권을 보장하는 것인데, 시장이 형성되기 어려운 상황에서는 바우처의 의미가 퇴색될 수밖에 없다.

넷째, 직업훈련바우처가 잘 작동하더라도 직업훈련 제공기관들 사이의 경쟁으로 인해 상호간에 존재했던 조정이나 협조관계라는 조직간 사회자본이 소멸될 가능성이 있다. 예를 들면, 직업훈련바우처 시행 이전에 지역독점방식으로 직업훈련기관들이 존재하면서도 상호 지역간 네트워크를 통해 구직자의 선호와 욕구에 대한 정보를 교환하고 협조하는 네트워크가 존재했다. 그러나 직업훈련바우처 도입으로 다양한 형태의 새로운 직업훈련프로그램이 생겨나면서 직업훈련 제공기제에 존재했던 협력체계가 악화될 수도 있다.

우리나라의 직업능력개발계좌제 시행과정에서도 몇 가지 한계가 나타나고 있다. 우선 2008년 9월부터 시작된 대구·광주 지역의 시범사업의 경우 훈련이수자의 취업률이 기존 방식의 취업률 50~70%에 비해 매우 낮은 9.2%에 불과했다. 낮은 성과의 원인은 훈련생과 훈련기관, 정책담당자 사이의 이해관계가 달랐기 때문이다(나영선 외, 2009: 30-31). 우선 구직자 또는 훈련생들의 대부분은 취업하려는 의지보다는 무료훈련을 자기계발의 기회로 활용하는 의도가 컸다. 다음 훈련기관은 정부 외에 훈련생의 관심을 끌기 위해 훈련내용의 고급화나 품질개선 등의 노력을 제대로 하지 않았다. 끝으로 정부는 시범사업 초기에 고용지원센터의 계좌발급에 집중하는 계좌마케팅에만 관심을 두었다.

또한 고용지원센터에서 실질적인 훈련상담이 잘 이루어지지 않고 있다. 이 때문에 훈련직종의 편중현상이 나타나고 있으며, 다른 한편으로는 훈련과정의 과다개설로 인해 1/3 정도의 훈련과정은 훈련생을 모집할 수 없어 개설되지 않았다(뉴거버넌스연구센터, 2010: 92). 이러한 요인들 때문에 훈련생의 선택권이 현실적으로 제약받고 있다.

Ⅳ 직업훈련 바우처의 향후 전망

1. 직업훈련계좌제 도입시 주요 쟁점사항

직업훈련 바우처의 도입을 둘러싸고 학자와 이해당사자 간의 논쟁이 존재한다. 우리나라의 경우 직업훈련계좌제를 확대 도입하려는 측과 이를 반대하는 측 간의 대립이 존재하고 있다. 이들의 주장을 정리하면 다음과 같다(기획재정부, 2008: 2).

첫째, 발급대상의 문제로, 신청자 모두에게 발급할 것인지와 상담을 통한 선별지원방식을 택할 것인지가 대립하고 있다. 모든 신청자를 대상으로 할 경우 역선택과 도덕적 해이를 초래할 수 있다. 이 때문에 선별지원방식이 더 선호된다. 선별지원의 경우는 불필요한 훈련수요로 인한 과잉훈련을 해소할 수 있기 때문이다.

또한 상담을 통해 한번 걸러지면 훈련에 대한 열의가 있는 훈련 적격자가 참여하게 되어 훈련성과를 제고할 수 있다.

둘째, 지원수준의 문제로, 1인당 지원한도를 정하되 훈련비 전액을 지원할 것인지 아니면 자부담제도를 병행해서 운영할 것인지를 선택해야 한다. 본인 부담이 전혀 없다면 정부의 공짜 지원이라는 안이한 인식뿐만 아니라 훈련효과라든지 사용과정에 도덕적 해이가 발생할 수 있다. 이 때문에 훈련생의 도덕적 해이를 방지하고 책무성을 확보하기 위해서는 훈련생 본인이 훈련비의 일정부분을 부담하는 자부담을 도입할 필요가 있다. 하지만 자부담 비율을 적정 수준에서 재설정해 직업훈련에 참가하기 어려운 취약계층에 대한 배려도 필요하다. 특히 직업능력개발제도의 목적인 저소득 취약계층의 직업능력과 취업가능성을 향상시키는 것이라면 이들이 최소한의 자부담으로 직업훈련에 참여할 수 있도록 적극적으로 배려해야 할 것이다.

셋째, 지원기준의 문제로, 현행 훈련직종별 표준훈련비제도로 할 것인지와 시장가격을 기준으로 할 것인지가 대립한다. 우수훈련과정의 진입을 촉진하고 낮은 보조금에 대응한 저수준의 훈련서비스를 감소시키기 위해서는 시장가격을 기준으로 훈련비를 인정할 필요가 있다. 직업훈련시장이 경쟁적 시장에 가깝기 때문에 시장가격에 맡겨도 부당한 가격인상이나 담합 등이 발생하기는 어려울 것이나, 이에 대한 정부의 세밀한 모니터링도 필요하다.

넷째, 그 밖의 문제로, 훈련과정심사를 통해 적합 훈련과정을 인정하고 적격기관을 목록화(ETPL)할 필요가 있다. 훈련생은 ETPL 내에서 제공되는 훈련과정을 선택하도록 하고, 훈련기관에 대한 평가를 강화하고 그 결과를 공개하여야 할 것이다. 평가결과를 공개하여야 소비자인 훈련생들이 선택행위에 필요한 정보를 제공받을 수 있으며, 공급자인 훈련제공기관들끼리 경쟁을 하기 때문이다.

2. 직업훈련 바우처 도입시 고려사항

현재의 직업훈련시장은 고용보험에 의해 비용이 지불되고 구직자의 선택에 의해 직업훈련기관의 수입이 결정되는 구조로 전형적인 바우처제도와 일치한다.[27] 따라서 현재 실업자 직업훈련시장이 제대로 작동하지 않는 이유는 바우처제도의 성공요건이 충족되지 않기 때문이다(서비스산업 선진화 작업반, 2009: 194).

바우처가 제대로 작동하기 위해서는 경쟁가능한 다수의 공급자가 존재해야 한다는 조건과 소비자 선택권이 실질적으로 보장되어야 한다는 조건이 동시에 만족되어야 한다. 직업훈련시장의 경우 규모의 경제가 달성되기 어려운 구조로 수천 개의 민간학원이 존재하고 있어 충분한 수의 공급자가 경쟁해야 한다는 조건은 충족된다.[28]

그러나 소비자의 선택권 보장은 다소 만족시키기 어려워 보인다. 직업훈련 서비스는 생필품과 같이 반복구매가 가능하지 않으며, 실제로 받아보기 전에는 품질이 어느 정도인지 알 수 없어 경험을 통한 정보 획득이 어렵다. 수강 내용과 관련하여 본인 스스로 판단할 수 있는 전문성의 부족도 선택권의 실질적 행사를 어렵게 한다. 또한 직업훈련 시장에 규제가 추가될 경우 선택권 행사를 더 어렵게 하기도 한다. 예를 들어, 표준훈련비제도와 같

27) 이하의 내용은 "서비스산업 선진화 정책방향 보고서-Ⅲ부"의 pp.194-196을 참조한 것임.

28) 규모의 경제가 존재하지 않는다는 것은 자연독점으로 연결되지 않는다는 의미로 해석할 수 있다.

은 가격규제가 존재할 경우 가격이 비싼 양질의 훈련서비스는 사라지게 된다.

소비자의 선택권을 실질적으로 보장하기 위해서는 직업훈련기관에 대한 평가가 이루어지고 그 결과가 제공되어야 한다. 정부는 2004년 '근로자직업훈련촉진법'을 '근로자직업능력개발법'으로 개정하고 직업훈련사업을 노동시장의 변화에 대응하도록 재편하고자 노력하였다. 이를 통해 정부는 성과연계적 지원체계의 확립을 지향하고 있다. 성과연계적 지원체계에는 직업훈련기관에 대한 정보를 실질적으로 공개하고 평가하는 것을 포함하였다(서비스산업 선진화 작업반, 2009: 194). 특히 직업훈련기관에 관한 각종 정보를 인터넷이나 관공서에 지속적으로 게시해서 수요자가 편리하게 이들 직업훈련 제공기관들의 실태를 정확히 알 수 있도록 해야 할 것이다.

직업훈련기관의 성과는 결국 직업훈련기관이 제공하는 훈련서비스를 이수한 구직자가 얼마나 취업에 성공하였는가에 달려 있다. 직업훈련 바우처의 수혜자들이 자신에게 적합한 제공기관을 선택하기 위해서는 취업률에 대한 정확한 평가와 공개가 필수적이다. 그런데 현재 직업훈련기관의 취업률은 직업훈련기관 자체에서 보고하는 취업률을 기초로 산정하고 있다. 이러한 경우 정보의 비대칭성을 활용하여 기회주의적 속성을 보이게 된다. 즉 직업훈련기관이 취업률을 과장하여 보고하는 왜곡 가능성이 높은 한계가 존재한다. 이런 문제로 현행 실업자 직업훈련기관 및 훈련과정에 대한 평가는 다면적인 기준에 의하고 있지만 전통적인 방식에 의존하고 있다. 즉 훈련과정이 얼마나 잘 설계되어 있고 훈련교사의 자격은 적정한지 등 투입 측면에서의 평가와 불완전한 취업률 등의 성과 측면에서의 평가가 혼합되어 있다(서비스산업 선진화 작업반, 2009: 196).

향후 실업자 훈련 평가체계는 투입과 성과 양 측면이 모두 중요하지만, 투입보다는 성과중심으로 평가 비중을 강조할 필요가 있다. 우선 투입의 평가는 최소 요건의 충족 여부만을 확인하는 것으로 해야 한다. 그리고 성과 측면에서 직업훈련 과정을 수료한 구직자들의 취업률을 공개하여 훈련기관의 책임성 확보와 경쟁을 유도할 필요가 있다(서비스산업 선진화 작업반, 2009: 196). 이를 위해 직업훈련기관의 운영과 성과에 대한 정확하고 구체적인 정보를 적극적으로 공개하는 작업이 매우 중요하다.

참고문헌

고혜원, (2010), 『직업능력개발 계좌제 도입방안 연구』, 한국직업능력개발원.

______, (2009), 『바우처제도 운영을 위한 훈련상담 프로세스 구축 및 교육과정 개발』, 한국직업능력개발원.

국가보훈처 제대군인취업과, (2010), 제대군인 직업교육훈련 바우처 지원지침.

기획재정부, (2008), 수요자중심의 직업능력개발 체계 전환 모색: 직업능력개발계좌제 도입을 중심으로, 2008년 6월 26일 보도자료.

김기선, (2008), 독일 내 직업소개 시스템의 변화와 그 효과: 공공서비스와 민간직업소개의 공조, 『국제노동브리프』, 6(6): 53-61.

나영선, (2008), 수요자 중심의 직업능력개발 체제 전환 모색: 「직업능력개발계좌제」 도입을 중심으로, 『2008~2012년 국가재정운용계획(노동분야) 공개토론회 자료』.

______, (2007), 『미국의 인력투자법 시스템과 직업훈련』, 한국직업능력개발원.

______, (2005), 미국 인력투자법 시스템과 직업훈련 전달체계개혁, 『직업과 인력개발』, 8(1): 102-109.

______, (2004), 『미국의 인력투자법 시스템과 직업훈련 개혁동향』, 한국직업능력개발원.

나영선·최지희·김진영, (2009), 『직업능력개발계좌제 발전방안 연구』, 한국직업능력개발원.

나영선·정원호·이상준·이종훈·박종환, (2007), 『실업자 직업훈련체계 개선방안 연구』, 한국직업능력개발원.

노동부, (2009), 『2009년 예산안 및 기금운용계획안 사업설명자료(Ⅱ-3)』.

______, (2007), 국회 환경노동위원회 국정감사 서면답변서.

______, (2006), 『국제노동정책동향 자료집』.

노동부·한국직업능력개발원, (2009), 『직업능력개발계좌제 적합훈련과정 심사 설명회 자료집』.

뉴거버넌스연구센터, (2010), 『직업능력개발계좌제 시범사업 평가 및 개선방안 연구』.

박용웅, (1998), 수요자중심의 교육훈련체제로: 직업훈련카드제도의 도입, 『나라경제』, 94: 67-69.

박윤희, (2008), 미국의 인력투자법의 성과와 과제, 『국제노동브리프』, 6(6): 91-100.

박천수, (2009), 『직업능력개발 계좌제 적합훈련과정 심사운영 사업』, 한국직업능력개발원.

서비스산업 선진화 작업반, (2009), 서비스산업 선진화 정책방향보고서 Ⅲ부.

유길상, (2010)., 공공고용서비스 민간위탁의 성공조건, 『노동정책연구』, 10(1): 89-128.

이상현, (2010), 공공고용서비스의 선진국 실태와 시사점, 『한국고용정보원 개원 4주년 기념 심포지엄 자료집』. pp.25-52.

전명숙, (2005), 미국의 인력투자법(Workforce Investment Act): 원스톱센터의 운영체계 및 최근 이슈, 『국제노동브리프』, 3(11): 35-40.

정광호, (2007), 바우처 분석: 한국과 미국을 중심으로, 『행정논총』, 45(1): 61-109.

Eberts, Randall W. (2005), 미국의 지역노동시장 정책: 인력투자법(WIA)과 직업훈련, 『국제노동브리프』, 3(5): 13-21.

Barnow, B. S. (2009), Vouchers in U.S. Vocational Training Programs: An Overview of What We Have Learned. "*Vouchers, Contracting Out, and Performance Standards.*" Conference Invited Paper. ZAF(2009), 42: 71-84.

______. (2000), Vouchers for Federal Targeted Training Programs. In Steuerle, E. C., Peterson, G., Ooms, V. D., and Reischauer, R. D. (eds.). *Vouchers and the Provision of Public Services* (pp. 224-250). Washington, DC: The Brookings Institution Press.

Barnow, B., and King, Christopher (2000), *Improving the Odds: Increasing the Effectiveness of Publicly Funded Training.* Washington, DC: The Urban Institute Press.

Bartlett, Will & Le Grand, Julian (1993), The Theory of quasi-markets. In Le Grand, J. and Barlett, W. (eds.). *Quasi-Markets and Social Policy* (pp.13-34). Basingstoke: UK, Macmillan Press.

Bruttel, O. (2005a), Delivering Active Labour Market Policy through Vouchers: Experiences with Training Vouchers in Germany. *International Review of Administrative Sciences*, 71(3): 391-404.

______. (2005b), Contracting-out and Governance Mechanisms in the Public Employment Service. Discussion Paper, *Wissenschaftszentrum Berlin für Sozialforschung* (WZB).

Bundesministerium für Arbeit und Soziales(BMAS) (2006). *Die Wirksamkeit moderner Dienstleistungen am Arbeitsmark*.

CEDEFOP (2009), Individual Learning Accounts. *CEDEFOP Panorama Series*, Vol.163.

Daniels, R. J., and Trebilcock, M. J. (2005), *Rethinking the Welfare State: The Prospects for Government by Voucher*. New York, NY: Routledge.

Gallacher, J. et al. (2007), *Evaluation of Individual Learning Accounts Scotland [ILA Scotland]: Learning Providers and Intermediary Agencies Studies*. The Scottish Government Social Research.

Hipp, Magdalena and Warner, Mildred E. (2007), Market Forces for the Unemployed? Training Vouchers in Germany and the U.S.. Forthcoming *Social Policy and Administration*, 2007.

Hollenbeck, Kevin (2004), *Some Reflections on the Use of Administrative Data to Estimate the Net Impacts of Workforce Programs in Washington State*. Upjohn Institute Staff Working Paper No.04-109.

Katz, L. F. (1998), Wage Subsidies for the Disadvantaged. In Richard B. Freeman and Peter Gottschalk (ed.). *Genereating Jobs: How to Increase Demand for Less-Skilled*

Workers. New York: Russell Sage Foundation.

McConnell, S., Stuart, E., Fortson, K., Decker, P., Perez-Johnson, I., Harris, B., and Salzman, J. (2006), *Using Training Program Vouchers: Findings From The Individual Training Account Experiment*. Final Report. Mathematica Policy Research, Inc.

O' Leary, C., Straits, R., and Wandner, S. (eds.). (2004), *Job Training Policy in the United States*. Kalamazoo, MI: W. E. Upjohn Institute for Employment Research.

Patel, N. and Savner, S. (2001), *Implementation of Individual Training Account Policies Under the Workforce Investment Act: Early Information from Local Areas*. Preliminary Report, Center for Law and Social Policy.

Renkema, A. (2006), Individual Learning Accounts: A Strategy for Lifelong Learning? *The Journal of Workplace Learning*, 18(6): 384-394.

Rinne, U., Uhlendorff, A., and Zhao, Z. (2007), *A Tale of Vouchers and Caseworkers in Public Training Programs*. IZA Conference.

Savas, E. S. (2002), Competition and Choice in New York City Social Services. *Public Administration Review*, 62(1): 82-91.

Social Policy Research Associates (2004), *The Workforce Investment Act After Five Years: Results from the National Evaluation of the Implementation of WIA*. Prepared for the U.S. Department of Labor.

Steuerle, C. E., van Ooms, D., Peterson, G. E. and Reischauer, R. D. (eds.) (2000), *Vouchers and the Provision of Public Services*. Washington, DC: Brookings Institution Press.

The Scottish Government (2007), 모니터링 및 평가보고서.

Trutko, John W. and Barnow, Burt S. (1999), *Experiences with Training Vouchers under the Job Training Partnership Act and Implications for Individual Training Accounts under the Workforce Investment Act* (Department of Labor).

U.S. Department of Labor (2005), *The Effect of Customer Choice: First Findings from the Individual Training Account Experiment*. ETA Occasional Paper.

U.S. Department of Labor. *WIA Annual Report*, 각년도.

U.S. Government Accountability Office (GAO). (2005), *Workforce Investment Act. Substantial Funds are Used for Training, but Little is Known about Training Outcomes*. Washington, DC.

UKCES (2009), *Employee Demand for Skills: A Review of Evidence and Policy*.

Valkama, P. and Bailey, S. J. (2001), Vouchers as an Alternative Public Sector Funding. *Public Policy and Administration*, 16(1): 32-58.

Winter, H., A. Heinze, and Spermann, A. (2006), Degregulation job placement in Europe: A Microeconometric evaluation of an innovative voucher scheme in Germany. *Labour Economics*, 13: 505-517.

Zabalza, Antonio (1996), *Is There a Case For Government Intervention in Training?* World Bank Human Capital Development Working Paper, HCDWP 62.

뉴스와이어, 2010년 6월 22일자, '직업능력개발계좌제' 일부 각종 훈련비 자부담 비중이 20%에서 40%로 높아진다.

머니투데이, 2010년 4월 20일자, 고용지원센터 '계좌제'에 사람 몰리는 이유.

서울경제신문, 2009년 4월 5일자, '직업능력개발계좌제'로 훈련비 걱정 더세요.

세계일보, 2006년 12월 12일자, 고용지원센터 직원 10억 횡령.

조선일보, 2009년 10월 7일자, 직업능력개발계좌제 저가 자기계발로 오용.

한국경제신문, 2010년 2월 24일자, 직업훈련 받으랬더니…구직보다 취미생활?

국가보훈처 제대군인지원센터 (www.vnet.go.kr)
업존 고용연구소 (http://www.upjohninst.org)
원스톱커리어센터 (http://www.careeronestop.org)
직업능력개발훈련정보망 (www.hrd.go.kr)
한국노동연구원 (www.kli.re.kr)
한국직업능력개발원 (www.krivet.re.kr)
HRD 홈페이지 (www.hrd.co.kr)

주독일 대한민국대사관 본 분관 홈페이지, 독일의 노동·사회동향: 독일의 실업자직업훈련제도(http://www.koreabn.de/cgi-bin/ikoreabn/read.cgi?board=b05&y_number=7&nnew=1)
주독일 대한민국 대사관 본 분관 홈페이지, 독일의 노동·사회동향: 독일의 취업알선바우처제도(http://www.koreabn.de/cgi-bin/ikoreabn/read.cgi?board=b05&y_number=63).

08 문화바우처

개 관

문화예술은 인간의 감성을 개발하고 사물에 관한 인식 틀을 형성해 주며 성숙한 민주시민으로 성장하는데 필요한 토양을 제공해 준다. 창조적이고 상상력이 풍부한 문화와 예술의 발전은 인간의 존엄성을 높이고 민주주의 발전의 토대가 된다. 뿐만 아니라 지역사회 공동체를 활성화하고 지역경제 성장에도 도움이 된다. 이 때문에 정부는 문화예술의 육성을 위해 다양한 방식으로 지원하고 있다. 정부의 지원방식은 크게 문화인프라 조성, 문화예술제공자에 대한 지원, 문화수용자에 대한 지원 등으로 나눌 수 있다.

문화바우처는 문화수용자에 초점을 맞춘 정책수단이다. 이는 소외계층의 문화리터러시 수준을 높이고 문화격차를 해소하기 위한 문화 수요자 중심의 지원방식이다. 지금까지 문화예술은 공급자인 문화예술 관련 전문가나 기관에 초점을 두었지만, 최근 한국정부도 문화바우처를 통해 문화이용자에게 직접 보조금을 지급하고 있다. 이처럼 정부가 문화예술을 지원하는 근거는 문화투자가 가져오는 엄청난 파급효과 때문이다.[1] 흔히 문화예술은 특정 부유층이나 문화예술 엘리트만의 전유물로 인식되어 왔다. 그렇지만 이제 문화민주주의 구현차원에서 일반시민도 문화체험을 통해 문화자본에서 배제되어서는 안 된다는 사회적 공감대의 확산도 문화바우처 시행의 정당성을 제공한다. 특히 문화바우처는 어린이와 청소년뿐만 아니라 문화예술의 사각지대에 놓여 있는 소외계층에게 문화예술에의 접근성을 높여 준다. 이렇게 해서 문화예술의 저변을 확산하고 지역사회에서 실질적인 문화민주주의를 뿌리내리도록 하는 정책수단이다(Frey, 2003). 이처럼 수용자 중심의 문화바우처는 문화엘리트주의의 비판에서 출발하여 문화예술의 형평성과 민주성을 강조한다. 문화예술은 시장에서 거래되는 상품(commodity)이 아니라 보편적 권리(right)이며 경제력과 무관하게 보편적 접근성을 보장해 주어야 한다는 것이다(Eckstein & Leon, 2004; O'Hagan, 1996). 특히 조기 문화교육의 중요성과 그 생애차원의 파급효과를 고려할 때 어린이 대상 문화향유의 기회를 확대하는 노력이 필요하다. 이러한 논의들은 문화바우처 시행의 강력한 근거가 된다. 여기서는 문화수용자를 위한 지원의 일환으로 시행되고 있는 문화바우처의 특징과 현황

1) 문화예술에 대한 유효수요자 뿐만 아니라 일반대중 전체가 문화예술의 긍정적 효과를 누릴 수 있다는 것이다. 하지만 일반국민이 원하는 수준만큼 문화예술이 충분하게 공급되지 못하므로 정부의 지원이 필요하다는 것이다. 이러한 지원과정에서 정부의 개입에 따른 부작용이 클 경우 시장을 활용한 수단도 적극 활용할 필요가 있다. Frey(2003)에 따르면 정부의 정책수단은 문화예술 창작자를 위한 인프라개선을 통해 문화예술의 시장성을 높이는 정책(예: 문화시설 인프라 구축과 지적 재산권 강화), 세금환급이나 조세지출을 통한 간접지원, 문화예술 제공자나 이용자에 대한 직접 지원 등으로 구분한다. 문화바우처는 문화예술 이용자에게 직접 전달하는 보조금이다.

그리고 제도상 한계에 대해 살펴보고자 한다.

I 문화예술에 대한 정부지원의 논리

1. 문화예술에 대한 정부지원의 근거[2)]

1) 문화예술의 파급효과(사회경제적 외부성)

그동안 수많은 연구들이 문화예술의 외부효과에 대한 증거를 제시해 왔다.[3)] 문화예술은 사회전체를 풍요롭게 하고 사회구성원의 삶의 질을 향상시키는 외부효과를 수반한다. 외부효과 속에는 문화유산으로 누리는 후세대의 혜택도 포함된다. 더불어 지역사회에서 공연이나 박물관 관람으로 지역경제가 활성화되는 외부효과가 일어난다. 이러한 문화예술의 파급효과는 크게 선택가치, 존재가치, 유산가치, 명성가치, 혁신가치 등으로 나뉜다. 이러한 문화예술의 외부효과는 시장이 아닌 정부차원의 체계적인 지원을 필요로 한다. 다만 그 지원방식은 공급자 방식과 수요자(이용자)

2) 이 부분은 정광호・최병구(2007)의 논의 내용을 주로 참고하였다.

3) 지식사회에서 창의적 활동의 원천은 바로 가치, 동기, 태도와 같은 소프트요소에서 나온다. 문화예술의 체험이나 교육에서 파생된 지식과 경험은 창의적 광고, 소비, 마케팅, 디자인에 영향을 준다. 최근 창조산업(creative industries)의 효과가 주목을 받고 있는데, 그 원천은 바로 문화예술 교육과 인프라이다. 이러한 창조산업에는 건축, 광고, 미술품시장, 공예 및 디자인, 패션디자인, 음악, 공연예술, 박물관, 미술관이며 이와 관련된 컴퓨터 소프트웨어나 서비스산업까지도 포함한다(양종회・권숙인・김우식. 2003). 이러한 창조산업의 발전은 문화예술 소양 수준에 좌우된다. 이에 따라 디마지오(DiMaggio)는 문화예술의 편익은 국가전체에 공존하므로 이에 따른 외부효과의 지속적인 창출을 위하여 지방 및 중앙정부의 복합적인 지원이 필요함을 역설했다(DiMaggio, 1982). 또한 문화예술에 대한 정부지원은 교육효과, 범죄예방, 사회자본이 풍부한 공동체 형성이라는 외부효과를 가져온다(Throsby, 1994; Towse, 2005). 취약계층의 문화리터러시(cultural literacy)향상도 바로 이러한 외부효과 때문에 그 중요성에 주목을 해 왔다(Hirsch, 1987).

표 8-1 문화예술의 가치

선택가치 (option value)	현재 문화상품을 사용하지 않더라도 개인은 문화공급이 존재하는 자체만으로 상당한 편익을 얻을 수 있다.
존재가치 (existence value)	문화상품이나 문화활동이 존재한다는 자체를 아는 것만으로도 개별적인 편익을 얻게 된다.
유산가치 (bequest value)	문화활동이나 상품을 미래세대를 위한 활동으로 간주할 수 있다. 만약 예술적 창조라는 소중한 전통이 지켜지지 않고 후세에 전해지지도 않는다면 인간의 존엄한 가치는 사라지게 될 것이라는 전제에 근거한다.
명성가치 (prestige value)	예술에 전혀 관심 없고 개인적으로 예술을 소비하지 않는 사람에게도 문화예술 작품의 이름이 주는 명성가치는 적용될 수 있다.
혁신가치 (innovative value)	예술을 경험한다는 것은 사회에서의 창조적 사고의 발전, 비판적 평가능력의 향상, 미학적 기준의 창조 등에 기여함으로써 긍정적인 영향을 미친다.

자료: 주수현 외(2007).

방식이 있는데, 문화교육의 파급효과나 문화격차 해소는 바우처와 같이 이용자 방식의 중요성을 일깨워준다. 특히 문화격차 해소가 가져오는 외부효과(positive externality)에 주목하여 문화형평성을 확대하기 위한 정책수단으로 문화정책학자들은 문화바우처를 제안했다(Bawden, 2002; Towse, 2005).

2) 문화예술의 체험과 교육

문화예술 체험이나 교육에서 파생된 지식과 경험은 창조산업의 바탕이다. 특히 문화예술에 대한 조기노출(early exposure)이 중요하다. 왜냐하면 어릴 때 형성된 문화예술에 대한 관심과 경험이 문화예술 발전의 인프라가 되며 지식산업이나 창조산업의 원동력이 되기 때문이다(Gray, 1998).[4] 특히 문화상품에 대한 취향(tastes)과 심미안을 어릴 때부터 길러주는 것이 중요하다. 이러한 문화예술에 대한 학습과 사회화 과정을 통해 창조산업의 인재가 만들어지며 한편으로 이들이 거대한 문화 소비집단으로 성장한다(Throsby, 2001). 이처럼 문화예술의 체험이나 교육은 개인의 문화예술에 대한 취향에 영향을 주며, 이는 문화소비로 연결된다. 특히 Hirsch(1987)는 문화리터러시(cultural literacy)가 생애차원의 문화활동에 큰 영향을 준다고 주장한다. 또한 창조산업은 문학과 예술의 결합·전이를 통해서 다양한 콘텐츠로 나타난다(손진은, 2005). 이러한 과정은 대중가요, 시, 문학, 영화 등 문화와 문학텍스트를 통합할 수 있는 문화리터리시 수준에 따라 그 성패가 좌우된다는 것이다.

3) 문화격차의 해소

문화격차 해소를 통해 문화적 배제를 차단하는 것은 문화민주주의, 문화시민권, 그리고 문화리터러시(cultural literacy) 차원에서 중요한 의미를 가진다. 취약계층까지 문화예술에 대한 접근성을 높여 문화향유 기회를 확대하는 것은 문화능력(cultural competence)의 향상과 문화예술 활동의 활성화에도 유익하기 때문이다(김경욱, 2003; Trend, 1997). 특히 문화민주주의는 문화예술 제공자가 아닌 관객 중심의 문화정책을 강조한다. 공급자 중심 문화지원 정책에 대한 비판의 목소리도 많다.[5] 이제 문화정책의

4) 현대 상품광고는 문학과 예술의 종합 창작물이다. 성공적인 상품판매를 위해서는 기획에서 마케팅에 이르기까지 배우, 가수, 음악가, 미술가, 그래픽 아티스트 등의 생각과 지식이 필수적이다. 광고의 매력을 이끌어내는 감정몰입은 바로 문화예술의 심미안적 요소에서 나온다. 이러한 문화산업의 선순환적 기제와 인프라를 구축함에 있어 문화예술에 대한 조기투자가 매우 중요하다.

5) Lewis(1994)의 문화정책설계론은 소수 집단에 편향된 문화정책을 비판하고 고급예술보다 대중예술에 대한 정부지원이 필요함을 강조한다. Trend(1997)는 미국의 국립예술기금(The National Endowment for the Arts)이 전문예술가

지원방식은 창작자(공급자) 중심, 고급예술 중심, 대도시 중심의 문화정책에서 벗어나 취약계층의 문화권리를 중시해야 한다는 것이다. 따라서 문화자본의 불평등한 형성을 차단하는 방안 중 일반 국민들에 쉽게 다가갈 수 있는 이용자 중심 지원체계에 관심을 가질 필요가 있다. 그동안 이용자 중심 지원정책으로 프랑스에서 시행된 소외계층을 위한 문화예술 공연티켓 할인제도, 파리시의 문화교육 야간강좌, 미국의 NEA의 문화접근성 지원금 제도 등이 있다. 이들은 문화상품 상환권(Refund), 할인제도, 쿠폰 등의 형태로 제공되고 있다.

2. 정부의 지원 · 개입의 형태

1) 지원 · 개입 방식: 간접지원과 직접지원 간 비교

정부나 공공기관 지원은 매년 편성되는 정부 예산이나 기금을 바탕으로 하는데, 모든 재원은 공공목적을 가지고 있다. 따라서 공연예술에 대한 공공지원은 대부분 공공성을 지닌 비영리기관에 집중된다. 비영리성은 그 단체의 운영으로 얻는 수익이나 조성된 재원으로부터 나온 수익이 그 단체의 설립취지를 실현하기 위해 사용된다는 의미이다. 즉, 수익이 그 단체를 소유하거나 운영하는 개인의 이익으로 귀속되지 않는다.[6]

문화예술에 대한 공공지원은 그 방식에 따라 몇 가지가 있다. 정부가 직접 공연시설이나 공연단체를 소유하거나 운영하는 방식이 있고, 민간이 소유하고 운영하는 공연기관을 지원하는 방식이 있다. 문화예술에 대한 정부지원은 대부분 후자를 말한다. 정부지

의 지원에 편향된 나머지 소수집단, 유색인종, 여성, 노약자에 대한 지원을 소홀히 했다고 비판한다.

6) 민법 제32조.

원은 다시 보조금 등을 지급하는 직접지원 방식과 조세감면 등의 세제혜택을 부여하는 간접지원방식으로 세분화할 수 있다.[7] 직접지원과 간접지원 두 방식은 각각 장단점을 가지고 있다. 정부 지원의 직접성 여부가 '지원의 안정성'과 '예술의 자유'에 어떤 영향을 미치는지 보다 구체적으로 살펴보면 다음과 같다.

먼저, 지원의 안정성 측면에서, 직접지원은 정부예산에 의존하므로 간접지원에 비해 상대적으로 안정적이다. 정부예산은 상대적으로 변화가 적고 민간지원보다 예술단체가 장기계획을 세우는데 유리하다. 간접지원 방식의 경우 안정성을 확보하기 위해서 공공기금과 민간기금을 선택적으로 활용할 필요가 있다. 공연 기관의 수입원천을 다양화하면 정부의존도를 줄일 수 있다. 또한 개인과 기업의 후원을 통해 민간영역의 구축을 방지하여 자발적인 공연예술에 대한 관심을 재고할 수 있다. 민간의 자발적인 문화인프라 구축은 정치영역에서 공연 예술에 대한 우호적인 정책이 도입될 가능성을 높인다.

둘째, '예술의 자유' 측면이다. 정부와 민간지원자 중 어느 쪽이 예술 생산자나 예술단체의 자율성을 더 침해하는지는 아직 논란이 있다. 직접적인 정부 간섭이 없더라도 수혜자인 예술가나 예술단체 쪽에서 정부나 민간지원자의 취향과 선호에 맞춰 스스로 굽히고 들어갈 수도 있다. 그럼에도 정부의 공적지원이 민간의 사적 지원보다 예술의 자유를 보호하는데 유리하다. 민간 후원자는 수혜자와 좀 더 사적인 관계를 맺게 되고 자신의 예술 취향을 수혜자의 활동에 강요할 여지가 있다. 특히 예술에 정통한 후원자일수록 자신의 독특한 예술 취향을 반영하려는 욕구가

7) 우리나라에서는 중앙정부와 지방자치단체의 두 수준에서, 미국에서는 연방정부, 주정부, 지방정부의 세 수준에서 지원이 이루어진다.

클 것이다. 또한 기업지원의 경우 역시 기업의 상업성 때문에 창작의 자유를 침해할 가능성이 있다.

물론 정부도 예술을 정치적으로 규정하고 예술의 자유에 영향을 미칠 수 있다. 현실적으로 1990년대 미국에서 벌어진 국립예술기금 논쟁이 그러한 예이다. 그러나 대부분의 정부는 예술을 지원하되 예술창작에는 관여하지 않는 '팔길이 원칙'(arm's length principle)을 준수하고 있다.

전세계적으로 정부의 민간공연기관에 대한 지원방식도 종래의 보조금, 기금 등을 지급하는 직접지원에서 탈피하고 있다. 그 대신 외부지원에 대한 세금감면이나 공연활동 참가에 대한 세제지원 등 간접지원으로 전환되고 있다. 국내의 경우 '문화예술 관련 기부금에 대한 조세감면'[8]과 '문화접대비제도'의 도입이 대표적인 예이다. 기부금은 업무와 무관하게 지출되는 것이지만 문화예술 기부금에 대해서는 일정 부분을 손금(損金)으로 산입할 수 있도록 하고 있다. 즉, 문화예술진흥기금으로 출연하는 금액(특례기부금)이나 문화예술단체에 출연한 기부금(지정기부금)에 대해 일정 부분을 손금으로 산입하거나 소득공제를 받도록 함으로써 간접지원의 비중을 높여가고 있다.

2) 정부지원(개입)의 형태

예술은 예술작품을 창조하는 예술가-공급자(창작, 생산단계)와 그것을 향수하는 감상자-소비자(소비와 향수, 수집단계)로 구분되며 그 사이를 매개하는 매개자(배급과 유통단계)로 이루어지고 있

8) 문화예술진흥법 개정안은 문화・예술 활동을 유도하기 위해 조세 감면 조치를 취할 수 있도록 관련 규정을 신설하였다. 정부나 지방자치단체가 문화・예술에 대한 소비를 촉진하도록 국세나 지방세를 감면할 수 있도록 했다(동아일보 2009년 12월 4일자).

다. 이러한 단계구분에 따라 정부의 지원도 분류할 수 있다. 창작단계에서 예술가 및 예술단체에 대한 지원, 매개단계에서 문화예술시설, 비평가 및 이론가, 행정가 양성 및 교육지원, 향수단계에서 관객과 피교육자 지원으로 구분할 수 있다(양건열 2003). 여기에서는 정책대상집단(policy target)에 따라 생산자 지원방식과 수요자 지원방식으로 분류하고자 한다.

(1) 공급자(생산자) 중심 지원 방식

정부의 공연예술 지원이라고 하면 흔히 예술가와 예술단체 등 예술 생산자에 대한 것으로 생각되어 왔다. 한국문화관광연구원(2009)에 따르면 1990년대 이전까지만 해도 정부의 예술지원은 예술생산자에 대한 지원이 대부분이었다. 생산자 지원 방식을 둘러싸고 다음과 같은 정책논쟁이 있어 왔다.

첫째, 공연예술가 개인이냐 공연기관 혹은 단체에게 지원을 해야 하는지에 대한 선택의 문제가 발생한다. 개인에게 직접지원이 이루어지는 경우 정치적 위험이 수반된다. 이런 점에서 1996년 미국의 경우 '국립예술기금'을 개인에게 직접 지원하는 것을 금지하였다. 정부 예술지원의 경우 개인보다 기관 혹은 단체가 선호되는 것은 예술의 필요성보다 행정적 비용과 정치적 위험을 줄이려는 의도 때문이다.[9]

둘째, 문화예술에 대한 지원에 있어 '수월성과 평등성 간의 원활한 균형점 모색'이다. 먼저 수월성 추구와 평등 추구의 갈등은 불가피한 딜레마이다. 엘리트주의자들의 주장처럼 대부분의 예술적 기여는 가장 뛰어난 일부 사람들의 몫이기 때문에 이들을 집중 지원하는 것이 사회 전체적으로 더 나은 편익을 창출할

9) 한국문화관광연구원(2009), 문화예술 분야 기부 활성화를 위한 정책적 지원 방안 연구.

수 있다. 그러나 현대 민주주의 사회에서 예술에 대한 정부지원 역시 민주적인 규범에서 벗어날 수 없다. 모든 국민이 공연예술 경험의 기회를 균등하게 갖도록 하는 대중주의는 정책결정의 근본적 요구조건이다. 이제 순수예술에서 대중예술로 지원대상이 확대되면서 이는 하나의 시대적 흐름이 되었다.

마지막으로 '기성예술과 전위예술 간 선택 문제'이다. 널리 인정받는 유명한 예술기관을 선별해서 지원할 것인지 아니면 전위적으로 모험적인 예술기관까지로 확대시킬 것인지는 쉽게 결정하기 어려운 문제이다. 그런데 창의적·혁신적 문화 패러다임의 출현은 전위예술에서 나오므로 이에 대한 정부지원의 중단도 일부 문제가 있다. 어쨌든 보수주의자들의 경우 전위예술에 대한 정부지원을 반대하지만 자유주의자의 경우 이를 지지한다. 이러한 정책가치의 충돌로 인한 고민은 아래 미국의 문화예술지원정책 사례에서도 잘 드러난다.

사례 문화예술지원의 딜레마: 예술과 외설의 줄다리기

언론과 표현의 자유를 헌법 제1조로 내세우면서 문화예술의 자유를 강조하고 있는 미국에서도 예술과 외설을 놓고 끊임없는 논쟁이 한창이다. 더구나 미국국립예술진흥기금(National Endowment for the Arts: NEA)이 지원하는 외설적인 작품을 놓고서 예술가들과 행정가들 사이에 심각한 갈등이 발생하고 있다. 지난 1988년에 일어난 사진작가 로버트 마플소르프의 「완전한 순간(The Perfect Moments)」[10]과 안드레스 세라노의 「피스 크리스트(Piss Christ)」이라는 사진전이 대표적인 사례이다. 특히 마플소르프는 NEA가 3만 불이나 보조한 이 전시회에

10) 1988년 유고전의 이름인 '완벽의 순간(The perfect moment)'은 흑인 게이 남성들의 신체를 전면에 드러내어 백인 남성을 기준으로 한 인체의 아름다움 그 전형을 전복시키려는데 의도가 있었다. 작가는 일반적인 미의 전형 바깥위에 위치한 피사체의 존엄성과 미를 탐구하기 위해 논란이 되는 작품 활동을 지속해왔다.

어린이들의 누드와 호모들의 이미지를 선명하게 묘사해 큰 논란거리가 되었다. 이 사진전은 미국 8개 도시에서 개최되었는데 워싱턴 등지에서는 아예 전시회가 열리지도 못했다. 신시네티의 현대아트센터 관장이 이를 전시하면서 지역 주민으로부터 외설을 방조한 혐의로 고소까지 당했다. 물론 법원은 사진이 불경스럽고 멋이 없지만 예술작품이 모두 예뻐야 할 필요가 없다고 못 박으면서 무죄를 선고했다. 그런데 문제는 미국 국립예술 기금(NEA)에서 이 전시회를 지원했다는 사실이다. 당시 공화당이 집권했던 부시 행정부 아래에서 많은 관료들은 정부의 예술 지원에 대한 검열을 강화해야 한다고 목소리를 높였다. 이에 정부는 NEA로부터 기금정책과 기금 분배과정에 대해 더욱 신중한 의사결정을 하겠다는 약속을 받아내기도 했다.

www.komericanjournal.com 내용 참조

(2) 이용자 중심 지원 방식: 문화민주주의 구현

생산자에 대한 공공지원은 문화예술 향수의 불평등을 심화시킬 수 있다. 즉, 저소득층의 문화향수가 보장되지 않는 상태에서 정부가 국민으로부터 세금을 거둬 공연예술을 지원하는 경우, 고소득층이 저소득층의 부담으로 이득을 누리게 되는 셈이 된다. 일반적으로 저소득층은 예술에 대한 관심과 수요가 적어서 생산자에 대한 지원은 지원이 필요 없는 부유층을 위한 셈이 된다.11) 예술지원은 고소득층만을 지원하는 부작용이 초래되지 않도록 해야 하며, 이를 위해 문화예술소비의 형평성에 주목해야 한다. 즉, 저소득층으로 편익이 배분될 수 있게끔 공공지원이 이루어져야 한다.

이처럼 문화적 형평성의 저해 때문에 공연단체를 직접 지원하는 생산자 지원방식에 대해 비판이 제기되어 왔다. 그 대안으

11) 1974~75년 호주의 문화향수 연구(Throsby & Withers 1979)에 의하면 고소득층은 저소득층의 희생위에 문화향유의 이득을 누리는 것으로 나타났다. 고소득층의 문화적 편익은 낸 세금을 초과하는 반면 저소득층은 낸 세금보다 더 낮은 문화편익을 누리기 때문이다.

로 문화예술 재화의 직접적 소비대상인 저소득층 시민들에게 공연을 관람할 수 있는 문화바우처를 고려할 수 있다. 이는 문화공급자가 아닌 수요자 중심으로 지원대상이 전환됨을 의미한다.

바우처를 저소득층에 직접 나누어 준다면 소득수준이 낮아 공연에 못가는 사람들의 참가를 증대시키는 효과가 있기 때문에 문화향수 불균형을 해소할 수 있다. 하지만 이러한 소비자 지원에는 난점이 있다. 바우처 배분에 소요되는 행정비용이 크기 때문이다. 지원 대상자를 공정하게 선정해 그들에게 쿠폰을 나눠주는 일은 상당한 시간과 비용을 소모한다. 이 때문에 바우처 지원액보다 행정비용이 상회할 위험이 있다. 저소득층에게 바우처로 공연티켓을 제공하는 일과 주택을 제공하는 일은 성격이 다르다.[12] 수혜 대상자에게 배분되는 편익과 그를 위해 소모되는 비용이 현격히 차이가 난다.

(1) 공급자 지원 방식의 한계

1950년대까지 미국에서는 국가차원의 예술지원은 거의 존재하지 않았다. 지방정부 차원에서는 비영리 예술기관에 대해 조세를 경감시켜주는 등의 보조는 있었으나 연방정부나 주정부가 예술을 직접적으로 혹은 지속적으로 지원한 적은 없다. 1960년대 들어 뉴욕 주에서 예술위원회가 설립되었고 1965년에는 한국의 문화예술위원회에 해당되는 미국 국립예술기금(NEA: National Endowment for the Arts)이 설립되면서 국가차원의 예술지원이 본격화 되었다.

국립예술기금은 연방정부 차원에서 공적 자금으로 예술을 지원하는 기관이다. 1980년대 전반까지 국립예술기금은 공공예술

12) 홈페이지 이용 대상자에게 지급하는 방식의 홍보문제와 인터넷 접근 문제성이 존재한다.

지원의 가장 큰 부분을 차지했으며 주정부에 대한 보조금 프로그램을 통해 주정부의 예술지원도 유도했다. 그러나 주정부의 예술지원이 점점 늘어나 1980년대 후반부터 국립예술기금을 능가하였다. 설립 초기인 1966년에는 국립예술기금이 주정부 예술지원 예산의 2배에 달했으나 2005년에는 0.4배 수준으로 떨어졌다(양건열, 2003). 1980년대 초반부터 정부의 예술지원이나 국립예술기금에 대한 회의적 분위기가 형성되었고 1990년대 전반에는 커다란 정치적 쟁점으로 비화되었다. 정부가 우수한 예술과 그렇지 못한 예술을 가려서 지원할 수 있는가, 정부의 예술지원 자체가 바람직한가 등의 문제를 둘러싸고 많은 논의가 이루어졌다. 이 과정에서 정부 예술지원의 한계가 드러났고 예술지원의 방향도 생산자 중심에서 소비자 중심으로의 프레임 전환이 시작되었다.

Rawcliffe(2010)는 총 기금의 80%를 배분하는 영국의 문화예술 지원기구인 ACE(Arts Council England)의 정책 집행사례를 분석함으로써 공급자중심 지원 제도의 문제점을 지적하고 있다.

첫째, 공급자 중심 지원제도는 예술 관련 분야의 중앙 관료제에 대한 의존성을 심화시킨다. 최근 'The New Culture Forum'의 보고서에 의하면, 지난 10년 간 상당규모의 ACE의 재정 지출에서 비효율이 발생하였음을 알 수 있다. 2009년 ACE의 집행예산은 49만 유로를 상회하는데 대부분이 행정적 간접비용이었다. 예술 기금의 중앙집권적 배분 및 집행행태는 절차상의 많은 비용이 소모된다. 이로 인해 예술가와 예술 단체들은 해당 보조금에 대한 지원을 받기까지 상당 시간이 소요된다.

둘째, 불공평한 분배 문제이다. 중앙 할당식의 예술 보조금 지급은 지역과 소득 격차에 따른 불균등한 재원 분배 문제를 발생시킨다. Rawcliffe(2010)에 따르면, 런던 예술가들은 1인당 24

파운드 이상의 보조금을 받지만, 동남부 지방의 예술가들은 2파운드 이하를 받고 있는 것으로 나타났다. 지역별로 보조금 수혜 규모가 무려 12배 이상 차이가 난다. 이러한 불균등은 지역뿐만 아니라 운영 프로그램에 따라 인기 있고 유명한 프로그램을 운영하는 단체와 그렇지 않은 단체 사이에도 존재한다.

셋째, 생산자의 동기왜곡(incentive distortion)에 따른 문제이다. 생산자 측면의 예술 지원은 예술창작자들로 하여금 보조금을 주는 관료 및 공공기관의 미적 취향에만 부합하는 작품만을 생각하게끔 하는 창작왜곡을 초래할 수 있다. 대중의 선호가 아니라 보조금을 받을 만한 작품만 창작하게 되는데 여기서 '예술의 정치화' 문제가 발생하게 된다. 예술가들은 불필요한 논쟁을 피하고 싶어하며, 주류 정치문화에 반하는 혁신적이며 난해한 작품을 창작하는 것을 꺼리게 된다. 결국 정부가 예술에 대해 외부적 통제를 가하는 결과를 낳는다.

마지막으로, 이는 예술 단체 간의 경쟁을 약화시킨다. 예술에 대한 보조금 지원은 다른 경제 분야와 마찬가지로 경쟁을 억압한다. 아무런 재정보조 없이 현재 정부로부터 지원을 받고 있는 기관과 대등한 수준의 작품을 만들어내기란 쉽지 않다. ACE로부터 지원을 받는 예술가들은 1인당 소득의 평균 43%를 정부보조금에서 충당한다. 정부지원이 소득에서 차지하는 비중이 높을수록 기존 보조금 수혜자의 지위는 확고해지고 이는 신규 예술가들에게 진입장벽이 된다. ACE는 재정지원의 목표를 혁신과 다양성, 효율성 증진에 두었으나 확고한 진입장벽을 형성하여 경쟁기회를 제거하고 그로 인한 비효율을 발생시키고 있다.

(2) 소비자 지원방식으로서의 바우처 방식

바우처(voucher)란 특정한 재화 소비에 특화된 쿠폰을 뜻하며,

정부가 지불을 보증하는 전표의 개념이다. 문화바우처 제도는 문화 공급자를 지원하는 '공급자 지향적 정책'에서 '소비자 지향적 정책'으로 패러다임을 전환하는 과정에서 도입되었다. 바우처 제도는 기존의 생산자 지원이나, 소비자에 대한 현금 혹은 현물 제공의 문제점을 보완할 수 있는 제도이다. 문화예술시설로 관객들을 유인하기 위한 가장 일차적인 방법은 감상 욕구를 창출하는 매력적인 예술작품에 대한 다양한 기회제공이다. 예술감상 욕구에도 불구하고 그것을 충족시킬 수 없는 사람들을 위한 적극적인 접근성 확보 수단이 필요하다. 이러한 수단들 중 바우처 발행이 대표적인 소비자 지원수단이다. 나아가 문화바우처는 기존의 대립적인 문화 정책이념인 개인자유주의와 집단주의의 단점을 보완하고 양자를 조화시킬 수 있는 제도이기도 하다(정광호 · 최병구, 2007).

바우처는 소외계층의 문화수용자를 위해 문화접근성과 선택의 기회를 제공하는 맞춤형 정책지원에 가깝다는데 특징이 있다. 이러한 특징 때문에 많은 국가 혹은 지방정부에서 점차 문화 예술 영역의 진흥 정책에 바우처를 도입하였다. 바우처는 소비자가 정해진 재화나 서비스를 선택하여 소비할 수 있도록 '제한된 구매력'을 제공한다. 따라서 소비자의 선택이 중요시되는 재화나 서비스 부문에 '시장 감각'을 부여한다. 복지달성을 위해 도입하되, 실행은 시장 관점에 입각한 것이 바우처 제도의 가장 큰 특징이다.

바우처는 유럽보다는 영미권 국가에서 많이 사용되고 있다. OECD 국가들 중 유럽국가들의 경우 대체로 공공부문을 통한 직접 수행방식을 유지한다. 반면 민간부문을 통한 시장자유원칙을 고수하는 미국은 바우처 방식 또는 현금지원방식을 더 활용하고 있다.

한국의 경우 2007년 현재 정부 13개 기관 소관의 39개 재정사업에 바우처를 명시적 또는 묵시적으로 활용하고 있다. 문화바우처의 경우 2005년 시범사업을 거쳐 2006년부터 본격적으로 시행되고 있다. 시범사업은 문화부가 추진하였으나, 현재는 한국문화예술위원회에서 문화나눔 사업으로 통합하여 시행하고 있다. 특히 문화바우처는 문화소비자 선택권 강화 및 문화공급자의 경쟁을 촉진한다는 두 가지 효과를 동시에 달성할 수 있다는 측면에서 문화시장 수요자와 공급자 모두를 활성화하는 정책적 의의를 갖고 있다(김소영, 2006). 하지만 민간영역에서 문화예술 인프라가 취약할 경우 이러한 다양한 문화실험이나 문화생태계가 조성되는 데 한계가 있을 것이다. 이 때문에 사회간접자본처럼 문화예술도 사전 인프라 구축이 중요하다.

Ⅱ 국내외 문화예술 바우처 운용 현황

1. 해외사례 소개

1) 네덜란드 문화·예술 바우처 제도

네덜란드는 바우처를 이용해 문화교육 향상에 역점을 둔다. 다양한 문화현장을 체험할 수 있도록 바우처가 활용되는 것이다. 이렇게 학교에서의 이론적인 문화예술 교육을 문화현장으로 연결시켜주는 것이 문화바우처이다. 학생들에게 문화바우처를 제공해서 다양한 문화체험을 제공하고 있는 것이다.

네덜란드 중·고등학교의 관련 커리큘럼도 문화예술 창조와 체험을 강조한다. 1945년부터 네덜란드 정부는 중등학생들에게 정규 교과과정 외에 자발적 활동으로서 박물관, 극장, 콘서트장 방문활동을 장려하였다. 이러한 문화예술 향수 장려정책은 1988년도에 “예술과 문화교육”이 HAVO(일반 중등학교 상급생 교육), VWO(대학 예비과정 교육)에서 필수교과가 되면서 새로운 국면을 맞이하였다. 필수교과로 바뀌면서 학생들은 의미 있는 문화활동을 선택하는 동기를 갖게 되었다. 문화활동 참여와 예술에 대한 ‘소화’가 가능한 문화인 육성을 목표로 공교육 프로그램을 재구성했다.

네덜란드의 700여개 교육기관의 900,000명의 재학생들은 ‘문화와 예술(Culturele en Kunstzinninge Vorming)’이라는 과목을 필수적으로 이수해야 한다.[13] 교육을 통해 학생들에게 다양한 예술과 문화의 표현들을 소개한다. 또한 학생은 문화예술경험을 나누고 이를 발전시킬 수 있는 창작 방식 등을 배운다. 바우처는 이러한 교육이 실제로 가능하게끔 하는 정책수단이다. 정부는 박물관, 극장, 영화관 등에서 사용할 수 있는 약 20유로에 해당하는 바우처를 각 학생에게 제공하여 문화예술 작품에 대한 접근성을 보장해 주었다.[14]

13) 네덜란드에는 220여개의 기관이 예술교육 분야에 종사하고 있다. 이들 중 200개 이상의 예술기관(창조활동, 음악학교, 기타 통합 기관)이 지방 혹은 지역센터에 속해 있다. 16개는 학교에서의 예술교육 혹은 아마추어 예술을 지원하기 위한 지역기관이다. 이러한 220여 개의 기관에서 교육받은 어린이, 학생, 성인은 450,000명에 달한다. 여기서는 방과 후 워크샵(out-of-school workshop), 관련 교육 코스들과 마스터 강의들을 통해 교육이 이루어지고 있다. 더불어 1,200만 명 이상의 어린이들과 학생들은 교내 수업과 프로젝트를 통해 교육을 받는데 네덜란드의 전체 학교 중 약 50%가 이 활동에 참여하고 있다. 이러한 방과후 활동을 위해 11,000명 이상의 예술가가 종사하고 있다. 방과후 활동의 총 예산은 226백만 유로이며 60% 이상이 지방자치단체의 예산에서 지원받고, 나머지 40%는 민간후원, 참가비, 서비스 외 수입 등으로 충당된다.

14) 일반중등 교육기관 학생들은 5.70유로 상당의 바우처를 받는다. 예술에 특화된 교육기관인 VMBO, HAVO, VWO의 학생들은 22.70유로 상당의 바우처를 받

2006년 8월에는 네덜란드의 문화부(Maria can der Hoeven)는 종이쿠폰 형식의 바우처를 문화 카드로 대체하였다. 모든 중등학교의 학생은 연간 15유로가 들어있는 문화카드(cultural card)를 발급받게 되었다. 이 문화 카드를 사용하면 박물관, 극장, 콘서트, 영화 관람에 무료로 입장할 수 있다. 이 사업은 2년 간의 시범운영 기간을 거쳐 2008년에 전격 도입되었다.

2) 미국 뉴욕시 문화바우처[15]

여기서는 지난 1970년대 초반 미국 뉴욕 초소극장(Off-Off-Broadway)을 이용하는 관객에게 제공된 문화바우처를 살펴보고자 한다.[16] 당시 뉴욕 시의 문화바우처는 1972년부터 1974년까지 약 18개월 동안만 시행되었다.[17] Baumol은 초소극장 62개를 조사했는데, 이중 바우처 보조금을 받은 24개, 미국 NEA에서 지원받은 경우가 18개였다. 본 프로그램 시행 첫해 바우처 규모는 50,000달러, 1973년 100,000달러, 1974년 140,000달러였다. 이 프로그램은 기본적으로 다음의 두 가지 목적으로 시행되었다.

첫째, 문화예술 기관을 이용하는 관객층 확대와 둘째, 문화 관련 기관들이 제공하는 프로그램 영역 확장이다(Bridge, Blackman, 1977). 바우처 제도 시행으로, 소비자는 양질의 문화예술 프로그램을 제공하는 기관을 직접 선택할 수 있어 효용을 증대시킬 수

을 수 있어 바우처 활용에 재량이 큰 편이다.

15) 이 사례의 서술은 Baumol(1979)를 참고하여 작성하였다.

16) 뉴욕시 초미니 소극장(Off-off-Broadway)은 대형극장(Broadway)과 소극장(Off-Broadway)사이의 극장규모를 갖추고 있다. 이는 100개 미만 좌석을 갖춘 초미니 소극장으로 기존 극장에서 보기 어려운 다양하고 실험적 주제를 공연했다. 특히 아마추어 예술가들의 데뷔무대로 이용되었다.

17) 당시 문화바우처 재원은 FIPSE(Fund for the Improvement of Post-secondary Education)로부터 지원되었으며 미국의 보건교육복지부(U.S. Department of Health, Education and Welfare)를 통해 집행되었다.

있다. 특히 Baumol은 공급자 방식의 비효율을 탈피할 수 있다는 점을 문화바우처의 장점으로 꼽았다. 문화바우처를 이용하는 관람객 수에 비례하여 극장에 보조금을 지급하여 극장으로 하여금 관객을 유치하도록 자극하였다. 당시 소극장은 바우처 1매당 2.0달러~2.5달러의 보조금을 지급받았다. 그렇지만 보조금을 많이 지급받기 위해서는 많은 관람객 수를 유치해야 하며, 그들의 문화적 취향과 욕구에 부합하는 양질의 공연 프로그램을 제공해야만 했다.

둘째, 이러한 운영기제를 통해 소극장의 프로그램 수준을 높이고 재정문제도 해결하도록 했던 것이다. 한편 특정 문화의 전문 공연을 상영하는 소극장도 문화바우처로 지원해서 일정 수준의 관객을 확보하도록 만들어 문화다양성을 보존하려는 취지도 있었다. 좋은 문화프로그램을 제공할 경우 소극장에 안정적 수입원이 확보된다. 이는 나아가 지속가능한 공연을 계획하고 시연할 수 있게 해 주었다. 당시 브로드웨이와 같은 대형극장에 비해 소극장의 경우 재정운영에 큰 어려움을 겪고 있었다.[18] 그래서 문화바우처를 통해 재정문제를 해결하는 데 일조하고자 했다.

구체적인 뉴욕시 문화바우처 프로그램은 다음과 같은 절차를 거쳐 집행된다.

---

18) Baumol의 연구대상이었던 62개의 소극장의 연평균 지출액은 1972년과 1973년 동안 23,000달러였다. 소극장에 따라 최저 4,000달러에서 최대 최고 112,000달러를 운영에 지출했다. 운영비에는 임대료, 광고비, 배우임금, 관리비 등이 포함되었다. 조사대상 소극장 중 대략 42%는 배우들에게 임금을 지불하지 않았고, 소극장 배우 중 약 70%는 무보수로 일했다. 가장 많은 임금을 받는 배우의 경우 주급은 약 50달러 수준이었으며, 이마저도 극장수입에 따라 주급이 10달러로 하락하는 등 매우 불안정한 임금체계를 갖고 있었다. 극단 관계자의 임금수준도 이와 별반 다를 바 없었다. 관계자의 약 30%만이 임금을 받았지만, 그 마저도 저임금이었다. 1973년과 74년 통계에서 가장 많은 연봉을 받은 관리자는 7,300달러였다. 당시 62개 소극장의 입장료는 평균 2.52달러로 매우 낮았다.

그림 8-1 뉴욕바우처 프로그램 진행 절차

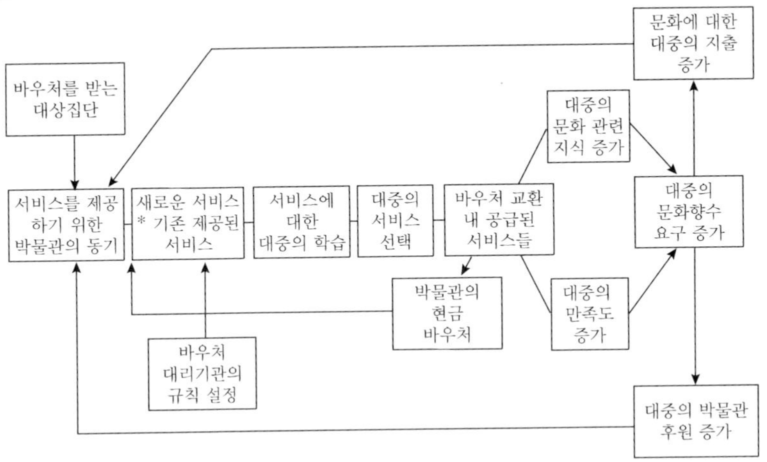

당시 뉴욕시 문화바우처 프로그램을 통해 문화다양성 보존뿐만 아니라 소극장의 자립경영이 가능한 지속가능한 생산유통 인프라의 기반이 마련되었다. 문화바우처를 통해 얻은 구체적 성과를 정리해 보면 다음과 같다.

첫째, 소극장의 수입 증가이다. 문화바우처 시행기간 동안 14,768.57달러의 수익을 추가적으로 거뒀으며 이는 1개 소극장당 평균 265.62달러에 달했다.

둘째, 바우처 운영을 통해 극장의 공연준비 비용도 50,000달러에서 60,000달러로 증가했다. 이는 공연의 양적·질적 수준이 향상되었다는 것을 의미하며, 공연 제작자 역량도 높아졌다. 인터뷰에 응한 27개 문화바우처 수혜극장 중 20개의 극장은 바우처 운영방식에 만족한 것으로 나타났다.

셋째, 문화 향수능력의 신장이다. 바우처 소비자들은 시행 초기 이벤트 참여권, 표준적 박물관 코스, 영화 등을 위주로 구매하였으나 시간이 흐르면서 고급예술에 대한 구매가 많아졌다. 특히 문화바우처 시행 막바지에는 전시(exhibition) 교육, 아프리칸 댄스 설명, 운문 설명, 음악 레슨 등 새롭게 제공된 프로그램들에 대한 수요가 크게 증가하였다.

2. 한국의 문화바우처 사업

1) 추진배경 및 제도 개요

지난 2005년부터 문화부는 한국사회의 심각한 문화격차를 해소하고 균등한 문화향유기회를 소외계층에게 제공하기 위해 문화바우처를 도입하였다. 아래 표에서 나타나듯이 소득수준에 따라 문화격차가 상당함을 알 수 있다. 2006년 문화향수 실태조사에 의하면 월 소득 200만 원 이하 가구의 과반수이상이 예술행사를 관람하지 못하는 것으로 나타났다.

이처럼 '문화바우처' 사업은 경제적 여건이 어려운 기초생활수급권자 및 차상위 계층에 공연·영화·전시 등 다양한 문화예술

표 8-2 소득별 문화향수 실태 단위: %, 회

월평균 가구소득	사례수	관람한 적 없다	1회	2회	3회	4회 이상	계	평균관람횟수
100만원 미만	213	76.1	10.8	5.6	2.8	4.7	100.0	.86
100-199 만원	631	45.3	15.5	12.4	7.1	19.7	100.0	3.21
200-299 만원	1,187	33.7	15.6	14.1	9.7	27.0	100.0	4.53
300만원 이상	969	18.5	17.6	15.3	11.0	37.6	100.0	6.60

자료: 문화관광부(2006).

표 8-3 문화체육관광부 시행 바우처 현황

	문화 바우처	스포츠 바우처	프로스포츠 관람바우처	여행(관광) 바우처
2010 예산	67억원	60억원	5.67억원	8억원
재원	복권기금(50%)/ 지자체(50%)	체육기금(50%) 지자체(50%)	토토적립금	관광기금
주관처	한국문화예술위원회/한국문화복지협의회	국민체육진흥공단	국민체육진흥공단	한국관광협중앙회 (한국관광공사)
대상	기초생활수급자, 차상위계층과 그 가족 (연령제한 없음)	기초생활수급가구 내 유청소년(만 7~19세)	기초생활수급자 세대주 (연령 제한없음)	월 건강보험료 납부금 56,630원 이하인 전국 근로자 또는 자영업자
대상자 선정 방식	신청 인증	선정 통지 (시·군·구 지자체)	신청 인증	신청 인증
방식	홈페이지 포인트제	지자체-체육시설 정산	신용카드 발급	신용카드 발급
자부담	없음(공연단체 50% 할인, 영화티켓 6,000원 정액 할인 등)	없음	10%(국가 50% 지원+경기단체 40% 할인+본인 10% 부담)	추가경비 자부담 (여행지에서 신용카드 1회 이상 추가결제 의무)
이용 대상	지역주관처에서 선정한 공연·전시·영화관람, 도서구입	공공체육시설 및 시·군·구 선정 사설체육시설의 스포츠 강좌·용품	프로스포츠 경기 (야구, 축구, 농구, 배구)	국내 모든 여행상품
지원 금액	연간 최대 5만원 (선착순 지원)	- 강좌: 최대 60,000원(월별) - 용품: 연 1회 65,000원(평균)	연간 최대 10만원 (선착순 지원)	국내 여행상품 15만원 이내 보조 (개별여행 / 가족여행)
지원 인원	29만 명('09년)	13,900명	약 5,000가구 지원	약 6,000명 내외
수혜 비율	전체대상자(327만명)의 9%	전체대상자(36.6만명)의 3.8%	전체대상자(854천가구)의 0.6%	

자료: 문화체육관광부 홈페이지(http://www.mcst.go.kr).

체험기회를 제공하기 위함이다. 특히 경제위기 상황 속에서 문화향수를 생활화하는 '생활공감형 서민문화 정책'의 일환으로 문화바우처 사업이 추진되었다. 이명박 정부에서는 공정사회 구현의 주요 정책으로 채택되어 문화바우처 예산이 크게 확대되었다. 즉 2010년 예산 67억원 중에서 17억원이 지방비에서 매칭을 통해 재원을 마련하였으나, 2011년에는 예산을 340억원으로 확대하고 그중 95억원은 지방비에서 매칭으로 확보할 예정이다.

그 밖에도 문화체육관광부에서 여행바우처와 스포츠 바우처도 시행하고 있다. 문화체육관광부의 경우 바우처 영역이 문화뿐만 아니라 여행, 스포츠, 관광 등 그 영역이 매우 다양하고 확대할 여지가 많다. 개별 바우처에 대한 자세한 내용은 <표 8-3>에 잘 나와 있다.

2) 우리나라 문화바우처 사업의 과정

원래 문화바우처는 2004년부터 2005년까지 한국문화예술위원회(구 문예진흥원)의 복권기금 사업의 일환으로 소외계층 무료공연 초대사업인 '신나는 예술여행' 프로그램으로 시작되었다. 그 뒤 2005년 유형특화와 지역특화로 나누어 5개 주관처를 선정하여 장애인, 외국인 근로자, 저소득층 청소년 등에게 문화프로그램을 선택적으로 관람할 수 있도록 하는 '문화바우처 사업'으로 발전하였다. 2006년부터는 문화관광부의 '문화바우처 사업'과 한국문화예술위원회의 '신나는 예술여행' 사업이 통합되어 '신나는 예술여행'이라는 친근한 명칭의 통합브랜드로 운영되고 있다.

'신나는 예술여행'은 경제적 여건으로 문화활동에 제약을 받는 저소득층이나 문화인프라 시설이 없는 소외지역 주민들에게 다양한 문화향유기회를 제공하는 사업이다. 이는 각종 공연이나 전시 등 문화예술현장에 저소득층을 초대하는 문화바우처 사업과 소외지역을 직접 찾아가 문화예술 프로그램을 제공하는 지역순회문화프로그램으로 구성되어 있다.

- 문화바우처 추진경위 개요-

○ (1단계) '04-'06 : 모두를 위한 예술

- 문화향유 기회 확대를 중심으로 하되, '모두를 위한 예술' 지향
- '04년부터 복권기금이 문화예술진흥기금으로 유입되면서 전반적인 복권기금 문화나눔사업(당시 '복권기금 예술사업'으로 명명)의 정책목표는 '모두를 위한 예술'을 지향하면서, 소외계층과 지역주민의 문화향유를 증진에 무게 둠
- 구체적 전략목표는 '소외계층 대상 문화향수 신장', '지역주민을 대상으로 하는 문화향유 기회 확대', '기초예술회생 및 예술창작 활성화' 등임

○ (2단계) '06-'08 : 소외계층의 문화향수권 신장

- 복권위원회 '07년 복권기금운용계획 편성방향'에 다음과 같이 사업대상과 목적을 명문화
  ㉠ 소외계층을 위한 숙원사업
  ㉡ 소외계층을 주된 수혜대상으로 하는 사업
  ㉢ 수혜자에게 직접적인 혜택이 가는 사업
- 국민들이 사업효과를 체감할 수 있는 숙원사업, 국민 누구나 공감할 수 있는 사업에 집중할 것을 요구
- 복권기금 문화나눔 사업계획 심의 시, 창작자나 해당 분야에 대한 지원이 아닌, 이용자 중심지원을 강화할 것을 권고
- 문화체육관광부는 '06년부터 복권기금의 사업 추진 방향을 사회양극화 해소를 위한 다양한 문화복지 활동에 집중 지원함

3) 문화바우처 사업 전담 조직

문화바우처 사업은 '한국문화예술위원회'가 주최로 '문화나눔추

표 8-4 문화바우처 사업 전담 기관 및 수행역할

기관별	역할	비고
한국문화 예술위원회	- 사업 기본계획 수립 - 사업운영 총괄 - 추진체계 구성 및 지역별 사업수행자 공모, 선정 - 사업집행 상황 점검 및 평가 - 예산의 집행 및 정산취합, 보고 - 사업 종합홍보	사업조정연계체로서 "문화나눔 추진단" 구성 및 운영
지역별 주관처	- 사업수행: 프로그램 섭외, 대상자 선정, 진행, 홍보 등 - 사업추진실적 보고 - 예산의 집행 및 정산 보고	-
국무총리 복권위원회	- 복권기금 예술사업 기본계획 승인 - 복권기금 지원 - 복권기금사업 평가	-

자료: 문화체육관광부(2009).

진단'과 '지역별 주관처'가 주관을 맡고 있으며, '복권위원회'에서 후원을 하고 있다. '한국문화 예술위원회'는 사업기본계획 수립 및 사업운영 총괄, 사업집행 상황 점검 및 평가 등을 맡고 있으며, 사업조정연계체로서 문화나눔추진단을 구성 및 운영하고 있다.

'지역주관처'는 저소득층에서 문화수요가 높은 공연, 영화, 전시의 관람기회를 균등하게 제공하고 현장에서의 만족도 높은 문화복지 서비스를 제공하기 위한 프로그램 섭외, 대상자 선정, 진행, 홍보 등을 기획 및 진행하고 있다. 그리고 사회복지 및 문화예술단체 등과의 지속적인 네트워크를 구축하는 역할도 맡고 있다.

표 8-5 문화바우처 사업 지역 주관처

지역	주관처명	위치 및 홈페이지
서울	서울시문화바우처 운영협의회	서울시 구로구 구로동 101
경기	한국지역자활센터협회 경기지부	경기도 수원시 권선구 세류1동179번지 세지빌딩5층 - 홈페이지 : www.ggjahwal.or.kr
인천	(사)한국장애인문화 인천광역시협회	인천광역시 서구 가좌3동 197-11 현신빌딩 4층 401호 - 홈페이지 : www.bluesky82.org
강원	강원도문화바우처 컨소시엄	강원도 원주시 관설동 1452-2 판부문화의집 2층 - 홈페이지 : www.pbmunhwa.or.kr
충북	한국지역자활센터협회 충북지부	충북 청주시 복대동 262번지 충북종합사회복지센터 406호
충남	순천향대학교 문화예술 교육연구소	충남 아산시 신창면 읍내리646 순천향대학교 학예관 409호 - 홈페이지 : www.sicae.or.kr
대전	대전문화복지협의회	대전광역시 중구 대흥동 153-5이안과병원 지하 1층 - 홈페이지 : cafe.daum.net/cultwel
경북	경북문화바우처협의회	경북 성주군 금수면 광산리 125
대구	대구문화바우처협의회	대구광역시 중구 봉산동 230-102번지 3층 대구문화바우처협의회
경남	경남문화나눔콘소시엄	진주시 봉곡동 445-1번지 2층 - 홈페이지 : cafe.daum.net/knmyc
울산	울산문화바우처협의회	울산광역시 남구 달동 413-3 울산문화예술회관내 2층 - 홈페이지 : http://ulsanart.or.kr/
부산	부산문화예술교육연합회	부산광역시 중구 중앙동 12-3번지 미진빌딩 3층 - 홈페이지 : www.bceco.org
전북	효자문화의집	전주시 완산구 효자동1가 408-9 효자문화의 집 - 홈페이지 : http://hyoja.jjcp.or.kr
전남	전남문화예술재단	전남 무안군 삼향면 남악리 2074(전남개발공사빌딩11층)
광주	광주문화예술위원회	광주광역시 남구 사동177-35 광주문화예술진흥위원회 - 홈페이지 : www.gjacc.or.kr
제주	(재)제주문화예술재단	제주시 이도1동 1244-4번지 제주문화예술재단 8층 - 홈페이지 : www.jcaf.or.kr

자료: 문화바우처 공식 홈페이지(http://www.cvoucher.kr/Voucher).

표 8-6 문화바우처 추진절차

프로그램 계획	해당지역 및 타지역 문화모니터링
▼	
프로그램 등록 (주관처)	프로그램 파급효과 감안, 선정 프로그램 시작 1개월 전까지 해당 리스트 등록 완료
▼	
프로그램 승인 (한국문화예술위원회)	1:1 매칭부분 확인 바우처 프로그램 적격성 확인 문화바우처 홈페이지 상, 프로그램 승인
▼	
프로그램 예매 (이용자)	문화바우처 회원가입 행정자치부 주민통합정보시스템(ok-life홈페이지) 자동인증
▼	
현장진행(주관처)	이용자 티켓수령, 이동 등 현장서비스 제공 프로그램 참여자 불편사항 확인
▼	
실적보고 (주관처 → 한국문화예술위원회)	참여자 후기 및 개선 요구사항 접수 월별 추진실적보고 (매월 7일까지 위원회 제출)

자료: 한국문화예술위원 (2009).

4) 문화바우처 이용 방법

(1) 지원대상 및 제도개관

문화바우처는 경제적 여건 때문에 문화활동에 제약을 받는 저소득층에게 공연과 영화 관람료 등을 지원하는 전자쿠폰형태로 발급되고 있다. 지원대상은 저소득층인 기초생활수급자와 차상위계층이다. 이들은 주택구입능력이 없어 공공임대 아파트에 거주하거나 대부분이 문화활동에 대한 접근기회가 차단되어 있어 접근성을 강화시키는 전략 구사가 필요한 집단이다.

문화바우처 사업은 '신나는 예술여행' 인터넷 사이트에서 이루어진다. 문화바우처를 이용하기 위해서는 먼저 행정안전부의 주민서비스통합정보시스템에서 저소득층 여부를 인증받아야 한다. 이후 '신나는 예술여행' 홈페이지에서 회원 가입 절차를 거치면 발급받을 수 있다. 회원가입 시 행정안전부의 '주민서비스 통합정보시스템'을 통해 자동으로 정회원 여부가 인증된다. 회원 유형은 아동·청소년 회원, 장애인회원, 노인 회원, 일반회원으로 구분된다. 정회원 자격이 주어지면 개인별로 연간 이용할 수 있는 포인트가 부여되며, 포인트 범위 내에서 자유롭게 사용이 가능하다.

표 8-7 대상별 문화바우처 지원 실적(2008)

지역	아동 및 청소년	장애인	노인	일반	인솔자	계
서울	12,028	5,259	570	4,353	7,299	29,509
부산	9,945	1,903	327	3,525	3,706	19,406
대구	8,140	1,577	433	3,726	1,817	15,693
인천	9,379	1,815	403	1,463	2,195	15,255
광주	4,567	711	121	1,605	1,072	8,076
대전	3,592	556	18	668	615	5,449
울산	2,095	351	2	98	441	2,987
경기	16,364	4,192	452	7,433	6,474	34,915
강원	5,016	549	131	768	1,222	7,686
충북	3,488	944	254	755	1,462	6,903
충남	1,946	998	718	989	1,099	5,750
전북	8,580	1,815	177	2,538	2,636	15,746
전남	12,973	2,219	809	1,215	1,446	18,662
경북	6,799	2,438	335	1,220	2,136	12,928
경남	9,399	1,008	131	1,581	1,532	13,651
제주	3,459	539	27	459	798	5,282
총계	117,770	26,874	4,908	32,396	35,950	217,898

자료: 문화체육관광부(2009).

포인트는 '06년 3,000포인트에서 점차 상향 조정되어, '10년에는 5,000포인트가 지급되고 있다. 문화바우처사업에 참여하는 프로그램 제공단체의 기부로 절반가량 할인된 가격으로 예매할 수 있어 실제 이용자들이 문화바우처로 지원받는 혜택은 연간 약 10만원에 달한다. 또한 문화바우처는 이용객의 공연장 접근을 손쉽게 하기 위해 30인 이상의 단체회원이 1시간 이상 떨어진 공연장에서 공연을 관람하고자 하는 경우 이동차량을 지원하여 관람편의를 돕고 있다.

정회원들에게는 문화예술 프로그램을 무료로 지원하고 있으며 이동수단, 식사제공(1인당 5,000원 이내) 및 자원봉사자 등을 활용한 관람안내 등을 지원하고 있다. 그리고 어르신 회원과 아동회원, 장애인 회원에게는 포인트 차감없이 보호자 1인에 한해 무료관람을 지원하고 있다.

(2) 이용절차 및 방법

이용이 가능한 문화 프로그램으로는 첫째, 주관처와 공연주체가 협의하여 선정된 공연(뮤지컬, 음악, 무용, 연극, 전통예술 등) 및 전시 프로그램, 둘째, 지정 영화관(롯데시네마, CGV)의 모든 영화, 셋째, 주관처가 기획한 문화예술교육 프로그램과 문화예술체험 프로그램이 있다. 먼저 신나는 예술여행 사이트(http://artstour.or.kr)에 가입하여 회원가입을 하면 준회원으로 등록된다. 이후 로그인하여 행정안전부 '주민서비스통합정보시스템(ok-life)'을 통하여 실시간으로 인증을 받을 수 있다. 인터넷 인증이 어려운 경우, 저소득층임을 확인할 수 있는 증빙서류[19]를 지역별 주관처에 제

19) 증빙서류로는 의료급여카드(기초수급 1종, 2종/차상위 1종, 2종) 사본, 수급자 증명서, 읍면동사무소장 추천서 또는 학교장 추천서, 지역아동센터의 경우는 기관장 확인, 저소득층 차등보육료지원대상(만 0세~4세 1~3종)은 복지대상자 보장/급여 결과통보서 등 중에 한 가지를 제출하면 된다.

출하고 확인을 받으면 정회원이 될 수 있다. 정회원으로 인증되면 개인별 포인트(5,000)가 지급되며,[20] 이후 본인이 원하는 문화 프로그램을 신청 및 예매한다. 공연 및 전시 티켓은 당일 관람장소에서 예매번호와 본인 확인 후 티켓을 수령할 수 있다. 영화의 경우는 자유관람권을 희망한 주소로 7일 이내에 받을 수 있다.

(3) 지원실적

사업은 복권기금[21]을 기반으로 추진되고 있다. 이는 복권구매자의 69.2%는 월평균 가구소득 300만원 미만의 서민층이며 이들의 호주머니에서 나온 돈으로 조성된 기금을 가난하고 소외된 계층에게 직접적인 도움을 주는데 사용해야 한다는 논리에 근거하고 있다.[22] '문화예술진흥기금' 모금 폐지 등 문화예술분야 재원의 급격한 감소로 정부는 대체재원을 '04년 4월 시행된 「복권 및 복권기금법」 제23조 제3항 제4호에 '문화・예술진흥 및 문화유산보존사업'을 규정하였다.[23]

저소득층의 문화향유욕구 증대로 전국적인 문화바우처 이용객 규모는 지난 '06년 16만 4천 554명에서 '08년 21만 7천 898명, '09년 29만 6천 279명으로 해가 갈수록 크게 늘고 있다. '09년 한국문화예술위원회는 부산을 비롯한 전국 지방자치단체에 문화바우처 예산을 매칭펀드로 해달라는 협조 공문을 보냈다.[24] 문화

20) 포인트가 차감될 때까지 자유롭게 이용할 수 있으며 개인별 포인트는 2010년 12월 31일까지 사용할 수 있다. 다만 해당기간까지 사용하지 않은 포인트는 자동 소멸되며 다음 연도로 이월되지 않는다. 각 필요한 포인트는 프로그램별로 다르며 예매 시 명시된 수요 포인트 정보를 확인할 수 있다.

21) '복권기금'의 법적 정의는 복권의 발행으로 조성되는 자금과 복권기금의 운영으로 생기는 수익금, 소멸시효가 완성된 당첨금 등으로 조성된다. 복권기금 공익사업의 근거 복권 및 복권기금법(2004.1.29 제정, 2009.5.21 일부 개정, 2009. 11.22 개정법 시행).

22) 복권위원회, 중장기 복권정책 마련을 위한 전국민 설문조사보고서. 2004.12.

23) 복권기금 문화나눔 공식 홈페이지 http://www.lotteryarts.or.kr/sub01/share_culture.asp.

표 8-8 문화바우처 지원실적 (연도별/대상별)

연도	아동 · 청소년	장애인	노인	일반	인솔자	계
2006	78,528	24,834	6,597	17,942	36,653	164,554
	47.7%	15%	4%	10.9%	22.4%	100%
2007	85,176	19,732	3,887	15,299	26,982	151,076
	56.4%	13.1%	2.6%	10.1%	17.8%	100%
2008	117,770	26,874	4,908	32,396	35,950	217,898
	54%	12.3%	2.3%	14.9%	16.5%	100%
2009	144,331	31,571	8,396	56,011	55,970	296,279
	48.7%	10.6%	2.8%	18.9%	18.8%	100%
계	425,805	103,011	23,788	121,648	155,555	829,807
	51.3%	12.4%	2.86%	14.6%	18.7%	100%

바우처 예산집행에 있어 지방자치단체의 권한을 존중하고 책임감을 부여하기 위한 조치라고 할 수 있다.

이와 같이 지방자치단체에서 얼마나 적극적으로 문화바우처 사업에 관심을 가지고 매칭펀드에 예산을 투입하는가에 따라 지역별 문화바우처 사업의 편차가 크게 차이가 난다. 해당 지자체에 문화바우처에 관심이 많은 문화혁신가(cultural entrepreneur)가 있다면 그 지역 문화바우처 사업을 활성화하는데 매우 중요한 영향을 미칠 것이다.

Ⅲ 문화바우처 사업의 성과

여기서는 문화바우처 사업의 성과에 대해서 살펴보고자 한다. 지난 2005년부터 시행되어 시작한지 얼마되지 않았고, 시행범위

24) 부산일보 2010년 3월 8일자.

도 기초생활수급자와 차상위계층을 대상으로 부분적으로 시행되고 있다. 따라서 아직 그 성과를 평가하기에는 이른 감이 있다. 하지만 단기적 성과로는 문화바우처 이용에 따른 문화체험 증가라는 성과가 나타나고 있다. 또한 문화바우처를 제공하는 각종 문화예술기관이나 프로그램의 활성화라는 문화투자의 성과도 있을 것으로 판단된다. 앞으로 중장기적으로 문화체험에 따른 문화바우처의 효과를 지속적으로 추적하여 조사할 필요가 있다. 다시 말해 차상위계층에 속하지만 아직 문화바우처를 받지 못하는 집단이 상당히 존재한다. 따라서 앞으로 문화바우처를 받은 집단(treatment group)과 그렇지 못한 차상위계층 집단(control group)을 비교분석하여 이들의 일상생활이나 경제활동에 문화바우처 수혜여부가 어떤 영향을 주고 있는지 종단면 연구를 통해 정책평가를 할 필요가 있다. 이러한 엄밀한 과학적 분석을 통해 어린 시절 또는 청년시절의 문화바우처 수혜가 생애차원에서 이들의 사회경제적 활동, 건강이나 행복에 미치는 영향을 심층적으로 추적조사할 수 있기 때문이다.

아래에서는 먼저 문화바우처 수혜자를 중심으로 만족도와 접근성을 어떻게 생각하는지, 그리고 문화격차 해소에도 얼마나 기여하고 있는지 살펴보고자 한다. 또한 시행과정상에 나타난 낙인효과나 각종 문제점들도 정리해보고자 한다.

1. 이용자 만족도

지난 2009년 문화바우처 만족도 조사결과 문화바우처를 이용한 응답자의 상당수가 만족하고 있는 것으로 나타났다. 이용자 360명을 대상으로 조사한 문화예술위원회의 자료에 따르면 응답

표 8-9 공연 · 전시 만족도

	매우 만족	약간 만족	보통	약간불만
전체 (361)	57.6%	31.9%	10.2%	0.3%
남성(76)	50.0	40.8	7.9	1.3
여성(285)	59.6	29.5	10.9	0.0
20대 이하(73)	39.7	45.2	15.1	0.0
30대(69)	72.5	23.2	4.3	0.0
40대(137)	59.1	32.8	8.0	0.0
50대(63)	58.7	27.0	12.7	1.6
60대 이상(19)	57.9	21.1	21.1	0.0
서울특별시(28)	82.1	14.3	3.6	0.0
경기도(260)	58.8	30.8	10.0	0.4
부산광역시(32)	46.9	34.4	18.8	0.0
강원도(39)	41.0	48.7	10.3	0.0

주: 지역변인의 경우 광주광역시 1명과 무응답 1명은 분석에서 제외.
자료: 2009년 문화바우처 만족도 조사결과, 문화관광정책연구원 제공.

자의 약 80% 이상이 프로그램에 만족한다고 응답했다. 여성의 경우, 30대인 경우 다른 응답 집단에 비해 매우 만족한다는 비율이 높았다. 문화바우처 프로그램 만족도에 대한 지역편차도 있다. 서울, 경기, 부산, 강원 등 4개 지역 응답자 집단 중에서 서울지역 응답자들의 경우 '매우 만족한다'고 응답한 비율은 약 82.1%로 다른 세 지역보다 상대적으로 매우 높다. 반면 강원도와 부산의 경우 그 비율은 각각 41%, 46.9%로 서울에 비해 상대적으로 낮았다.

2. 이용의 편의성

공연이나 전시프로그램이 이용자가 원하는 시간에 적기에 제

표 8-10 문화예술서비스 제공시기와 시간에 대한 적절성

	공연/전시 시기			공연/전시 시간		
	매우 그렇다	그렇다	보통이다	매우 그렇다	그렇다	보통이다
전체(361)	35.7	32.1	26.0	33.2	29.6	28.8
남성(76)	31.6	34.2	28.9	30.3	23.7	39.5
여성(285)	36.8	31.6	25.3	34.0	31.2	26.0
20대 이하(73)	31.5	35.6	27.4	26.0	30.1	31.5
30대(69)	43.5	27.5	27.5	39.1	29.0	29.0
40대(137)	35.8	35.0	21.2	38.0	27.7	27.0
50대(63)	33.3	30.2	30.2	28.6	34.9	25.4
60대 이상(19)	31.6	21.1	36.8	21.1	26.3	42.1
서울특별시(28)	39.3	25.0	25.0	28.6	32.1	25.0
경기도(260)	37.3	29.6	25.8	35.8	27.3	28.1
부산광역시(32)	34.4	37.5	28.1	34.4	37.5	28.1
강원도(39)	23.1	51.3	25.6	17.9	38.5	35.9

자료: 2009년 문화바우처 만족도 조사결과, 문화관광정책연구원 제공.

공되어야 프로그램 만족도가 높을 것이다. 이 조사에 의하면 공연이나 전시프로그램의 이용시간대가 적절하다고 응답한 비율은 약 60~70%인 반면 30~40% 정도는 다소 이에 대해 만족도가 높지 않다. 문화바우처를 이용해서 좀 더 다양한 관람 시간대와 선호에 맞게 이용시간을 활용할 수 있는 프로그램 모색이 필요함을 시사한다.

3. 형평성 측면

<표 8-8>에서 알 수 있듯, 전체 회원 유형 중 노인 및 장애인 참여율이 저조하다. 특히 거동이 불편한 중증장애인에게는 현

장방문을 필요로 하는 바우처 제도는 한계가 있다. 장애인 복지정책 집행에는 이러한 접근성(accessibility)이 중요한 의미를 가진다(오종혁, 2003). 특히 시·청각 장애인 및 지체장애인의 편의지원 부족이 문제점으로 지적되고 있다. 대부분의 소극장들은 임대건물의 지하에 위치한 경우가 많아 장애인들이 이용하기 어려우므로 소공연장 개보수지원 사업을 통해 실질적 접근성이 확보되어야 한다.[25)]

또한, 현재까지의 문화향수정책은 문화소외계층을 포함한 모든 국민이 문화 활동을 활발하게 할 수 있는 문화환경을 조성하는 것을 정책 목표로 설정하고 있으나, '경제적 취약계층'의 범위를 벗어나지 못하고 있다. 예를 들어 '문화나눔' 프로그램의 경우, 현재까지는 특정 대상층에게 보여주는 대상 분절적 방식을 취하는 경우가 많았으나, 앞으로는 '함께 보는 사업' 차원으로 나아갈 필요가 있다.

4. 낙인효과

기초생활수급권자와 차상위 계층, 장애인 등을 대상으로 실시되는 전형적인 소외계층 프로그램인 만큼 주변 시선으로부터 사회적 낙인을 받지 않도록 유의해야 한다. 정부의 보조금을 받아 문화예술을 이용하는 저소득층 집단이라는 부정적 이미지가 형성되지 않게끔 세심한 역할이 요구된다. 다음 사례에서처럼 문화바우처 이용시간이나 장소를 제약하는 경우 낙인효과가 강해지므로 최대한 자유롭게 일반인들과 섞여 이용할 수 있도록 배려할 필요가 있다.

---

25) 한국문화예술위원회 감사(2006.10.24).

사례 일방통행 문화바우처 장애인에 '文化 폭력'

소아마비로 세 살 때부터 목발을 짚어온 2급 지체장애인 신모(40)씨. 그는 요즘 정부 탁상행정의 실상을 몸으로 느낀다. 자유롭게 쓰지 못하고 정해진 시간과 장소에서 정해진 콘텐츠만 이용할 수 있는 바우처 제도 때문이다.

신씨는 "장애인들끼리 몰려다니다 동물원 원숭이처럼 사람들의 구경거리가 되는 게 얼마나 큰 상처가 될지 정책 당국자가 상상이나 하겠느냐."고 말했다.

장애인들은 새 제도가 영화·공연 등의 시간·장소를 지정하기 때문에 단체관람을 할 수밖에 없으며 수치심을 느끼게 만든다고 말한다. 또 장애인들이 선호하는 영화의 편성비율이 전체 문화콘텐츠의 20% 이하로 규정된 것도 현실을 무시한 것이라고 주장한다.

장애인의 이동 편의에 대해서도 문제를 제기한다. 전동휠체어를 이용하는 소아마비 1급 지체장애인 안모(54·서울 구로동)씨 역시 지난해 문화바우처 사업을 이용해 영화만 6차례 관람했다. 대형 멀티플렉스 영화관이 동네와 가까워 이동하기도 쉬운데다 장애인 편의시설도 잘 갖춰져 있어 즐거움이 컸다. 그러나 이달 초 뮤지컬을 보기 위해 찾았던 대학로의 극장은 지하에 있는데다 엘리베이터도 없었다.

자료: 서울신문 2006년 7월 15일자

5. 시행상 문제점

1) 문화바우처의 홍보와 정보제공

지역에 따라 차이는 있지만 평균적으로 문화바우처를 이용하는 사람 절반은 이 프로그램이 복권 수익금으로 운용된다는 사실조차도 모른다. 아래 <표 8-11>에서 잘 나타나듯이 문화바우처 이용자 중에서 홍보물이 충분하다고 느끼는 응답자들도 절반밖에 되지 않는다. 이로 인해 해당 제도를 접할 수 있는 소수의 개인들과 특정 단체들만이 혜택을 누리는 문제도 발생한다.[26)]

26) http://www.cctoday.co.kr/news/articleView.html?idxno=186605

표 8-11 문화바우처가 알려진 정도

	문화바우처가 복권 수익금으로 운영된다는 사실		문화바우처를 소개하는 읽을거리(홍보물)가 풍족하다			
	안다	모른다	그렇다	그저 그렇다	부족하다	무응답
전체 (361)	52.1%	47.9%	51.0%	26.3%	21.6%	1.1%
남성(76)	60.5	39.5	51.3	25.0	21.1	2.6
여성(285)	49.8	50.2	50.9	26.7	21.8	0.7
20대 이하(73)	45.2	54.8	53.4	26.0	17.8	2.7
30대(69)	59.4	40.6	55.1	26.1	18.8	0.0
40대(137)	56.2	43.8	49.6	26.3	23.4	0.7
50대(63)	46.0	54.0	49.2	23.8	27.0	0.0
60대 이상(19)	42.1	57.9	42.1	36.8	15.8	5.3
서울특별시(28)	71.4	28.6	46.4	32.1	17.9	3.6
경기도(260)	50.4	49.6	50.0	27.3	22.3	0.4
부산광역시(32)	40.6	59.4	62.5	18.8	15.6	3.1
강원도(39)	61.5	38.5	51.3	20.5	25.6	2.6

자료: 2009년 문화바우처 만족도 조사결과, 문화관광정책연구원 제공.

현재 웹기반의 회원가입 및 실명인증(한국신용정보 사이트)에서 상당수 신청자들이 어려움을 겪고 있다. 모든 회원가입 및 공연 예약 절차가 인터넷을 통해 이뤄지므로 웹 접근성이 떨어지는 노인 및 장애인 대상자의 경우 상대적으로 다른 집단에 비해 프로그램 등록에 어려움을 겪는다. 물론 문화바우처 콜센터(1588-5683)를 통해 회원으로 가입할 수 있으나 이에 대한 홍보가 부족하다. 결국 문화바우처 이용자에 대한 충분한 정보를 제공하지 못해 제도 취지를 충분히 살리지 못하고 있다.

지자체에 따라 적극적으로 문화바우처를 홍보하여 정책수혜집단을 효과적으로 확충해 가는 곳도 있다.[27] 지자체의 관심과 담당공무원의 열정이 상당히 큰 변화를 유발하는 것이다. 하지만 대체로 지자체의 경우 기본적인 홍보계획은 수립되어 있으나 구체적인 방법은 제시되어 있지 않다. 여전히 지자체들이 해당 지역의 정치적 쟁점이나 산업경제 문제에 파묻혀 문화바우처에 대한 정책적 관심을 쏟을 여유가 부족해 보인다.

2) 양질의 프로그램 확보의 어려움

현재 지역주관처에서 제공하는 문화바우처 프로그램에 있어 상당한 수준 차이가 존재한다. 특히 서울에 우수 프로그램이 집중되어 원정 이용 등으로 지방의 바우처 이용자들의 이용 만족도가 떨어지고 있다. 또한 우수(인기) 프로그램의 경우 문화바우처 이용자들이 접근하는 데 한계가 있다. 기획사들이 문화바우처 이용자가 아닌 일반인들만으로도 충분히 고객이 확보되기 때문이다. 현재 높은 예매율을 보이는 인기있는 문화예술행사에 문화바우처가 제도적으로 접근할 수 있는 장치를 마련할 필요가 있다.

3) 서비스 전달과정의 불투명성

문화바우처 전달과정의 투명성을 높일 필요가 있다. 그렇지 않을 경우 전달과정에서 부패가 발생할 가능성이 있다. 현재는 정회원 인증과 동시에 개인별로 연간 이용할 수 있는 포인트(5,000 포인트)가 부여되며, 포인트가 차감될 때까지 자유롭게 이

27) 부산 중구의 경우 담당공무원의 노력으로 2010년 8월 초 기준으로 전체 대상자의 약 56%(1,422명)을 등록시켰다. 이는 전국 평균 비율 7%보다 현저히 높은 수치이다(부산일보, '1천400여명에 문화공연 관람 지원 큰 보람,' 2010년 8월 3일자). 대구의 경우도 대구 문화바우처협의회 실무자들이 적극 문화바우처 수혜자를 발굴하고 문화바우처 프로그램 제공기관인 공연단체나 기획사들과 긴밀히 협조하여 사업규모를 크게 늘린 것으로 알려졌다(영남일보, '문화바우처, 널리 알리고 수혜자・참여단체 늘릴 것' 2010년 4월 7일자 19면).

용 가능하다. 하지만 웹상에서 인증과 티켓구매가 이루어지므로 아이디 및 비밀번호 도용으로 인한 부정수급 사례가 발생할 수 있다[28](관련자 블로그 검색).

> **사례 문화바우처 인터넷 등록과 사용절차의 문제**
>
> 문화바우처 정회원으로 등록된 장애인들 이름으로 '만경관' 영화티켓을 서른 장 가까이 신청했다. 그 영화표는 그 단체의 회원인 또는 야학 학생인 장애인들의 이름으로 신청한 것이다. 그러면 적어도 그런 결정을 하기 전에 그 사람들의 의견을 물어보고 처리해야 하지 않는가?
>
> 그런데 오늘 그 영화표를 사무실 활동가들한테 두 장씩 선물로 나눠주는 것이다. 기가 찰 노릇이다. 그것이 자기 개인 것도 아닌데 어떻게 활동가들한테 선물로 줄 수가 있는가? 자신의 이름으로 영화표를 신청했는지도 모르는 사람들도 많을 것이다. 그리고 문화바우처의 혜택을 보는 사람도 대표님과 그 무리들이다. 자신의 이름으로 표를 끊었는지도 모른 채 자신의 바우처 점수는 다 쓰게 되는 것이다.

4) 문화바우처 사업의 적절한 평가와 모니터링 부재

(1) 지역주관처 성과 평가 문제

공연전시나눔사무국에서 지역주관처를 선정(심의)하는 체계를 갖추고 있으나, 심의위원의 구성 등에 대해서는 구체적인 기준이 마련되어 있지는 않다. 현장 모니터링을 통해 지역주관처 역량평가를 시행하고 있으나, 보다 객관화된 외부 전문가 등으로 구성된 지역주관처 선정 심의위원회 등의 구성을 통하여 선정과정을 공정성과 심사의 내실을 기할 필요가 있다.

(2) 객관적인 바우처 만족도 평가체제 개선

문화바우처사업은 홈페이지 게시판 및 만족도조사를 통하여 모니터링을 하고 있다. 그러나 체계적이며 정기적 모니터링 실시

28) http://blog.daum.net/dosara/730.

및 조사대상 프로그램 선발기준 등에 대한 객관성과 적정성을 높여야 할 것이다. 앞으로 문화예술위원회 사무국 차원에서 정기적으로 모니터링 실시 및 평가기준(안) 등을 마련하여 관련 모니터링을 강화하는 것이 필요하다.

(3) 주관 사업자 선정의 공정성 제고와 관리기관의 역량

전국 16개 광역시도별로 문화바우처 주관기관을 선정하고 있는데 이 과정을 투명하고 공정하게 운영할 필요가 있을 것이다. 사업자 선정절차, 기준, 심사위원 등에 있어서 공정성과 투명성을 확보하여 뛰어난 주관기관을 선정할 수 있어야 한다. 이들 주관조직의 역량에 따라 바우처 사업의 성패가 상당부분 영향을 받기 때문이다. 지방자치단체의 낮은 관심에도 불구하고 이들 주관단체가 적극적으로 문화바우처를 적극 홍보하고 좋은 문화예술기획사를 문화바우처 사업에 연계할 수 있기 때문이다. 현재, 형식적인 정산 이외에 특별한 사후관리가 이루어지지 못하고 있다. 프로그램에 대한 민간위탁 단체 및 참여자들의 평가라든지, 참여자들의 분포와 성격, 만족도 등에 대한 평가 — 인지적 관점에서의 프로그램 평가, 장애인 참여를 제한하는 요인에 대한 분석, 참가자 만족도 등 — 사업에 대한 실질적인 사후관리가 필요하다. 또한 수직적 행정체계와 형식적인 운영으로 인해 수혜자들의 이해와 요구가 반영되는 횡적 연계사업 모색이 요청된다(최준영, 2003).

(4) 사회복지 서비스 및 프로그램과의 연계 부족

대부분의 사업 대상자들에게 문화바우처 제도의 존재 자체가 알려져 있지 않은 상황에서 기존 사회복지 전달 체계와 연계하여 문화바우처 프로그램을 알리고 참여를 제고할 필요가 있다. 그리고 장기적으로 문화기본권 및 문화복지 프로그램이 사회복지

프로그램의 주요한 축으로 자리잡게 할 필요가 있다.

Ⅳ 문화바우처의 발전방향과 전망

1. 문화바우처의 인프라 조성

1) 지역사회 다양한 문화예술 공동체의 활성화

문화바우처가 제대로 효과를 발휘하려면 해당 지역사회에 다양한 문화예술단체들의 풍부한 문화예술프로그램들이 존재해야 한다. 위에서 살펴본 뉴욕시 문화바우처가 성공할 수 있었던 이유도 이미 수많은 소극장들이 다양한 유형의 풍성한 프로그램을 관객들에게 제공하고 있었기 때문이다. 우리의 경우 아직도 지역 간 문화예술 인프라나 프로그램 품질에서 커다란 격차가 존재한다. 특히 서울을 중심으로 한 수도권에 상대적으로 저렴하면서도 양질의 문화예술 프로그램들이 집중되어 있다.[29] 또한 해당 광역시도 내에서도 지역 간 문화인프라 격차가 크다.[30]

---

29) 강원도의 경우 도내 문화바우처 이용자들이 서울 원정관람도 하고 있다. 문화예술 프로그램의 가격과 품질이 서울보다 비싸고 그 수준도 떨어지기 때문이다. 강원도 내에서 열리는 연극이나 뮤지컬은 신청인원이 예매가능 인원의 10%도 안 되지만, 서울에서 열리는 전시회나 뮤지컬에 대한 예매는 강원도 바우처 이용권자에게 인기가 많다고 한다(강원도민일보, '문화바우처 외면 받는다,' 2010년 9월 14일자). 이처럼 인근 지역에 만족할만한 문화예술바우처 프로그램이 없을 경우 그 선택권이 제한을 받을 수밖에 없고, 서울까지 관람 원정을 가는 불편을 겪고 있는 것이다. 한편 문화바우처 프로그램 주관 주체에 따라 이용가능한 프로그램들이 해당 지역사회로 한정하는 경우도 많기 때문에 문화소외 지역의 바우처 이용권자들의 불편이 클 것으로 예상된다.

30) 동일한 행정구역 내에서도 인구나 지역경제에 따라 문화인프라가 차이난다. 특히 광역자치단체의 경우 이러한 문제는 더욱 심각하다. 예를들면, 충북의 경우도 청주, 진천, 충주에 문화프로그램이 집중되어 있어 문제가 되고 있다. 충북의 타 지역 문화바우처 이용권자들은 해당 지역사회에서 선택할 수 있는 문화예술 프로그램이 부족하여 문화예술에 대한 선택권에 제한을 받고 있다. 문화

2) 지방자치단체의 관심과 열정

아직 문화바우처에 대한 지자체의 관심은 중앙의 주관부처인 문화체육관광부에 비해 매우 약하다. 광역시도에 따라서 문화바우처의 매칭펀드 예산을 책정하지 않아 신문에 보도되는 사례도 더러 있었다. 무엇보다 지자체의 낮은 관심은 지자체의 재원의 한계나 단체장의 관심부족 등 문화정책에 대한 무지에서 비롯된다. 이를 개선하기 위해서는 중앙정부, 문화예술계, 언론과 싱크탱크 등 유관 정책공동체를 중심으로 문화격차 해소를 위한 다양한 정책수단에 대한 고민이 필요하다. 문화바우처도 이에 대한 하나의 대안인데, 이를 정부, 언론, 시민사회, 정책공동체 등에서 적극 알리는 노력들이 필요하다.[31] 나아가 중앙에서 지원하는 각종 문화예술 관련 지원책을 통합하여 제공함으로써 문화바우처 사업에 적극 참여하도록 유도할 필요가 있다. 이를 위해 문화체육관광부내 각 부서에서 지자체에 지원하는 정책들을 분리할 것이 아니라 종합하여 기획·조정하는 정책관리가 요망된다. 즉, 도서관, 관광, 축제 등 다양한 영역에 걸친 지원책을 통합하고

예술 기획사의 경우 인구가 많은 청주와 충주에서 대규모 공연과 전시회를 기획하기 때문이다(중부매일, '지자체관심 절실한 문화바우처,' 2010년 10월 9일자). 전북의 경우도 전주, 군산, 익산 등 주요 도시에 문화시설이 편중되어 도농간 문화격차에 따른 문화바우처 이용권의 제한이 심각하다(전북도민일보, '서민위한 문화조례 제정 다급,' 7월 29일자). 강원도의 경우도 춘천, 원주, 강릉에 문화시설이 집중되어 있기 때문에 도내 타 시군지역 문화바우처 이용자들이 불편을 겪고 있다(강원도민일보, 2010년 9월 14일). 이처럼 도농 문화격차에 따른 문화시설 소외지역주민의 문화바우처 이용에 대한 특별한 정책고려가 요망된다. 교통편의의 제공뿐만 아니라 이들 문화적 소외지역에서 다양한 문화예술 프로그램들이 제공될 수 있는 정책지원이 절실하다.

31) 2010년도 울산광역시의 경우 전국 16개 시도 중 가장 적은 5천1백원의 예산(전체 예산은 62억원)을 배정받았지만 이에 대한 매칭펀드 예산을 전혀 책정하지 않았다. 그 이유로 2010년 예산은 지난 2009년 9월에 예산편성이 완료되었는데 문화체육관광부의 협조공문은 11월초에 받았기 때문이라고 한다. 이에 추경예산을 통해 매칭펀드 예산 5천 1백만원을 확보할 것으로 알려졌다(경상일보, '울산 올해 문화바우처 사업비 전국 꼴찌,' 2010년 3월 22일자).

여기서 문화바우처를 연계하여 지원해야 한다. 그리하여 지자체가 중앙의 예산을 지원받을 때 그 전제조건으로 일정수준의 문화바우처를 활성화해야 한다는 것을 명시할 필요가 있다.

3) 문화예술 중간조직의 활성화

문화예술의 중간조직들은 문화바우처 전달체계에서 정부, 서비스 제공자, 이용자들과 더불어 중요한 역할을 수행한다. 문화바우처 사업을 실제 집행하는 제공자 역할을 하기도 한다. 특히 이들 중간조직들 중 뛰어난 역량으로 좋은 사업성과를 받는 기관도 있다. 예를 들면, 제주문예재단(2007년과 2009년 우수 주관처로 선정됨)의 경우 사업의 충실성, 문화복지분야의 기여도, 해당단체의 추진역량 등에서 좋은 평가를 받았다.[32] 또한 전북 문화바우처 주관기관인 효자문화의 집도 투명한 운영으로 신뢰도를 높이고 세심한 모니터링으로 2009년 전국우수운영단체로 꼽혔다.[33] 이러한 성공적인 중간조직들이 많아져야 문화바우처가 성공할 수 있다.

4) 혁신적 문화예술활동가

위에서 논의한 지역사회의 문화예술활동, 지방자치단체의 열정, 문화예술 영역의 중간조직들은 바로 이들을 구성하는 사람들의 열정에 의해 그 성과가 큰 영향을 받는다. 혁신적 문화예술활

32) 관련기사는 제민일보, '제주문예재단, 2009년 문화바우처사업 우수 주관처 선정,' 2010년 2월 24일자 보도.

33) 전주 효자문화의 집 관장인 김선태씨는 사업 운영의 투명성과 신뢰성을 높이기 위해 매년 문화바우처 사업설명회와 평가회를 개최하고 있다. 실제 수혜자들이 문화바우처 프로그램을 이용하는지 일일이 모니터링도 하면서 사업의 투명성을 제고하고 있다(전북일보, '5년 연속 문화바우처 전북 주관처로 선정된 효자문화의 집 김선태 관장,' 2010년 3월 24일자).

동가는 문화예술 행정을 담당하는 관리자, 문화바우처를 주관하는 기관의 관리자, 지역사회의 문화예술인 등 다양한 집단에서 나올 수 있다. 지자체의 낮은 관심에도 불구하고 특정 지자체의 경우 문화바우처에 적극적이며 상대적으로 다른 지자체보다 뛰어난 사업추진 역량을 보이는 경우가 있다. 특히 문화바우처 담당 공무원의 헌신적 열정이 있었기 때문인데, 부산 중구가 여기에 해당한다.[34] 또한 제주도, 전라북도의 사례는 문화바우처 주관기관이 뛰어난 역량을 발휘하여 문화바우처 프로그램을 활성화한 예이다. 따라서 혁신적 문화예술활동가들이 자유롭게 성장하고 활동할 수 있도록 해 주어야 한다. 이들이 창의적인 정책아이디어를 만들고 문화를 활성화시키는 각종 네트워크를 구축하고 나아가 문화전달체계에 끼인 각종 장애물을 열정과 리더십으로 극복해 갈 수 있는 정책혁신가(policy entrepreneur)이기 때문이다.

---

34) 부산 중구청 문화바우처 담당자인 이종연(45세 여성)씨는 지난 2009년 6월부터 이 업무를 수행했다. 당시 약 2,500명 수혜대상자 중 문화바우처 등록자는 10명 정도에 그쳤지만, 이종연씨의 노력으로 1,422명까지 증가했다. 전체 수혜대상자의 50%이상을 문화바우처 이용자로 등록시킨 것이다. 수혜자의 문화바우처 등록 비율이 7%에 불과한 것과 비교하면 매우 큰 수치이다. 처음에 문화바우처 대상자들은 웹사이트(www.cvoucher.kr)를 이용해 등록을 해야만 하는 절차 때문에 등록을 하지 않았다. 이들의 경우 대부분 컴퓨터가 없었기 때문이다. 그는 대상들에게 전화를 걸어 바우처 사업을 설명하고 등록하도록 알렸으며, 웹사이트 등록업무도 대신해 주었다. 사이트 접속이 느려 하루 평균 10명 정도만 등록 가능해 등록절차에 어려움이 있었지만, 그의 노력으로 등록인원은 1,422명까지 늘어났다. 한편 문화바우처를 적극 이용할 수 있도록 프로그램이 있을 때마다 50~60명에게 휴대전화 문자 메시지나 전화로 통해 알렸다고 한다. 조은극장 강영수 대표에 따르면 "대개 문화바우처 대상자로 등록했더라도 실제로 각종 공연을 보는 것은 많지 않은데 부산 중구 바우처 등록자가 모두 공연을 관람했다는 것은 이례적이라고 했다"(부산일보, '1천400여명에 문화공연 관람 지원 큰 보람.' 2010년 8월 3일자 10면).

2. 문화바우처의 정책설계[35)]

1) '맞춤형 바우처'를 위한 노력

맞춤형 바우처를 위한 노력의 기본 개념은 공급-수요 간 매칭(case by case)을 원칙으로 대응하는 것이다. 또한 세부적 사항으로는 기획단계-실행단계-만족도와 같은 순서로 모니터링을 거칠 필요가 있다. 그리고 프로그램 부가서비스(전시장 안내, 수화 통역 등)와 이동수단(콜택시 이용 등) 등을 마련할 필요가 있다. 현재 문화바우처 가맹 은행이나 카드회사 등의 상시적인 전화상담원 콜센터 운영도 민간 중간조직들도 함께 참여할 수 있는 방향으로 확대될 필요가 있다.

2) 문화바우처의 충분한 예산확보와 단계적 확대

현재 협애한 문화바우처 서비스 범위에 대한 제고가 필요하다. 이를 위해 개인적 차원에서 이루어지는 공연 및 전시 등을 제외한 모든 프로그램을 선택할 수 있도록 하는 방안(제외 원칙과만 제시하고 모든 프로그램으로 확대) 등을 생각해 볼 수 있다. 더불어 현재는 문화바우처 서비스 범위가 공연, 전시에 제한되어 있으나, 추후 도서, 음악, 미술 재료 및 도구 등에 대한 구입 등으로 확대할 필요가 있다는 주장이 있다.[36)] 그밖에도 패션이나 디자인, 문학과 같은 텍스트 분야 등 지속적으로 문화바우처의 적용 대상을 다양화해 나가야 할 것이다.

35) 이 부분은 2010년 10월 문화의 달 행사 기념발표 '문화바우처 효과성 증대방안' 논문내용을 수정보완하였다.

36) 이와 관련하여, 2009년부터 시범 운영되는 체육바우처는 선택 범위에 체육강좌와 체육물품을 모두 포함하고 있으며, 체육강좌와 체육물품 구입은 별도의 체계로 운영하고 있음.

3) 문화바우처 전달과정의 투명성

앞서 지적한 바와 같이 문화바우처 전달과정의 투명성을 높일 필요가 있다. 문화바우처 수급대상자 선정에서부터 실제 문화바우처를 활용한 문화서비스의 이용과 대금결제에 이르기까지 전 과정이 투명하게 이루어져야 한다. 다만 이용자의 개인정보 보호를 위해 보안장치가 요구된다. 현행 문화바우처 방식은 웹상에서 인증과 티켓구매로 적립된 포인트가 소진될 때까지 사용가능한 특징이 있다. 하지만 아직까지 본인 확인절차나 보안체계는 취약하다. 이 때문에 웹 보안체계의 불완전성을 틈탄 불법행위나 프라이버시 보호의 취약점을 활용하여 아이디 및 비밀번호를 도용하는 부정이 발생할 수 있다.[37]

앞으로 현재 웹상에서 등록절차가 이루어지고 있지만 이를 문화복지카드로 전환시켜 이용상 편리성과 본인 인증을 강화할 수 있는 보완장치가 필요하다.[38]

4) 문화바우처 운영: 유사 제도의 통합

현재 각각 운영되고 있는 문화・체육・관광 바우처를 통합하는 것이 효율적이라는 주장이 제기되면서 이에 대한 논쟁이 한창이다. 현재는 개별 바우처사업을 문화체육관광부 내에서 서로 다른 부서에서 담당하고 있다. 그러나 문화바우처 운영기관을 통합해야 더 효율적이며 다양한 서비스 개발을 통해 유관 프로그램을 연계하는데 유리하다.[39]

---

37) http://blog.daum.net/dosara/730.

38) 최근 모철민 문화1차관은 최근 언론 인터뷰에서 복지카드로의 변경을 시사했는데 관련 추진내역을 손쉽게 실시간으로 온라인 전자방식으로 모니터링할 수 있는 시스템 구축이 필요하다고 말했다(연합뉴스, '문화바우처, 문화복지카드로 바뀐다.' 2010년 8월 26일자).

39) 문화체육관광부에서 문화바우처, 여행바우처, 스포츠바우처 등 다양한 바우처

문화-체육-관광 바우처를 분리해서 운영하면 정책 목표만큼 도달할 수 있는 프로그램 설정이 가능하나, 통합하면 각 영역에서 도달하고자 하는 목표를 달성이 어려울 수도 있다. 하지만 단일 부처내에서 이루어지는 개별 바우처 프로그램들은 운영시스템을 통합하는 것이 이용자의 편리성과 접근성, 다양한 통합 서비스의 개발, 모니터링 측면에서 장점이 있을 것으로 판단된다.

3. 문화바우처의 전망

1) 수용자 문화정책의 파워

최근 문화정책의 기조는 다양한 사람들이 창의적 아이디어를 자유롭게 표출할 수 있는 문화환경, 인프라, 제도형성을 강조하고 있는데 이는 수용자의 편의와 선호를 배려하기 위한 것이다. 수용자 중심의 문화정책의 패러다임 확산이다. 이미 영국이나 일본 등 문화산업 선진국들은 문화수용자 중심으로 정책방향을 꾸려가고 있다(한국교육방송공사 제작팀 · 김명진 · 박유정, 2009). 지역주민 중심, 관객 중심, 문화소비자 중심이 바로 수용자 중시 문화정책의 철학인 것이다. 지역사회 주민 모두가 적극 참여하고 편안하게 문화예술을 향유할 수 있도록 하기 위함이다. 최근에야 한국정부도 수용자 중심으로 문화정책 전달체계를 바꾸고 있는데, 그

사업을 시행하다고 보면 동일 부처 내에서도 개별 바우처 사업간 중복지원으로 효율성과 효과성이 떨어질 수 있다. 이런 경우 여러 바우처를 묶어 통합 · 관리하는 묶음형 바우처(bundled voucher)를 만드는 방안이 있다. 문화예술, 체육, 여가를 가구단위로 묶어서 통합관리를 하면 가구단위로 지원되는 각종 서비스의 연계성과 통합성을 높일 수 있다. 향후 이러한 묶음형 바우처로 문화사랑카드로 형태로 가구단위로 발급할 필요가 있다. 가구원 중 청소년의 경우 문화바우처, 스포츠바우처, 직장인의 경우 여행바우처 등을 동일 카드로 사용할 수 있도록 함으로써 개별방식에 비해 이용자의 효용성도 높일 수 있을 것이다. 이를 위해 수용자 중심의 '문화사랑카드'를 통합관리하는 공공법인[문화사랑재단]을 신설하여 운영을 맡기면 될 것이다.

정책산물이 바로 문화바우처라는 정책수단이다. 특히 문화바우처는 소외계층의 문화향유 기회를 확대하고 문화격차를 해소하는데 도움을 주기 때문에 이는 문화민주주의 구현, 문화예술의 저변 확대, 창조산업에도 기여할 것이다.

2) 문화재정 운용방향: 문화격차 해소와 유년층 투자 확대

현재 투입되고 있는 문화바우처 예산 규모는 계층 간 발생하는 문화격차를 해소하고 소외계층의 문화향유기회를 확대하기에는 너무나 부족하다.[40] 지역사회의 모든 주민이 문화예술 기회를 충분히 누릴 수 있는 문화민주주의를 구현하기 위해서는 상당한 예산이 추가로 확보되어야 한다.[41]

한편 문화바우처 설계시 수혜대상을 가구가 아닌 개인을 대상으로 산정해야 한다.[42] 또한 적용대상도 어린이에 중점을 두어 유년시절에 빨리 다양한 문화예술 체험을 할 수 있도록 해야 한다. 조기 문화교육이나 체험이 전 생애 차원의 정치, 사회, 경제

---

40) 현재 문화체육관광부의 조직편제는 문화산업을 중시하는 방향으로 짜여져 있다. 반면 문화격차 해소나 일반 국민의 문화 수준을 높여 문화의 기초를 강화해 문화민주주의를 구현하기 위한 조직편제는 등한시되고 있다. 문화산업도 기초연구에 해당되는 일반국민의 문화수준을 높이지 않고서는 성장하는데 한계가 있다. 이 때문에 문화예술의 저변을 확대하는데 재원과 조직역량을 집중해야 될 것이다.

41) 2010년 문화바우처 회원으로 가입된 인원은 기초생활보장 수급자 150만명(2009년 기준), 차상위계층 등을 포함하여 약 3백만명 중 약 30만 명이 가입되어 있다. 이는 수혜대상 집단 중 10%에 불과하다. 더구나 이들이 1년 동안 5,000포인트를 모두 사용하려면 약 150억원의 예산이 필요한데 2010년의 경우 문화바우처 예산은 67억원에 불과하여 30만 문화바우처 회원 중 약 13만4,000여명(가입자의 45% 수준)만 사용할 수 있다(이데일리, 'MB 지원 약속한 '문화바우처' 어떻게 운영되나?' 2010년 8월 25일자).

42) 그런데 기획재정부와 문화체육관광부 사이에 문화바우처 예산기준을 개인단위 또는 가구단위로 할 것인가를 두고 이견이 있는 것으로 알려져 있다. 가구단위로 할 경우 문화바우처 수혜대상자를 선별할 때 편리할지 모르지만, 가구 규모의 상이성, 가구내 구성원간의 문화선호의 차이 등을 고려할 수 없고 현재의 지원기준과 예산 규모로는 가족 관람에도 제약이 너무 크다.

활동에 긍정적 영향을 주기 때문이다. 이런 점에서 보다 많은 문화바우처의 예산이 바로 어린이나 청소년에 집중될 필요가 있다.

3) 문화바우처의 창조산업 진흥효과

문화바우처라는 정책수단은 창의산업을 육성하는 밑거름이 된다. 1차적으로는 소외계층의 문화소비 지출을 증가시켜주지만 연관 문화산업을 지원하는 효과도 있고, 이들은 향후 문화소비층으로 성장할 것이다. 더구나 문화바우처를 중산층 어린이나 청소년층까지 확대할 경우 이들은 미래의 창조산업 역군이자 동시에 훌륭한 소비자층으로 성장할 것이기 때문이다.

나아가 문화바우처와 더불어 여행바우처나 스포츠 바우처가 시행단계에 있는데 이들도 함께 묶어 통합관리할 수 있는 방안도 고려해야 할 것이다.

한편 문화바우처의 정부재원 확충문제는 소외계층의 문화격차를 해소하고 문화민주주의를 구현한다는 측면에서 전향적으로 접근해야 한다. 문화정책의 재원배분 우선순위를 여기에 두어야 한다는 것이다. 현재 차상위계층까지 문화바우처 범위를 확대하고 있으나 이들 대상집단의 절반도 문화바우처 혜택을 누리지 못하고 있다. 앞으로는 중위소득집단까지 문화바우처를 향유할 수 있도록 제도를 확장해 나가야 할 것이다.

참고문헌

김경욱, (2003), 문화민주주의와 문화정책에 대한 새로운 시각, 『문화경제연구』, 6(2): 31-52.

김소영, (2006), 문화바우처 제도 추진을 위한 전략과제, 『정책 & 지식』, 제183호: 22-24.

문화체육관광부, (2010), 『2009 문화정책백서』.

문화관광부·문화관광정책연구원, (2000, 2003, 2006), 각 연도별 『문화향수실태조사보고서』.

문화관광부·한국문화정책개발원, (2002), 『2002 국민문화지수 개발연구 종합보고서』.

문화관광부·한국문화정책개발원, (2002), 『국민문화지수 개발연구 종합보고서』.

손진은, (2005), 문학교육과 문화의 수용문제, 『새국어교육』, 69: 33-60.

서울시정개발연구원, (2004), 서울시민의 문화격차 실태와 정책과제, 2004년 11월 11일 서울시정개발원 연구원 주최 공개토론회.

윤용중, (1998), 문화예술 소비의 소득계층간 불평등도 (不平等度) 분석과 그 정책적 함의, 『재정논집』, 13(1): 165-184.

양건열, (2003), 『주요 국가 문화예술지원 프로그램 연구』, 서울: 한국문화관광정책연구원.

양종회·권숙인·김우식, (2003), 『영국의 문화산업체계』, 서울: 지식마당.

오종혁, (2003), 『지체장애인의 접근권이 삶의 질에 미치는 영향에 관한 연구』, 전남대학교 대학원 박사학위 논문.

유한욱, (2006), 『재정효율성 제고를 위한 시장원리 활용방안: 바우처제도를 중심으로』, KDI.

정광호, (2010), 문화바우처 효과성 증대방안, 문화의 달 행사 기념 발표논문.

______, (2008), 『바우처 연구』, 서울: 법문사.

______, (2005), 문화바우처 제도의 도입과 정책과제, 서울대학교 행정대학원, 정책&지식 포럼.

정광호·최병구, (2007), 문화격차분석과 문화바우처 설계, 『지방정부연구』, 10(4): 63-89.

조돈문, (2005), 한국사회의 계급과 문화: 문화자본론 가설들의 경험적 검증을 중심으로, 『한국사회학』, 39(2): 1-35.

최준영, (2008), 문화바우처제도 평가와 이후과제, 『복지동향』, 통권 제115호, pp.42-46.

한국교육방송공사 제작팀·김명진·박유정, (2009), 『AGON, 경쟁이 즐거운 나라』, 서울: 시공사: 지식채널.

한국문화관광연구원, (2009), 『문화예술 분야 기부 활성화를 위한 정책적 지원 방안 연구』.

한국문화예술위원회, (2006), 감사 자료.

한국문화예술위원회, (2007), 『문화바우처 세부추진계획서』.

한국문화예술위원회, (2009), 『복권기금 문화나눔사업 성과평가 연구』.

池上 惇(아케가미 준), (1991), 『文化經濟學のすすめ』.

丸善書店, 강은선 역, (1996), 『문화경제학 입문』, 서울: 매일경제신문사.

Baumol, W. J. (1979), On Two Experiments in the Pricing of the Theater Tickets. In Michael J. Boskin (ed.), *Economics of Human Welfare* (pp.41-58). New York: Academic Press.

Baumol, W. J., & Bowen. W. G. (1966), *Performing Arts: The Economic Dilemma*. Cambridge. Harvard Univercity Press.

Bawden, A. B. (2002), *Access and The Cultural Infrastructure*. Center for Arts and Culture. Art, Culture & the National Agenda Issue Paper. (www.culturalpolicy.org/pdf/access.pdf).

Blau, J. R., Blau, P. M., and Golden, R. M. (1985), Social Inequality and the Arts. *American Journal of Sociology*, 91(2): 309-331.

Bridge, Gary & Blackman, Julie (1977), *Julie New York City Cultural Voucher Program. Year 2 Evaluation Report*. Columbia Univ., New York, NY. Teachers College.

Center for Arts and Culture. (2001), *America's Cultural Capital: Recommendations for Structuring the Federal Role*. Center for Arts and Culture, March 2001.

Currid, E. 2007, *The Warhol Economy: How Fashion, Art, and Music Drive New York City*. Princeton University Press. 최지아 역, (2009), 『세계의 크리에이티브 공장 뉴욕: 뒷골목 아티스트들이 이끄는 뉴욕의 예술경제학』, 서울: 쌤앤파커스.

De Graaf, P. M. (1986), The Impact of financial and cultural resources on educational attainment in the Netherlands. *Sociology of Education*, 59(4): 237-246.

Department for Culture, Media and Sport(DCMS), UK. (1998), *Creative Industries Mapping Document 1998*. London: Department for Culture, Media and Sport.

DiMaggio, P. (1982), Cultural capital and school success: The impact of status culture participation on the grades of U. S. high school students. *American Sociological Review*, 47(2): 189-201.

DiMaggio, P., and Mukhtar, Toqir. (2004), Arts participation as cultural capital in the United States, 1982 - 2002: Signs of decline? *Poetics*, 32(2): 169-194.

DiMaggio, P., and Useem, M. (1978), Social Class and Arts Consumption: The Origins and Consequences of Class Differences in Exposure to the Arts in America. *Theory and Society*, 5(2): 141-161.

EACEA (2009), *Arts and cultural education*. Culture and School report.

Eckstein, M.L, and Leon, S. (2004), *Cultural Policy at the Grassroots*. Center for Arts and Culture, July 2004.

Edwards, C. (2009), *Agricultural Subsidies*. June 2009. Cato Institute(http://www.downsizinggovernment.org/agriculture/subsidies).

Ensor, Tim. (2004), Consumer-led demand side financing in health and education and its relevance for low and middle income countries. *International Journal of Health Planning and Management*, 19: 267-285.

Finocchiaro Castro, M. and I. Mazza. (2001), *Capitale cultruale ed offerta volntaria id beni culturali*. Paper presented to the 12th ACEI conference at the Erasmus University, Rotterdam.

Frey, B. S. (2003), *Arts & Economics: Analysis & Cultural Policy*. Springer-Verlag Berlin. 주수현 · 유영명 · 박상현 · 최성희 (공역). (2007), 『문화예술경제학』, 서울: 시그마프레스.

Gray, C. M. (1998), Hope for the Future? Early Exposure to the Arts and Adult Visits to Art Museums. *Journal of Cultural Economics*, 22: 87-98.

Heilbrun, J., and Gray, C. M. (1993), *The Economics of Art and Culture*. Cambridge University Press.

Hirsch, E. D. (1987), *Cultural Literacy*. Boston, MA: Houghton Mifflin Company.

Janssen, Susanne and Richard, A. (2005), Peterson. Comparative research on cultural production and consumption? *Poetics*, 33(5-6): 253-256.

Lewis, Justin & Miller, Toby (Eds.). (2003), *Critical cultural policy studies: A reader*. Malden & Oxford: Blackwell.

McCracken, G. (1988), *Culture and Conumption: New Approaches to the Symbolic Character of Consumer Goods and Services*. Bloomington: Indiana University Press.

O'Hagan, J. W. (1996), Access to and Participation in the Arts: The Case of Those with Low Incomes/Educational Attainment. *Journal of Cultural Economics*, 20: 269-282.

Rawcliffe, D. (2010), Arts Funding: A New Approach. briefing paper Adam Smith Institute (http://www.adamsmith.org/files/Arts%20Funding%202010.pdf).

Rosenbaum, D. (2010), *The Food Stamp Program Is Effective and Efficient*. Center on Budget and Policy Priorities. July 23, 2010.

Scitovsky, T. (1972), What's wrong with the arts is what's wrong with society. *American Economic Review*, Papers and Proceedings, 62(2): 62-69

Smolenksy, Eugene. (1986), Municipal financing of the US fine arts museum: A historical rationale. *Journal of Economic History*, 46(3): 757-768.

Throsby, David. (2001), *Economics and Culture*. Cambridge University Press. 성제환(역). (2004), 『문화경제학』, 서울: 한울 아카데미.

______. (1994), The Production and Consumption of the Arts: A View of Cultural Economics. *Journal of Economic Literature*, 32: 1-29.

Throsby, David and Withers, Glenn. (1979), *The Economics of the Performing Arts*. London: Edward Arnold.

Towse, R. (2005), Alan Peacock and Cultural Economics. *The Economic Journal*, 115(June): F262-F276.

Trend, David. (1997), *Cultural Democracy: Politics, Media, New Technology*. New York: State University of New York Press. 고동현 · 양지영 옮김 (2001), 『문화민주주의』, 서울: 한울 출판사.

UCLA Center for Communication Policy. (2001), The UCLA internet report: Surveying the digital future, year two. Los Angeles: Author. (www.digitalcenter.org/pdf/InternetReport YearTwo.pdf) (접속일: 2010년 12월 10일).

Van Eijck, Koen. (1997), The impact of family background and educational attainment on cultural consumption: A sibling analysis. Poetics, 25(4): 195-224.

강원도민일보, 2010년 9월 14일자, '문화바우처' 외면 받는다.

경상일보, 2010년 3월 22일자, '울산 올해 문화바우처 사업비 전국 꼴찌'.

국제신문, 2010년 8월 25일자, 소외계층 "문화바우처가 뭡니까".

동아일보, 2010년 8월 24일자, 사설: 문화예술 소외지대 '찾아가는 프로그램' 늘려야.

동아일보, 2009년 12월 4일자, 이 의원, 이 법안: 한나라 윤상현 의원

'소득세법-조세특례법 등 개정안'.
무등일보, 2010년 8월 26일자, 사설: '문화바우처' 수혜 폭 획기적으로 늘려야.
문화일보, 2010년 9월 28일자, 문화부, 저소득층에 '연 20만원 스포츠관람권 지원' 추진.
부산일보, 2010년 8월 3일자, '1천400여명에 문화공연 관람지원 큰 보람'.
부산일보, 2010년 2월 23일자, 저소득층 지원 문화바우처 '10만원의 힘'.
서울경제, 2010년 10월 4일자, 문화바우처 이용률 6.4% 불과.
서울신문, 2006년 7월 15일자, 일방통행 문화바우처 장애인에 '文化폭력'
아시아투데이, 2010년 6월 9일자, 2010 서울 문화바우처 사업 본격추진.
연합뉴스, 2010년 8월 26일자, '문화바우처, 문화복지카드로 바뀐다'.
영남일보, 2010년 8월 4일자, 풀뿌리 문화운동의 확산을 기대하며.
영남일보, 2010년 4월 7일자, 문화바우처, 널리 알리고 수혜자・참여단체 늘릴 것.
이데일리, 2010년 8월 25일자, 'MB 지원 약속한 '문화바우처' 어떻게 운영되나?'
이투데이, 2010년 6월 17일자, 신한카드, '여행바우처카드' 발급 한국관광협회중앙회와 제휴… 저소득 근로자 지원.
전북도민일보, 2010년 7월 29일자, '서민위한 문화조례 제정 다급'.
전북일보, 2010년 3월 24일자, '5년 연속 문화바우처 전북 주관처로 선정된 효자문화의 집 김선태 관장'.
제민일보, 2010년 2월 24일자, '제주문예재단, 2009년 문화바우처사업 우수 주관처 선정'.
중도일보, 2010년 4월 1일자, 문화바우처 예산 2배이상 '껑충'.
중부매일, 2010년 10월 9일자, '지자체관심 절실한 문화바우처'.
중부매일, 2010년 9월 28일자, 문화바우처에 적극적인 관심을.
파이낸셜뉴스, 2010년 8월 4일자, 문화바우처 사업 도서구입까지 확대.
파이낸셜뉴스, 2010년 7월 12일자, 중기청, 중기 근로자 여행비 지원 '여행바우처' 실시.

다음 블로그, 풀뿌리 주민운동을 꿈꾸는 나 (http://blog.daum.net/dosara/730) (접속일: 2010년 12월 11일).
아름다운 노인생활 홈페이지 (http://www.komericanjournal.com) (접속일: 2010년 12월 11일).
충청투데이 (http://www.cctoday.co.kr/news/articleView.html?idxno=186605) (접속일: 2010년 12월 11일).

제3부

결 론

09 바우처의 주요 쟁점과 과제

정부의 성과를 측정하기 어려운 것처럼 바우처의 성과도 측정하기 어렵다. 바우처로 제공하는 서비스도 단순한 산출물(outputs)에서 결과물(outcomes), 더 나아가 그 영향(impact)까지, 단기에서 중장기적으로 그 성과를 고찰할 필요가 있다.[1)]

이러한 바우처 성과에 영향을 주는 변인으로는 경쟁 정도, 이용자의 관심과 적극적 선택권의 행사, 충분하고도 제대로 된 정보의 유통, 제공기관의 역량이나 정부의 적절한 규제와 모니터링 등 여러 요인을 꼽을 수 있다. 특히 바우처의 취지를 제대로 살리기 위해서는 제공기관 간 독과점을 제한하고 이용자의 선택권

1) 교육바우처의 경우 단기적 성과로 학생과 학부모의 선택권을 충족시키고 원하는 학교에서 만족을 느끼는 성과를 거둘 수 있다. 또한 중기적 성과로 학교선택권을 통해 학생의 공부의욕이 높아지고 성적이 향상되는 효과도 나타날 수 있다. 장기적 성과로는 대학진학률이 높아지고 취업과 소득에서도 혜택이 발생할 수도 있다. 하지만 이러한 단기에서 중장기에 이르는 성과를 과학적으로 검증하는 데는 상당한 어려움이 따른다. 한편 정보 부족이나 공급자의 고의적 차별이나 선별현상 때문에 이용자가 원하는 기관을 선정하는 데 제약이 발생할 수 있고, 공급자가 특정 이용자만을 선별하여 서비스를 제공할 수도 있다(예: cherry picking, creaming 현상). 미국의 교육바우처 경우 저소득층을 대상으로 한정하고 여기서 실제 입학할 수 있는 학생정원보다 입학자가 많을 경우 무작위 추출로 선발하도록 규제를 하고 있다.

을 보장할 수 있는 공정한 경쟁이 필수적이다. 바우처를 통해 제공되는 재화나 서비스 품질에 대한 적절한 규제와 충분한 정보제공(예: 소비자 리포트, 성과품질평가 자료의 공개)도 매우 중요하다. 그리고 무엇보다 바우처의 성공을 위해서는 이용자의 다양한 선호를 충족시키기 위해서는 많은 제공기관들이 있어서 이들이 수요에 맞는 공급을 적시에 할 수 있는 인프라가 필수적이다.

바우처의 성과는 기본적으로 경쟁과 선택에 따른 제공기관들의 품질제고 노력에서 비롯된다. 어떤 특정 지역에 하나의 기관만 존재할 경우 항상 이용자들은 오기 때문에 품질을 높이려는 동기가 약할 수밖에 없다. 그런데 현실적으로 충분한 경쟁을 통한 품질향상은 쉽지 않다. 민간 영리부문만 해도 독과점이나 담합에 따른 가격통제와 조작이 이루어지기 때문이다. 특히 품질과 서비스 평가가 어려운 사회서비스의 경우 이에 대한 판단이 쉽지가 않다. 그러나 이러한 제약에도 불구하고 한 기관만의 독점은 이용자의 요구나 선호를 반영하는 데 상당한 한계가 있다. 다른 경쟁기관이 존재한다는 것만으로도 이용자의 반응에 더욱 민감하고 적극적으로 대응하기 때문이다.

이러한 바우처 성과에 영향을 미치는 요인으로 제공기관들이 경쟁을 할 만큼 다양하고 많이 있는지, 그리고 이용자는 제공기관을 선택할 만큼 제대로 된 충분한 정보를 갖고 있는지가 관건이다. 사실 이러한 요건이 충족되지 못해 바우처가 의도한 본래 효과를 만들어내는 것이 현실적으로 어려운 경우가 많다. 그렇다고 한 기관만의 독점체제는 너무나 많은 문제점을 낳기 때문에 이에 대한 대안으로 바우처는 특효약이 될 수 있다. 이상적으로 완전정보를 가진 이용자들이 다수의 제공기관을 선택할 수 있는 상황은 아니더라도 2개 이상의 제공기관이 존재하고 어느 정도의 정보만 있어도 선택은 가능하다.

한편 제공기관 간 경쟁은 국공립, 민간 비영리, 영리 세 영역에 골고루 존재하면 유사한 공급자들이 있을 때 이상적이다. 비영리기관들만의 경쟁이나 영리기관들만의 경쟁으로는 장기적인 품질관리가 한계에 직면할 수 있다. 영리기관들만의 경쟁이 격화되어 담합이나 독과점이 발생할 경우 오히려 지나친 상업화에 따른 부작용이 나타날 수 있다. 이 경우 국공립 제공기관들이 일정부분 존재하여 이를 견제할 수 있다면 이러한 부작용을 완화할 수 있을 것이다. 예를 들면, 보육시설의 경우 국공립시설과 비영리시설이 각각 그 비중이 절반씩 나누어져 있다면 양 부문 간 경쟁과 견제가 가능할 것이며, 각 영역 내에서도 내부경쟁을 유도할 필요가 있다. 사회서비스의 경우 대부분 영리기관이 존재하지 않지만, 경우에 따라 영리 제공기관들이 있다. 아동교육 분야에 있어 대교나 웅진싱크빅처럼 민간 영리기관이 바우처 사업에 참여할 수도 있다. 이 경우 아동교육에 대한 정부지원을 대교나 웅진싱크빅만 담당할 것이 아니라 유아교육관련 비영리기관이나 국공립기관도 참여할 수 있도록 하여 영리, 비영리, 국공립이라는 세 영역이 함께 경쟁하고 견제하는 균형이 필요한 것이다.[2)]물론 이를 위해서는 바우처 사업 관련 재화나 서비스를 제공하는 국공립, 비영리, 영리부문 기관들이 골고루 나누어져 있어야 할 것이다. 문제는 현실적으로 이러한 균형적 분포가 아니라 특정 영역의 제공기관들만 주로 존재하는 경우가 많기 때문에 문제가 발생한다. 이러한 부문 간 균형은 특히 사회서비스 영역에서 정부실패, 시장실패, 비영리부문실패와 같은 문제들을 완화하

2) 만약 웅진싱크빅이 거의 모든 시장을 독점했다고 가정할 경우 가격설정이나 경쟁에 따른 서비스 향상 동기는 약해질 것이기 때문이다. 이 경우 다른 비영리 또는 국공립 유아 교육기관들이 존재하여 이를 견제할 필요가 있는 것이다.

는데 도움이 될 수 있기 때문이다.

이러한 바우처의 성과를 평가함에 있어 여러 쟁점들이 존재한다. 바우처 프로그램의 성과평가는 크게 두 차원에서 구분할 수 있다. 첫째, 바우처 방식과 다른 방식의 전달체계를 비교평가하는 것이다. 예를 들면, 보육지원의 경우 수요자 보조금인 바우처나 공급자 보조금인 위탁방식을 비교할 수 있고, 이를 확대하여 정부직접 운영과 현금지원과도 비교할 수 있다. 여러 나라에서 시행된 실험연구들을 통해 이러한 상이한 방식 간 성과차이를 파악할 수 있을 것이다. 둘째, 바우처 프로그램 내에서도 어느 정도 차이가 존재하기 때문에 지역, 기관, 이용자 집단의 특성, 정부규제 등의 특성에 따라 바우처 프로그램의 차이를 비교할 수 있다. 예를 들면, 한국의 경우 방과후 학습프로그램을 운영하고 있는데 각 학교 간 이들 바우처의 운영이나 성과에 있어 차이가 발생한다면, 그 원인이 무엇인지 분석함으로써 동일한 바우처 프로그램 내에서의 성과차이를 설명할 수 있을 것이다.[3]

I 바우처의 설계와 집행상의 난제

위에서 이미 바우처의 설계와 집행과정에서 발생하는 여러 문제들을 논의했지만 여전히 반복해서 고민해야 할 만큼 바우처의 성패를 좌우하는 중요한 쟁점들이 많다. 이들을 구체적으로 재음미해 보는 것은 바우처가 가진 효율성과 형평성의 조화로운 추구라는 이상과 실제 현실을 비교해서 조망하는데 유용하기 때

3) 방과후 학습 프로그램의 경우, 학교장의 열의와 리더십, 교사의 참여, 학부모의 관심, 학습제공기관의 특성에 따라 다른 성과를 낼 것으로 예상된다.

문이다.

어떤 공공서비스를 바우처로 제공하고자 할 경우 적절한 정책설계와 집행이 필수적이다. 그렇지 않을 경우 바우처가 가진 장점들을 제대로 살리지 못하고 오히려 단점만 부각될 수 있기 때문이다. 바우처의 정책설계와 집행 시 고려해야 될 요인으로 여러 가지를 꼽을 수 있지만 중요한 것으로 다음과 같은 것들을 유심히 살펴야 할 것이다.

첫째, 바우처의 대상자 선정이다. 예산이 충분하면 그 수혜범위를 확대할 수도 있지만 그렇다고 전국민을 대상으로 시행하는데 여러 제약이 있을 수 있다. 바우처의 목적에 따라 소득, 나이, 장애인 등급 등 여러 기준을 가지고 대상자를 선정해야 하는데 예산의 범위, 제공기관의 서비스 제공 능력, 시민의 욕구 등을 종합적으로 조사하여 결정해야 할 것이다.

둘째, 바우처를 제공할 수 있는 공급자가 충분한가이다. 바우처 관련 공공서비스를 제대로 제공할만한 기관이 부족할 경우 바우처를 사용할 수가 없기 때문이다. 이 경우 정부가 직접 행정기관을 통해 제공하거나 아니면 제공인프라를 갖춘 후에 바우처를 사용해야 할 것이다. 아직도 한국의 경우 보육시설이나 유치원은 가까운 아파트 단지나 동네에 1~2곳만 있는 경우가 많아 주거지와의 거리가 매우 중요한 선택의 기준이 되고 있다. 특히 시골이나 산간벽지의 경우 바우처를 제공하는 데 한계가 있다. 이 경우 정부의 직접 공급이나 아니면 외주를 통한 아웃소싱이 바람직할 수도 있다. 한편 바우처 제공기관이 얼마나 효율적으로 좋은 품질의 서비스를 제공할 수 있는가도 바우처 성패를 좌우하는 요인이다.

셋째, 바우처 관련 서비스의 품질에 관한 충분한 정보제공이다. 우선 바우처를 제공하는 기관에 대한 정보가 자세히 공개되고 시민들이 쉽게 이에 접근할 수 있어야 한다. 제공기관의 관리방식, 운용인력, 서비스 프로그램, 그리고 제공기관의 성과에 대한 정보가 자세히 제공될 필요가 있다.

넷째, 바우처의 경우도 제공기관과 이용자 모두 경우에 따라 도덕적 해이나 각종 불만사례들이 발생할 수도 있다. 제공기관의 경우 경쟁의 압력 때문에 기관간 담합 그리고 이용자에 대한 불편한 서비스 제공이다. 또한 이용자의 경우도 자부담(out-of-pocket money) 없이 무료로 제공할 경우 이에 따른 도덕적 해이가 발생할 우려가 있어 소득수준에 따른 최소한의 자부담은 이를 억제하는 장치가 될 것이다. 한편 제공자와 이용자 사이의 유착에 따른 각종 부정사례를 방지하기 위한 투명성과 책임성을 담보할 수 있는 제도설계가 필수적이다.

다섯째, 바우처 서비스를 효과적으로 관리하고 모니터링할 수 있는 관리기구이다. 관리기구는 대개 준정부조직으로 재단법인이나 사단법인 등의 형태를 띤다. 이들 기관은 기존에 바우처와 관련된 서비스를 제공하거나 간접적으로 관련된 협회가 될 수도 있고, 아니면 새로운 전담기구를 만들 수 있다. 현재 사회서비스 바우처의 경우 사회서비스관리원에서 각종 지불정산기능을 수행하고 나아가 제공기관이나 시민이용자들에 대한 안내와 교육 기능을 수행하고 있다. 이 기관은 보건복지부 사회서비스 바우처의 관리감독을 위해 새롭게 설립한 기관이다.[4] 앞으로 관련 바우처

4) 정부의 각종 서비스를 대행하거나 직간접적으로 관리감독하는 이러한 각종 준정부 기관들은 매우 많다. 사회서비스관리원도 재단법인으로 사회서비스 바우처 업무를 대행하는 준정부기관이다. 이들 기관의 구성원은 기존의 사회서비스 영역에 종사했던 비영리조직 관리자나 보건복지부 관료출신들로 구성되며, 한편으로 사회복지분야, 전산분야의 전문가를 충원하기도 한다. 사회서비스 관리원의 기본 성격은 공공기관 운영에 관한 법률 적용을 받으며, 이에 따라 기획

서비스의 소개, 정보제공, 모니터링 등에 대한 관리기능은 바우처 성패를 좌우할 만큼 중요하기 때문에 이에 대한 정부의 관심과 지원이 중요하다.

여섯째, 전자바우처의 경우 제공기관과 이용자 모두 디지털리터러시(digital literacy)의 중요성을 일깨워준다. 이제 사회서비스도 각종 전자방식으로 제공되고 그 성과가 평가되기 때문에 전자바우처 제공인력, 이용집단, 일선행정관료의 디지털리터러시 수준이 일정 수준 이상 전제되어야 한다. 그렇지 않을 경우 전자바우처의 효율성을 살리지 못할뿐더러 효용감이 떨어지며 불편함이 가중될 수도 있다.

Ⅱ 바우처의 미래 거버넌스

1. 전자바우처의 확산: 전달체계의 혁신과 융합

과거 바우처는 종이 쿠폰을 통해 사용되었다. 그렇지만 이제는 종이바우처는 사라졌다. 정보통신 기술의 발전으로 이제 모든 바우처는 전자바우처 방식으로 운영되고 있다. 바우처 이용자에게 직접 직불카드나 신용카드를 지급하여 바우처로 해당 서비스나 재화를 구매할 수 있도록 하고 있다. 아니면 적어도 인터넷에서 온라인으로 본인의 바우처(적립금액)만큼 서비스나 재화를 신청하고 영화관이나 체육관 등 서비스 제공기관에 가서 필요한 서비스를 이용하면 된다. 이처럼 바우처도 이제는 전자방식으로 인터넷과 결합되면서 그 사용양식이 IT시대에 맞추어 진화하고

재정부의 평가를 받는다.

있다. 최근에는 민간 금융인프라망과 연결하여 전자바우처의 선정, 지급, 결제 업무가 전산화되고 인터넷으로 조회가 가능하도록 발전하고 있다. 바우처, 인터넷, 금융인프라가 IT기술로 연계・융합되면서 전자바우처는 공공서비스 영역에 있어 대표적인 융합기술의 산물이 되었다.

최근 자동결제(Automated Clearninghouse: ACH)가 전자통신 네트워크를 통해 금융기관간 결제업무를 하고 있는데, 여기에 기업간 거래뿐만 아니라 사회보장금 결제 등 정부가 제공하는 각종 현금 및 현물서비스도 함께 사용할 수 있다. 이미 현금없는(cashless) 전자금융이 정부업무에 도입되고 있고, 여기에 전자바우처도 접목하여 전자방식의 편리함, 투명성, 신속성, 연계성 등을 다양한 이점을 누릴 수 있게 되었다.[5)]

가장 전형적인 사례가 미국 식품구입권의 전자이체(Electronic Benefits Transfer: EBT)이다. 일종의 수혜자 직불카드이며 한국의 경우 사회서비스관리원에서 다양한 유형의 전자바우처를 사용하고 있다. 일단 전자바우처로 본인 등록을 해 놓으면, 그 다음부터 바우처를 갱신하거나 바우처의 사용 내역 등을 본인이 직접 확인할 수 있는 것이다. 나아가 전자바우처 카드가 신용카드나 그 밖에 다양한 할인혜택이나 유관기능을 가지고 있다면 여러 가지 혜택을 받을 수도 있다. 그 밖에 사회복지전산망과 보건의료정보를 관리하는 보건복지정보개발원이 있다. 앞으로 이들

5) 종이 방식에 전자방식으로 업무를 처리하면 관리비용을 줄이고 각종 사기나 부패를 억제할 수 있다. 전자방식으로 정부의 보조금이나 세금관련 업무를 포함한 각종 금융거래에 있어 우표값을 절약할 수 있고, 업무처리 시간 또한 대폭 단축된다. 그리고 아직도 신용도용, 위조수표, 도난수표 등 각종 사기사건이 상당한데, 이는 결국 전자금융이 실현해야 근본적으로 막을 수 있다. 한국의 경우도 납세나 각종 공과금을 전자방식으로 운영하고 있어, 이에 따른 우편비용이나 관리시간을 대폭 경감하는 효과를 거두고 있다. 이처럼 전자화에 따른 각종 편익에 대한 효과는 Kupetz(2009)의 제 4장을 보면 잘 나타나 있다.

전자전산망 기구의 역할이 복지전달체계의 핵심을 형성할 것으로 전망된다.

위에서 이야기한 것처럼 바우처는 이제 기존 종이방식에서 전자방식으로 전환되었기 때문에 이용자, 제공기관과 제공자, 정부와 유관 바우처 관리기관은 충분한 디지털 리터러시(digital literacy)를 갖출 필요가 있다. 이용자의 경우 인터넷을 통해 자신의 전자바우처를 신청하고 바우처 사용과정에 대한 모니터링을 할 수 있어야 한다. 이러한 것이 가능하면 매우 편리하게 전자바우처의 혜택을 누릴 수 있다.

제공기관과 제공자도 인터넷과 같은 웹 방식에 바탕을 둔 시스템 운영체계와 인력관리 시스템을 만들어서 모든 복지전달체계를 전자방식으로 운영하는데 필요한 노하우와 경험을 축적해 나가야 한다. 정부와 유관기관도 전자바우처의 운용과 모니터링 전반에 대한 디지털복지(digital welfare)의 지식과 경험을 축적하여 효율적이고 투명하며 개인의 정보보호와 시스템 안정과 같은 문제들도 효율적으로 관리하고 전자바우처 시스템에 갑작스런 위기상황이 발생할 경우 이에 탄력적으로 대응할 수 있어야 한다. 전자바우처를 통해 국가, 민간제공기관, 일반 이용자, 은행이 결합하여 사회서비스 전달 네트워크가 탄생했기 때문에 이들 주체 간 긴밀한 연계성이 필요하다. 또한 이들 유관 주체 간 상호 권리와 책임에 대한 명확한 규정이 확립되어야 한다.

하지만 그렇지 못할 경우 자신의 서비스를 어떻게 효과적으로 활용할 것인지 잘 모르고 여러 가지 불편을 경험할 것이다. 또한 전자바우처 시스템의 불안이나 손상은 엄청난 혼란을 가져올 수 있다. 전자바우처 시스템 해킹에 따른 개인정보의 유출뿐만 아니라 민간은행의 인프라에 구축된 공공성을 띤 전자바우처가 영리기관의 손을 빌려 작동된다는 위험을 안고 있다. 전자바우처의 대개 공공성과 상업성이 가미되어 운영되는 일종의 하이브리드 전달체계이기 때문에, 여기서 공적 인프라가 상업성 때문에 오용되거나 훼손되지 않도록 정부의 엄격한 규제와 모니터링이 필요하다.

2. 정부와 민간의 공생, 다양한 사회적 기업의 출현

최근 바우처는 대부분 민간 비영리나 영리기관을 제공자로 하여 전달된다. 바우처가 원래 정부 직접 전달에 따른 관료독점의 폐해를 극복하기 위해 나온 정책수단이기 때문이다. 하지만 모든 공적 서비스를 민간기관만으로 운영할 수는 없다. 정부가 가진 공공성의 확대와 강화라는 본래 취지가 위축될 수도 있기 때문이다. 보육이나 교육과 같은 공공성이 강한 서비스 영역을 시장기제만으로 운영할 수는 없기 때문이다. 정부가 직접 운영하는 방식도 바우처 방식과 병행할 필요가 있다. 다시 말해 해당 지역에 정부가 직접 운영하는 보육원, 민간자선사업가가 운영하는 보육원, 영리보육원이 혼재할 경우 서로 견제와 경쟁을 통해 각 영역이 가진 장점을 살리면 일반시민들은 원하는 곳에서 좋은 서비스를 받을 수 있을 것이다. 현재 한국의 경우 보육원 시설은 거의 대부분 민간 중심으로 운영되고 있어, 국공립 보육시설의 확충이 필요하다. 해당 지역에 여러 개의 공공보육시설이 있을 경우, 여기에도 바우처를 사용해 이용자들이 선호하는 공공보육시설을 선택할 수 있도록 제도설계가 가능하다. 물론 공공보육시설과 민간보육시설 간 경쟁과 견제도 가능하다. 이처럼 정부, 비영리, 영리 각 부문 간 견제와 공생이 가능하도록 전달기제를 설계해야 하며, 어느 한 부문이 지나치게 비대하면 이에 따른 부작용이 발생할 가능성이 있다.

최근 사회적 기업에 관한 관심은 바우처의 제공기관들을 어떤 형태로 발전시키는 것이 바람직한가에 대한 논의와 연결된다. 현재 바우처로 제공되는 각종 사회서비스 일자리는 저임금의 주변부 노동시장이다. 바우처는 식품이나 각종 재화의 형태를 띨 경우 관련 산업이나 유통업계의 일자리 창출에 긍정적 영향을 준다. 하지만 사회서비스 분야의 경우 일자리 창출은 그 사정이 상대적으로 열악하다. 노동환경도 열악하고 국가의 공공보험에도 제약을 받는 경우가 허다하다. 이러한 이유는 정부의 예산제약 때문인데, 이를 해소하기 위해 정부의 재정지출을 확대할 필요가 있다. 이는 사회적 투자를 통해 사회서비스 관련 일자리가 만들어지면, 실업으로 인한 사회적 비용을 초과하는 긍정적 외부효과가 나타나기 때문이다.

한편 사회서비스 분야 일자리는 영리기관에서 제공하는 생계형 일자리와는 다르게 접근할 필요가 있다. 수익을 창출하는 비영리기업이나 사회적 기업뿐만 아니라 자선차원이나 여가를 활용하는 유휴 노동력을 적극 활용하는 방식도 고려해야 한다. 취약계층의 일자리 창출은 사회서비스 바우처와 같은 사회정책으로 해결하기에는 한계가 있다. 실업과 같은 일자리문제는 산업정책이나 인적자본 투자와 같은 정통적 방법으로 해소하는 것이 적절하다.

3. 시민참여 확대와 사회적 연대감의 배양

바우처도 그 설계와 운영에 있어 적극적 시민참여와 공동체적 연대감을 높이도록 해야 한다. 먼저 바우처 관련 정책설계와 운영에서 이용자 자신뿐만 아니라 이용자 대표구성원이 정책과정에 참여해서 이용자의 불편사항과 욕구를 바우처 정책에 반영하도록 해야 한다. 아직도 바우처와 관련된 정책은 정부관료와 집행기관 중심으로 이루어지기 때문에 정책과정에서 시민의 참여를 제도적으로 보장하지 않고 있다. 바우처는 이용자 중심 전달기제인데, 바우처의 내용과 전달과정은 정부중심으로 운영되는 모순을 안고 있다. 다음으로 바우처를 이용할 경우 지속가능한 사회적 연대감이 가능할지 의문이다. 바우처란 원래 서비스에 대한 선택과 그에 대한 대가를 지불하는 전형적 시장형 교환방식이다. 자선단체에서 사명감을 가지고 무료로 제공하는 것이 아니다. 상호 계산에 근거한 이기적 교환관계 속에서 사회적 연대가 싹트기는 어렵다(Mullard & Spicker, 1998: Chatper 7). 금전적 이유 때문에 마지못해 서비스를 제공한다면 서비스를 주는 사람도 받는 사람도 그리 호혜의 감정을 느끼지 못할 것이다. 친인척이나 그 밖에 관계가 가까운 사람으로부터 바우처 서비스가 제공된다면 이러한 부정적 교환형태의 문제는 다소 누그러질 수 있다. 이 때문에 바우처 제공기관으로 보육과 같은 경우 친인척 서비스도 대안으로 고려할 수 있을 것이다. 물론 상당한 정도의 전문성과 직업의식을 갖춘 제공기관은 아니라도 잘 모르는 타인과 교환관계 속에서 나타날 부정적 측면은 덜할 것이기 때문이다.

4. 전달과정의 투명성 제고

바우처 운영은 전자바우처의 도입으로 매우 투명해졌다. 이전의 종이방식에 비해 서비스의 신청, 이용, 비용의 지불과 정산과정이 투명해져 행정의 효율성을 높여줄 뿐만 아니라 정부지원 예산의 부정사용에 대한 우려가 크게 줄어든 것이다. 그동안 사회복지 영역뿐만 아니라 각종 정부 보조금 집행과정에서 나타난 부정수급의 문제는 바로 전자방식으로 상당부분 해결이 가능하기 때문이다.[6] 앞으로 전자바우처의 힘은 이러한 투명성에서 나올 것으로 보인다.

6) 최근 쌀 직불금 부정수급 파동이 있었다. 이는 종이서류 형식의 현금지불 방식 때문에 가능했다. 수급자 선정과정에서 전달과정까지 투명하게 관리할 수 있는 전자지급 방식을 택했으면 이런 문제는 없었을 것이다. 현금 대신 신용카드나 체크카드를 이용해 직불금을 지급하고, 직불금의 사용처를 농사관련 품목으로 한정하면, 직불금의 본래 취지인 농업발전에도 더욱 도움이 될 것이다. 이러한 전자카드를 이용하면 직불금 수령자가 재산이나 직업이 무엇인지 알 수 있으며, 어디에 이를 지출했는지 투명하게 드러나기 때문이다. 앞으로 쌀 직불금의 부정수급문제를 해결하기 위해서는 반드시 전자바우처 방식으로 이를 운영할 필요가 있다. 머니투데이, '만약 쌀 직불금을 전자바우처로 지원했다면 어땠을까?' 2009년 2월 9일자 보도.

참고문헌

김진, (2007), “바우처제도의 이해와 현황 : 복지와 선택을 중심으로,” 『재정포럼』, 제131호, 한국조세연구원.

유한욱, (2007), 『재정효율성 제고를 위한 시장원리 활용방안: 바우처 제도를 중심으로』, KDI.

이재원, (2008), 『사회서비스 전자바우처』, 서울: 대영출판사.

정광호, (2007), 바우처 분석: 한국과 미국을 중심으로, 『행정논총』, 37(23): 117-138.

______, (2008), 『바우처 연구』, 서울: 법문사.

Kupetz, A. H. (2008), *The Future of Less*. Emerald Book.

Lerman, R., and Steuerle, C. E. (2000), Structured Choice versus Fragmented Choice: Bundling of Vouchers. In Steuerle, C. E., Van Ooms, D., Peterson, G. E. and Reischauer, R. D., (Eds.) *Vouchers and the Provision of Public services* (pp.407-437). Washington, D.C.: Brookings Institution CED and Urban Institute,

Mullard, M., and Spicker, P. (1998), *Social Policy in a Changing Society*. Routledge.

Starr, P. (1990), The New Life of the Liberal State: Privatization and the Restructuring of State-Society Relations. In Waterbury, John and Suleiman, Ezra (eds.). *Public Enterprise and Privatization* (pp. 22-54). Boulder, CO: Westview Press.

Steuerle, C. E., Van Ooms, D., Peterson, G. E. and Reischauer, R. D. (2000), (Eds.) *Vouchers and the Provision of Public services*. Washington, D.C.: Brookings Institution CED and Urban Institute.

Viteritti, J.P. 1996, Stacking the Deck for the Poor: The New Politics of School Choice. The Brookings Institution.

White, J. (1995), *Competing Solutions: American Health Care Proposals and International Experience*. Washington DC: Brookings Institution.

머니투데이, 2009년 2월 9일자, '만약 쌀 직불금을 전자바우처로 지원했다면 어땠을까?'.

찾아보기

ㅅ

ㅇ

ㅈ

[저자약력]
정 광 호(鄭光浩)
서울대학교 사회학과 졸업(문학사)
서울대학교 행정대학원 졸업(행정학 석사)
미국 조지타운대학교 정책대학원(정책학 석사)
미국 시라큐스대학교 맥스웰대학원(행정학 박사)
현, 서울대학교 행정대학원 부교수

〈저서 및 논문〉
『장관론』(공저), 나남출판사, 2003
『바우처 연구』, 법문사, 2008
『정책학원론』(공저), 대명출판사, 2010
"외부의 재정지원이 조직운영에 미치는 영향", 한국행정학보, 38권 4호 (2004년 8월)
"The Double-Edged Sword of Public-Resource Dependence", Policy Studies Journal, Vol.35, No.2(2007년 5월)
"Exploring the Linkage Between Ministerial Leadership and Performance in Korea", Administration & Society, Vol.40, No.7(2008년 11월)
"정책리터러시 함수 분석: 시민활동변인을 중심으로", 행정논총, 46권 4호 (2008년 12월)
"체제전환에 따른 국민건강 위기분석", 정책분석평가학회보, 20권 3호 (2010년 9월) 외 다수

바우처분석: 이론과 현실

2010년 12월 24일 초판 인쇄
2010년 12월 30일 초판 1쇄발행

저 자 정 광 호
발행인 배 효 선
발행처 도서출판 法 文 社

413-756 경기도 파주시 교하읍 문발리 526-3
등 록 1957년 12월 12일/제2-76호(윤)
전 화 (031)955-6500~6 FAX (031)955-6525
E-mail (영업) bms@bobmunsa.co.kr
(편집) edit66@bobmunsa.co.kr
홈페이지 http://www.bobmunsa.co.kr

조 판 (주)성 지 이 디 피

정가 22,000원 ISBN 978-89-18-02365-6